MEIN LEBEN
Autobiographie des Abdul Ghaffar Khan
Wie ein Weggefährte Gandhis die Gewaltfreiheit im Islam begründet
Aus dem Englischen von Ingrid von Heiseler
Bonn: Afghanic 2012

W0012420

Englischsprachige Ausgabe: MY LIFE AND STRUGGLE.
Published by: Daily AFGHANISTAN TIMES.
Kabul 2008.

Erste deutsche Übersetzung:
Aus dem Englischen von
Ingrid von Heiseler
Printed in Germany
ISBN 978-3-942233-69-9

BADSHAH KHAN

MEIN LEBEN

Eine Autobiographie

Für Frau Hurmaus
Köln, 19.10.12
wardak

AUTOBIOGRAFIE VON BADSHAH KHAN

MEIN LEBEN

Aus dem Englischen von Ingrid von Heiseler

Afghanic, Bonn 2012

Inhalt

Vorwort des deutschen Herausgebers

„Können Sie in der Geschichte Afghanistans und der Region eine Person nennen, die für Sie eine Vorbildfunktion hat?" Vor 12 Jahren stellte mir ein Journalist im Rahmen eines Interviews für seine Zeitschrift diese Frage.

Ich nannte als Antwort auf diese Frage Abdul Ghaffar Khan (Badshah Khan). Obwohl ich damals über Badshah Khan nicht viel wusste bzw. noch nicht viel von ihm gelesen hatte, nannte ich seinen Namen.

Alles, was ich über Badshah Khan wusste, hatte ich in Büchern von und über Mahatma Gandhi gefunden. Immer wieder stieß ich auf diesen Namen, wenn ich mich mit Gewaltlosigkeit und ihrem Pionier Mahatma Gandhi beschäftigte. Je mehr mein Wissen über diesen Mann zunahm, desto mehr wuchs auch meine Begeisterung für seine Lehren und sein Lebenswerk.

Meiner Meinung nach liegt die Größe und Bedeutung von Ghaffar Khans Persönlichkeit darin, dass er die grundlegenden Probleme unserer Gesellschaft wie Gewalt, Rache, Bildungsferne, Extremismus, Konkurrenzdenken und Unkenntnis der eigenen Religion erkannte und aktiv dagegen anging. Da diese Probleme in unserer Gesellschaft noch immer vorhanden sind, haben die Lehren und die Lebensführung Badshah Khans nicht nur historische Bedeutung, sondern sie bieten auch für unsere heutigen gesellschaftlichen Schwierigkeiten die besten Lösungsansätze. Badshah Khan war nicht nur ein Mann des Wortes, sondern auch der Tat. Das hat er Zeit seines Lebens bewiesen.

An dieser Stelle möchte ich ganz besonders der Übersetzerin Ingrid von Heiseler von Herzen danken, weil sie mit viel Liebe zum Detail die erste deutsche Übersetzung der Autobiographie von Badshah Khan angefertigt hat.

Dr. Yahya Wardak
Kabul 2012

Vorwort von Johan Galtung

Die Leserin hat ein Buch über eine faszinierende Persönlichkeit, über Abdul Ghaffar Khan, in der Hand! Er wird auch der Grenzprovinz-Gandhi und der muslimische Gandhi genannt. Die persönliche Beziehung zwischen Gandhi und Ghaffar Khan war ein konkretes Symbol für die Zusammenarbeit von Hindus und Muslimen im Kampf gegen den britischen Kolonialismus. Das sollte nicht durch die schreckliche Teilung Indiens in zwei Länder überschattet werden. Die Grenzlinie erzwang im Grunde der britische Vizekönig Lord Mountbatten.

Das nur nebenbei. Das Buch wirft ein Schlaglicht auf ein gutes Kapitel in der langen Tradition der islamischen Gewaltfreiheit seit der Hegira, dem Aufbruch Mohammeds von Mekka nach Medina. Heute wird diese Tradition in dem größten Teil dessen, was „Arabischer Frühling" genannt wird, weitergeführt. Die Tradition läuft der westlichen Idee, es gäbe eine wesenhafte Verbindung zwischen Islam – Wortbedeutung: Frieden, freiwillige Unterwerfung – und Gewalt zuwider. Der Westen hat dafür das besondere Wort „Islamismus" und eine Unterscheidung zwischen „Gemäßigten" und „Extremisten" konstruiert.

Wenn Abdul Ghaffar Khan nicht 1988 gestorben wäre, sondern noch unter uns weilte, hätte er sich sicherlich sehr kritisch gegen die von Muslimen ausgeübte Gewalt geäußert und hätte darauf hingewiesen, dass sie den Westen zur Gegengewalt einlädt, dass sie die Gewalttätigen erniedrigt, die Opfer tötet, verwundet und demütigt und dass sie einer Lösung der zugrunde liegenden Konflikte im Wege steht. Das Buch ist eine implizite Anklage gegen den 11. September, der für die Idee derer, die Gewalt anwenden, steht, sie müssten Gewalt gegen die „Quelle des Übels" ausüben, ebenso wie der Westen es am Hindukusch, in Afghanistan und Pakistan, macht. Es ist die alte Geschichte: Gewalt gebiert Gewalt, indem sie Rachsucht – Du sollst wenigstens so sehr leiden, wie ich gelitten habe! – und Trotz – deine Gewalttat wird nicht gelingen!! - hervorbringt. Gandhi und Ghaffar Khan waren (und ich bin) aus diesen Gründen – und nicht allein aus abstrakten Moralprinzipien - gegen Gewalt. Gewalt existiert in der empirischen Welt und sollte deshalb wie alles andere dort nach ihren empirischen Früchten beurteilt werden. Sie schmecken tatsächlich äußerst bitter!

Die Beschwerden der Muslime gegen den Westen sind vielfältig und im Großen und Ganzen berechtigt: Kolonialismus, Teilung der Gemeinschaft der Gläubigen, der *ummah*, durch koloniale Grenzen, die Einsetzung autokratischer und kleptokratischer Regime unter Ausnutzung des UN-Sicherheitsrates (in dem der Islam nicht angemessen vertreten ist) für die Rechtfertigung der Angriffe auf muslimische Länder, das Aufpfropfen eines materialistischen Kapitalismus auf eine sehr spirituelle Tradition – um nur einige der Beschwerden zu nennen. Aber darum geht es hier nicht.

Hier geht es darum, wie damit umzugehen ist. Vielleicht sollten in Schwarz gekleidete muslimische Frauen vor allen US-Botschaften in der Welt stehen und in ihren Händen Plakate tragen, auf denen die Themen stehen, über die gesprochen werden muss. Die Frauen bitten darum, sie fordern, dass die in und hinter den Botschaften sich auf Dialoge über die Themen einlassen. Das würde auf die Dauer vermutlich gute Wirkung zeigen. Der 11. September tat das nicht. Er wurde konterproduktiv und wirkt sich sowohl für den Westen als auch für den Islam verheerend aus.

Und noch ein anderes, damit verbundenes Thema: Wie könnte arabische und muslimische Gewaltfreiheit sich stärker von Gandhi inspirieren lassen, sodass sie sich nicht nur negativ, sondern auch positiv ausdrückt? Nicht nur darin, dass sie die Mubaraks und Ben Alis bezwingt? Das vorliegende Buch lädt zu derlei Überlegungen und vielen weiteren ein. Wir danken dem großen Autor, der Übersetzerin und dem Herausgeber von Herzen dafür!

Alfaz del Pi, November 2011, Johan Galtung

Empfänger des Internationalen Khan Abdul Ghaffar Khan Friedensstifter-Preises 2012 der Muslimischen Vereinigung in den USA (US Muslim Association 2012 Khan Abdul Ghaffar Khan International Peace-Builder Award)

Vorwort von Jayaprakash Narayan

Dies ist eine Arbeit von unschätzbarem Wert. Natürlich wurden schon einige Biografien über Badshah Khan veröffentlicht. Die erste war die von Shri Pyare Lal. Dann erschien die Biografie in englischer Sprache von Shri Tendulkar. Vor Kurzem veröffentlichte Shri Joshi eine Biografie über Badshah in Marathi. Die vorliegende Arbeit jedoch ist die Autobiografie des „Grenzgebiet-Gandhis". Biografien können viele schreiben, aber es gibt nur einen, der seine Autobiografie abfassen kann! Und wenn diese die von ihm selbst erzählte Geschichte eines Wahrheitssuchers ist, dann bekommt sie aufgrund ihrer Authentizität den Charakter der Einmaligkeit.

Badshah Khan war einer der führenden Generäle des ungeteilten indischen Freiheitskampfes. Die Inder haben ihm wegen seines heldenmütigen Kampfes und seiner Hingabe an Gewaltfreiheit den Titel „Grenzgebiet-Gandhi" verliehen. Während den Angehörigen seiner Generation, die noch unter uns sind, bewusst ist, welchen bedeutenden Beitrag Khan Abdul Ghaffar Khan geleistet hat, ist er für die Menschen der jungen Generation eine entfernte historische Gestalt und sein Bild ist in Dunkel getaucht. Wenn sie jetzt die Bekanntschaft dieser außergewöhnlichen Persönlichkeit machen, wenn sie einige Blicke auf das helle Licht werfen können, werden sie gleich aus der Dunkelheit ins Licht treten.

Die Veröffentlichung dieses Buches wäre zu jeder Zeit ein bedeutendes Ereignis gewesen. Aus einem besonderen Grund ist seine Veröffentlichung zur jetzigen Zeit besonders bedeutungsvoll. Die Leser haben vielleicht schon erfahren, dass im Land ein Komitee eingerichtet wurde, das die Geburtstagsfeier von Khan Abdul Ghaffar Khan vorbereiten soll. Ich habe das große Glück, der Vorsitzende zu sein. Das Hauptziel des Komitees ist es, Badshah Khan während des gegenwärtigen hundertjährigen Jubiläums Gandhis zu einem Besuch nach Indien einzuladen.

Die Veröffentlichung dieses Buches zu einer Zeit, wenn die Inder Badshah Khan von Angesicht zu Angesicht sehen werden, passt zeitlich sehr gut für das Land. Zu Anfang wird das Buch in Hindi, Urdu und Englisch erscheinen. Ich hoffe, dass alle Gebildeten im Land bei dieser glücklichen Gelegenheit die Autobiografie lesen werden.

Zuletzt möchte ich Kanwar Bhan Narang und Ram Saran Nagina und der Organisation Gandhi Samarak Nidhi gratulieren, dank deren Hingabe, Einsatz und mühevoller Arbeit dieses einzigartige Buch der Öffentlichkeit übergeben werden kann.

1969 Jayaprakash Narayan

Meine Kindheit

Ich wurde im Hause Khan Bahram Khans im Dorf Utmanzai in Hastanagar geboren, das jetzt Hashtanaghar genannt wird.

Damals war es in unseren Familien nicht üblich, Tag und Jahr der Geburt der Kinder festzuhalten. Außerdem konnten nur sehr wenige lesen und schreiben. Deshalb sind Tag und Jahr meiner Geburt nicht überliefert.

Aber ich habe gute Gründe anzunehmen, dass ich 1890 geboren wurde, weil meine Mutter mir öfter erzählte, dass mein Bruder, Dr. Khan Sahib [Khan Abdul Jabbar Khan], heiratete, als ich elf Jahre alt war. Er heiratete 1901, deshalb denke ich, es stimmt, dass ich 1890 geboren wurde.

Mein Vater war einer der großen Khans – Stammesführer oder Oberhäupter – seines Dorfes, aber er war ganz und gar frei von der Arroganz und Eitelkeit dieser Menschen. Er war außerordentlich gelassen. Er war gottesfürchtig, nüchtern, großzügig, mitfühlend und von edlem Charakter. Wenn jemand ihm unrecht tat, versuchte er nie, sich zu rächen. Im Gegenteil, er vergab dem Übeltäter und sah über das, was er getan hatte, hinweg.

Auch meine Mutter war ihrem Wesen nach äußerst großzügig und tolerant. Sie bereitete Essen für die armen Leute der Nachbarschaft zu und verteilte es eigenhändig.

Manchmal kamen Reisende, die dann im Hujra[1] wohnten, und wir wussten nicht immer, wer sie waren. Aber ganz gleich, ob es sich

---

[1] Allgemeines Gästehaus für Reisende, entweder im Dorf oder in der Moschee. Die meisten Khans haben ihr eigenes Hujra. [Es ist eine kulturelle Institution der Paschtunen. Dort kommen sie zusammen und teilen Freud und Leid miteinander. Jeder hat das Recht, dort teilzunehmen und über alles mitzureden.]

nun um unbekannte Reisende oder um unsere Gäste handelte, mein Vater brachte ihnen eigenhändig das Essen ins Zimmer. Obwohl wir Diener hatten, ging mein Vater, den Korb mit Brot auf dem Kopf und den Teller mit Curry in der Hand, zu den Gästen ins Zimmer und servierte ihnen eigenhändig das Essen.

„Denn", sagte mein Vater immer, „auch der unbekannte Reisende ist ein von Gott gesandter Gast, und darum muss ich selbst ihn bedienen."

Im Unterschied zu den anderen Khans war mein Vater kein Bewunderer der Regierung. Er unterhielt niemals irgendeine Art von Beziehung mit der Regierungsmacht und ihm kam nie der Gedanke, er könnte ihr seine Dienste anbieten oder ihr schmeicheln.

Mein Großvater Saifullah Khan lebte nach denselben Prinzipien. Als in Surkawe der Kampf ausbrach und die Briten Bonair einnehmen wollten, halfen einige Khans im Land den Briten und unterstützen sie. Aber mein Großvater Saifullah Khan entschied sich für die Seite seiner unterdrückten Landsleute und entschloss sich dazu, sein Schicksal mit den heroischen Kämpfern, die sich den fremden Herrschern widersetzten, zu teilen. Wann und wo auch immer die Briten kämpften und unser Volk angriffen oder versuchten, sie zu versklaven, stand mein Großvater fest an der Seite seiner Landsleute und kämpfte Schulter an Schulter mit denen, die unter der Unterdrückung durch die fremde Macht litten.

Mein Urgroßvater Abidullah Khan war berühmt, mächtig und beliebt als Berater und Ratgeber seines Volkes. Wegen seines aufgeklärten Geistes und seines glühenden Patriotismus ließ ihn Durrani, der damals das Land regierte, töten.

Als nach der Herrschaft Durranis die Briten ihre Herrschaft errichteten, wurde unser Land dem Punjab angeschlossen.

Im Punjab hatten die Briten viele Schulen eröffnet, aber in unserem Land unternahmen sie keine Schritte, unsere Kinder zu unterrichten.

Paschtunen und Briten liebten einander nicht und auch die Bewohner des Punjab hatten keine Sympathie für uns. Die Regierungsbeamten in unserem Land waren alle aus dem Punjab. In den größeren

Dörfern gab es ein paar Grundschulen, aber kaum einen paschtunischen Lehrer.

In den Schulen, die die Briten in allen Teilen Indiens eröffnet hatten, wurden die Kinder in ihrer Muttersprache unterrichtet. Nur in unserem unglücklichen Land, in dem es so gut wie keine Bildungseinrichtungen gab, wurden die Kinder in den wenigen vorhandenen Schulen in einer Sprache unterrichtet, die nicht ihre eigene war.

Sehr bedauerlich war, dass, zumal die Briten schon so wenige Schulen für unsere Kinder errichtet hatten, sie uns auch noch sehr orthodoxe Mullahs[2] hinterließen, die von den Menschen verehrt wurden und die jeden, der in einer dieser Schulen etwas lernen wollte, einen Ungläubigen nannten. Sie machten Propaganda gegen die Schulen, indem sie sagten:

„Eltern, die ihre Kinder in diese Schulen schicken, tun das nur wegen des Geldes. Im Himmel wird es für keinen der Schüler dieser Schulen einen Platz geben. Sie werden in die Hölle geworfen werden!"

Der wahre Zweck dieser Propaganda war, dass die Paschtunen Analphabeten und ungebildet bleiben sollten. Aus diesem Grund waren sie hinsichtlich der Bildung die Rückständigsten in Indien.

Für die Paschtunen-Kinder gab es keine Möglichkeit, Bildung zu erwerben. In der Moschee wurden die Kinder auf bestimmte Weise und im Namen der Religion unterrichtet. Aber der Unterricht wurde von den Mullahs erteilt und die meisten Kinder, die daran teilnahmen, sollten Imame[3] werden. Im Allgemeinen waren die Menschen an dieser Art Bildung nicht interessiert. Der Grund dafür war, dass, bevor der Islam gekommen war, unser Volk hinduistisch war und in der Gesellschaft immer noch die irrige Vorstellung herrschte, „Bildung ist nur für die Brahmanen". Das Ergebnis dieser veralteten Vorstellungen war, dass wir Unterteilungen unter uns vornahmen, die dem Hindu-Kasten-System sehr ähnlich waren.

---

[2] Ein in islamischer Theologie und im islamischen Recht bewanderter Mann
[3] islamischer Priester

Obwohl mein Vater keine formale Bildung genossen hatte, liebte er Wissen und Lernen und hatte großes Interesse daran. Ich war erst fünf Jahre alt, als er mich in die Moschee schickte, damit mich der Mullah unterrichte.

Dem armen Mullah ging jede Bildung ab und er konnte so gut wie gar nicht lesen und schreiben, wie konnte man dann von ihm erwarten, dass er mir diese Kunst beibringen würde? Er kannte einige Suren aus dem Heiligen Koran auswendig. Er konnte den Heiligen Koran sogar lesen, aber ich zweifle doch sehr daran, dass er auch nur ein Wort davon verstand!

Der Mullah fing an, mir die dreißig Kapitel des Heiligen Korans beizubringen. An dem Tag, als ich zum ersten Mal aus dem Koran rezitierte, verteilten mein Vater und meine Mutter Süßigkeiten. Sie waren sehr glücklich, dass meine Bildung ihren Anfang genommen hatte.

Lustig war nur, dass der Mullah nicht einmal wirklich in der Lage war, mir auch nur das ABC beizubringen. Aber er lehrte mich den Koran. Nur, wie konnte man von einem, der nicht einmal das halbe Alphabet aufsagen konnte, erwarten, dass er mir den Koran beibringen würde? Der arme Mullah verdient jedoch keinen Tadel, denn er folgte nur der Lehrmethode, die damals in unserem Land üblich war.

Unser Lehrer war sehr grausam und er schlug uns gnadenlos. Nach einiger Zeit wusste ich den ganzen Koran auswendig. Mein Vater und meine Mutter waren sehr glücklich und freuten sich darüber, dass ich diese heilige Aufgabe erfüllte.

Die Paschtunen waren sehr bildungsbegeistert und die meisten schickten ihre Kinder in die Moscheen, um sie unterrichten zu lassen, weil es keine anderen Schulen gab und auch, weil sie keine andere Art des Lernens kannten. Und selbst wenn es in einigen großen Städten Schulen gegeben hätte, hätten die Mullahs den Eltern nicht erlaubt, ihre Kinder dorthin zu schicken, denn sie bestanden darauf, dass all dies weltliche Lernen *kufr* – gegen die Religion – war. Sie wiesen ihre Schüler und andere Analphabeten auf die Verse hin, die schnell zum Schlager wurden und überall auf den Straßen und Märkten zu hören waren:

„Sabaq de madrase wai para de paise wai
Jannat ke bei zai navi dozakh ke bai ghase wahi"

„Die in den Schulen lernen,
Sind nur Werkzeuge des Geldes,
Sie werden nie in den Himmel kommen,
Sie kommen sicherlich in die Hölle!"

Zum Glück hatte Gott mich mit einem tapferen und aufgeschlossenen Vater gesegnet und einer frommen und liebevollen Mutter, die beide die Verurteilung des Mullah ignorierten und keine Notiz von dem nahmen, was die Nachbarn sagten. Sie schickten meinen Bruder Dr. Khan Sahib [Khan Abdul Jabbar Khan] zur Schule und, soweit ich weiß, war er der erste Junge in Hatanaghar, der Schulunterricht genoss. Als ich den Heiligen Koran auswendig konnte, schickten meine Eltern auch mich in die Schule. Ich war damals acht Jahre alt. Die Mullahs streuten heimlich Verleumdungen gegen meine Eltern aus, aber sie hatten doch nicht den Mut, meinen Eltern zu verbieten, mich in die Schule zu schicken. Ebenso wenig wagten sie es, meine Eltern Ungläubige zu nennen. Mein Vater war ein einflussreicher und geachteter Khan und deshalb konnten die Mullahs nicht offen gegen ihn sprechen.

Unser kulturelles Erbe

Es erfüllt mein Herz mit Traurigkeit, wenn ich daran denke, dass unser Land, das in verschiedenen geschichtlichen Epochen die Wiege von Gelehrsamkeit und Kultur war, unter ungünstigen Umständen und wegen der Ignoranz der Mullahs in einen Zustand zurücksinken konnte, in dem kein Raum für etwas so Gutes wie Bildung und Gelehrsamkeit ist!

Unser Land hat viele Kulturen kommen und gehen sehen. Es gab eine Zeit, in der es die Wiege der arischen Kultur war. Dann kam Buddha und predigte seine Heilsbotschaft. Als der Buddhismus sich ausbreitete, machte unser Land große Fortschritte. Die Beweise dafür finden sich in den Überresten aus dieser Zeit. Noch heute sind zwei großartige Statuen von Gautama Buddha in Bamian zu sehen. Sie sind wahrscheinlich die größten Buddha-Statuen der Welt. Sie stehen am Fuße des Gebirges und sind aus dem Felsen herausgehauen. Sie stellen ein unvergleichliches Beispiel an Vollkommenheit in der Bildhauerkunst dar. Im Gebirge um diese riesenhaften Statuen liegen Höhlen, in denen die buddhistischen Priester, Mönche, geistlichen Lehrer und ihre Schüler lebten.

Es gab auch eine großartige buddhistische Universität in Ada in der Nähe von Jalalabad, deren Ruinen noch heute zu sehen sind. Eine weitere Universität gab es in Taxila. Die Ruinen der Gebäude, die Überbleibsel der Idole und Bilder, die mit zartfühlender Geschicklichkeit in Holz und Stein geschnitten wurden, sind Zeugen einer hoch entwickelten Kultur der Paschtunen der damaligen Zeit. Unser Land war so fortgeschritten, dass wir bis China und den Fernen Osten ausgriffen, um unsere Kultur und die Botschaft Buddhas zu verbreiten.

Erst vor einigen Jahren begann die Archäologische Abteilung in der Nähe unseres Dorfes mit Ausgrabungen. Eine große Stadt wurde freigelegt, die, sagt man, das Zentrum der Gandhara-Shahi-Familie war. Wenn wir uns ein wenig tiefer in die Seiten der Geschichte versenken, finden wir, dass dieses Land der Paschtunen – das damals Afghanistan oder Paschtunistan hieß - die Wiege einer der großartigsten Familien der Menschheit war. Historiker haben Beweise dafür gefunden, dass die arische Rasse in diesem Land, an den Ufern des Flusses Amu, das Licht der Welt erblickte und dass auf eben diesem Boden ihre erhabene Kultur zur ersten Blühte kam.

Als später die Bevölkerung wuchs, brauchten die Menschen neue Weidegründe und sie wanderten nach und nach in andere Länder aus. In der einen Richtung brachte diese Wanderung sie durch den Iran nach Europa und in der anderen Richtung nach Hindustan. Dadurch teilten sie sich in verschiedene Nationen und Gemeinschaften. Unter den unterschiedlichen geografischen Bedingungen veränderten sich die grundlegenden Nationaleigenschaften der Arier und neue Kulturen und neue Sprachen traten ins Leben. Als die Menschen der arischen Rasse in ihrem Ursprungsland ‚Aryanavijo' lebten, das heute Afghanistan und Paschtunistan[4] ist, hatten sie eine gemeinsame Sprache, der jetzt hypothetisch der Name Arisch gegeben wurde. Paschtu ist dem Arischen sehr ähnlich.

Da die Paschtunen in sehr hohen und unzugänglichen Gebirgsregionen wohnten und von äußeren Einflüssen abgeschnitten waren, wurde das Land Aryanavijo genannt.

Eben hier in diesem Land Aryanavijo wurde der erste Prophet der Geschichte geboren: Zoroaster. Soviel ich weiß, war er in Balkh zu Hause, ging jedoch später in den Iran. In seinen Büchern, die man noch heute lesen kann, rühmte er Balkh.

Auch die Lieder der Veden, der heiligen Hymnen der Hindus, wurden hier komponiert.

Ein weiterer berühmter Sohn des Landes war Pannini, der eine Sanskrit-Grammatik schrieb und damit die Welt mit dieser alten Sprache bekanntmachte. Pannini wohnte im Thesil [Verwaltungseinheit]

---

[4] Das Gebiet, das die N(orth)W(est)F(frontier)P(rovince), Nordwestliche Grenzprovinz, bis Attock und bis zum Jhelum umfasst, Stammes-Gebiete, politische Vertretungen, Staaten und Belutschistan.

Swabi am Ufer des Indus. Es ist eine interessante Feststellung, dass der Name eines Flusses: Indus, der Name eines Landes: Sindh und der Name eines Volkes: Hindu alle vom Paschtu-Wort Sind, was Fluss bedeutet, abgeleitet sind.

Nachdem viele während der großen Migration das Land verlassen hatten, blieben von der riesigen Familie der Arier nur zwei Zweige übrig: die Paschtunen und die Belutschen. In ihre Hände hat Gott die heilige Aufgabe gelegt, die Sicherheit und den Fortschritt ihres Landes zu behüten.

Später kam der Islam in dieses Land. Zu dieser Zeit hatten die Araber schon viel von ihrem spirituellen Licht verloren, dem göttlichen Feuer und der Frömmigkeit, die der Prophet des Islam in ihre Herzen ausgegossen hatte und den große Männer wie Abu Bakar und Omar verkündet hatten. Die Araber waren von dem Gedanken berauscht, ihr Imperium auszudehnen, und sie waren von dem Wunsch geblendet, andere Länder zu erobern. Das Ergebnis war, dass sie uns unsere herrliche Kultur nahmen, uns aber an ihrer Stelle nicht den wahren Geist des Islam gaben. Es gab jedoch ein paar Liebhaber der Gelehrsamkeit und Gottessucher, die auf der Suche nach dem wirklichen Islam durch die islamische Welt wanderten. Sie erwarben Gelehrsamkeit in islamischer Philosophie, Gelehrsamkeit und Mystik. Darauf können wir wahrhaft stolz sein.

Familie

Wali Khan, Ghaffar Khan, Ghani Khan and Ali Khan

Badshah Khan stand Gandhi so nahe, dass sie sogar dieselbe Brille
benutzten; und sie tauschten Scherze über ihre gemeinsame Vision aus

Mit Gandhiji während des Besuches in der Nähe von peshawar

Karriere versus Patriotismus

Meine Grundschulausbildung bekam ich in der Municipal Board High School in Peshawar. Danach ging ich in die Missionsschule. Etwas später beendete mein Bruder an dieser Schule seine Schullaufbahn und ging nach Bombay, um dort Medizin zu studieren. Ich blieb mit Barani Kaka, meinem Diener, in der Missionsschule.

Barani Kaka erzählte mir oft Geschichten über die Armee und schärfte mir ein, wie gut und ehrenhaft es sei, Soldat zu sein. Er stellte mir glänzende Bilder von jungen Offizieren vor Augen, die, in prachtvolle Uniformen gekleidet und ihre Schwerter schwingend, vor ihren Kompanien einhermarschierten. Barani Kakas spannende Geschichten machten mir so großen Eindruck, dass ich den starken Wunsch empfand, der Armee beizutreten. Ohne meine Eltern zu fragen und sogar ohne mit ihnen darüber zu sprechen, schickte ich dem Befehlshaber von Indien eine Bewerbung um einen unmittelbaren Auftrag und wartete auf die Antwort. Das würde natürlich eine Weile dauern, denn die Regierung müsste schließlich Erkundigungen über mich einziehen.

Inzwischen war ich in der Schule von der neunten in die zehnte Klasse versetzt worden. Ich war mitten im Immatrikulationsexamen, als ich einen offiziellen Brief bekam, in dem es hieß, meine Bewerbung um einen unmittelbaren Auftrag sei angenommen worden und ich solle mich am nächsten Morgen um zehn Uhr im Musterungsbüro melden.

Ich war sehr glücklich, weil ein unmittelbarer Auftrag einen damals zu einer wichtigen Person machte. In meinem Hochgefühl hielt ich es nicht einmal für nötig, das Examen abzuschließen. Ich meldete mich bei dem Musterungsoffizier, und nachdem ich gemustert worden war, wurde mein Name für einen unmittelbaren Auftrag eingeschrieben. Ein Regiment aus Kavallerie und Infanterie, „The Guides" genannt, war in Mardan stationiert. Es war eines der berühmtesten und ein viel bejubeltes Regiment in Indien. Dort Zugang zu finden war nicht leicht und selbst reiche und einflussreiche Familien hatten Mühe, ihre Söhne in diesem Regiment unterzubringen. Mein Vater gab nicht nur seine Zustimmung, sondern er war von meinem Glück entzückt.

Eines Tages war ich nach Peshawar gefahren, um einen meiner Freunde zu besuchen, der dort Kavallerie-Offizier in dem genannten Regiment war. Wir standen auf der Straße und sprachen miteinander, als ein englischer Leutnant vorbeiging. Mein Freund war barhäuptig. Er war stolz auf seinen modischen Haarschnitt und eine große Tolle zierte seine Stirn. Als der englische Leutnant das sah, wurde er wütend und schrie: „Wahrhaftig! Du verdammter Sardar Sahib. Du willst wohl unbedingt ein Engländer sein, was?" Mein Freund wurde totenblass, aber er fand nicht den Mut zu einer Antwort.

Dieser Zwischenfall hinterließ bei mir einen tiefen Eindruck. Hatte mir Barani Kaka nicht immer erzählt, mit wie großem Respekt man in der Armee behandelt wurde? Aber hier war ich Zeuge der schlimmstmöglichen Beleidigung geworden! An diesem Tag gab ich den Gedanken auf, in die Armee einzutreten oder irgendeine Beschäftigung bei den Briten anzustreben.

Mein Vater war recht ärgerlich auf mich und billigte meine Entscheidung nicht, denn es wurde damals als große Ehre angesehen, einen unmittelbaren Auftrag zu bekommen. Aber ich sah weder eine Ehre darin noch konnte ich irgendeinen Beweis von Respekt erkennen, von dem man mir erzählt hatte. Im Gegenteil. Ich war Zeuge eines Zwischenfalls grober und abscheulicher Beleidigung geworden.

Da mein Vater ärgerlich auf mich war, schrieb ich an meinen Bruder, der inzwischen Bombay verlassen hatte und nach England gegangen war, denn er hatte die Zulassung zu einem Medizin-College dort bekommen. Ich schrieb ihm, dass ich meine Meinung geändert hätte und nicht mehr Diener der britischen Regierung sein wolle, weil sie die Menschen nicht respektiere, im Gegenteil würde sie sie zu Sklaven machen und darüber hinaus liefen diese Menschen noch Gefahr, beleidigt zu werden.

Dr. Khan Sahib war sehr zufrieden mit meiner Entscheidung. Er schrieb meinem Vater, dass er denke, ich hätte das Richtige getan und gesunden Menschenverstand bewiesen. Er bat meinen Vater, nicht mehr ärgerlich auf mich zu sein und mich nicht zur Armee zu zwingen.

Also meldete ich mich wieder zum Studieren an. Mit einem Kameraden ging ich nach Campbelpur, wo ich eine Zulassung zur High School bekommen hatte. Leider hat Campbelpur ein sehr heißes Klima, das ich nicht vertrug, sodass ich es verlassen musste. Dann ging ich nach Qadian, aber auch dort sagte mir die Atmosphäre nicht zu. Eines Nachts träumte ich, ich sei in einen sehr tiefen Brunnen gefallen. Ich überlegte, wie ich herauskommen könnte, als ein Mann, der vorüberging, meine Not bemerkte, sich über den Brunnen beugte und mir die Hand entgegenstreckte. Ich ergriff sie und der Mann zog mich aus dem Brunnen. Dann sagte er: „Warum bist du in den Brunnen gefallen? Hast du ihn denn nicht gesehen?" Am Morgen erzählte ich meinem Kameraden von dem Traum und wir waren uns einig, dass wir diesen Ort sobald wie möglich verlassen sollten. Wir gingen beide in unser Dorf zurück, aber dort blieben wir nicht lange. Bald darauf ging mein Kamerad nach Peshawar, um sich in einer High School einzuschreiben, und ich ging weiter nach Aligarh, um dort ins College einzutreten. Da ich im Studentenheim kein Zimmer fand, wurde ich zum Tages-Studenten und nahm ein Hotelzimmer in der Stadt. Ich verbrachte den Tag im College und ging erst am Abend in mein Hotel zurück. Als die Sommerferien anbrachen, fuhr ich in mein Dorf, um die Ferien dort zu verbringen.

Bei meiner Ankunft zu Hause erfuhr ich, dass mein Vater von meinem Bruder einen Brief aus England bekommen hatte, in dem er vorschlug, ich solle nach England kommen, um dort Ingenieurswissenschaft zu studieren.

Er schrieb: „Ich will mein Medizinstudium fortsetzen und er (er meinte mich) kann auf ein Ingenieur-College gehen. Er wird das gut schaffen, denn er war ja immer gut in Geometrie."

Mein Vater besprach den Vorschlag mit mir und nach genauer Überlegung beschloss er, mich nach London zu schicken. Mein Bruder wurde benachrichtigt und er buchte eine Überfahrt auf einen P. & O.-Schiff. Mein Vater gab mir sehr großzügig 3000 Rupien und ich war zur Abreise bereit. Aber als ich mich von meiner Mutter verabschieden wollte und sie, wie es der Brauch war, fragte: „Darf ich gehen, Ma?" fing sie zu weinen an und wollte mich nicht gehen lassen. Ich tat mein Äußerstes, ihr zu erklären, dass ich gehen müsse, aber ich konnte sie nicht dazu bringen, das einzusehen.

Ich sagte zu ihr: „Sieh unser Land an, Ma ... Die Briten haben den Samen der Zwietracht, der Spaltung und der Heuchelei in unserem Land gesät. Unschuldige werden vor Gericht gezerrt und Menschen, die kein Verbrechen begangen haben, werden hingerichtet! Und wegen der Uneinigkeit und des Neides unter den Elementen, die für die Zersplitterung sind, bleiben Verbrecher oft straffrei, während Unschuldige ins Gefängnis geworfen werden. Kein Mensch ist hier seines Lebens sicher!"

Aber was ich auch sagte, meine Mutter war mit meiner Abreise nicht einverstanden. Leute hatten ihr gesagt – und das hatte sich in ihrem Geist festgesetzt -, dass England ein fremdes Land sei, aus dem keiner jemals zurückkehre.

„Einer eurer Söhne ist schon dorthin gegangen", hatten Leute zu ihr gesagt, „wenn du jetzt deinem zweiten Sohn auch erlaubst, dorthin zu gehen, dann bleibt ihr alleine zurück und wer wird sich dann um euch kümmern, wenn ihr alt seid?"

Wir waren nur zwei Brüder und hatten keinen weiteren Bruder. Einen hatte sie schon verloren und deshalb würde sie mir nicht erlauben, sie zu verlassen. Ich liebte meine Mutter sehr und sie liebte mich ganz besonders. Wie konnte ich da ohne ihre Zustimmung nach England gehen? Also gab ich den Gedanken, ins Ausland zu gehen, auf und beschloss, mich von da an dem Dienst an meinem Land und meinem Volk zu widmen, dem Dienst Gottes und der Menschheit.

Bildung/Erziehung, Orthodoxie und Sklaverei

1901 teilten die Briten unsere Provinz vom Punjab ab und führten neue und so brutale Gesetze in unserer Provinz ein, wie sie nicht einmal Halako Khan dem Volk aufgezwungen hätte. Dieses Gesetz wurde die *Frontier Crimes Regulation Act* [i] genannt. Es war ein so brutales und grausames Gesetz – wir nannten es das schwarze Gesetz – und die Briten setzten es auf so grauenhafte Weise durch, dass es Kommunalisierung, Disharmonie und gegenseitige Feindschaft unter den Paschtunen hervorrief. Sie lebten nun nicht mehr in Harmonie und Einheit miteinander. Außerdem tat dieses unsittliche Gesetz unserer Selbstachtung und unserem Ehrgefühl großen Schaden. Sogar einige unserer Frauen wurden verhaftet und vor Gericht gestellt. Unter diesem unerträglichen Gesetz konnte die Polizei jedem, den die Briten zufällig nicht mochten, ein erdachtes Verbrechen anhängen.

Natürlich würde der Verhaftete vor die Dschirga[5] gebracht werden, aber diese war keine Volks-Dschirga mehr. Die Briten hatten aus ihren eigenen Leuten ihre eigenen Dschirgas geschaffen. Von ihnen konnte ein Mensch zu zwölf oder vierzehn Jahren Gefängnis verurteilt werden, ohne dass er dagegen Berufung einlegen konnte.

Da war zum Beispiel der Fall von Habib Nur. Als die Briten 1931 großen Druck auf die Kongress-Bewegung ausübten und die „Khudai Khidmatgars" (Diener Gottes) in Charsadda verfolgten, regte das Habib Nur sehr auf. Als der britische *Assistant Commissioner* [ii] sich in Charsadda vor Gericht die Fälle anhörte, ging auch Habib Nur dorthin. Er nahm einen Revolver mit und hatte die Absicht, den *Assistant Commissioner* zur Hölle zu schicken. Aber als er abdrückte, ging der Revolver nicht los. Habib Nur hob den *Assistant Commissioner* hoch und schleuderte ihn zu Boden. Dabei sagte er: „Na gut, wenn ich dich schon nicht töten kann, dann zwinge ich dich jedenfalls in die Knie!" Natürlich verhaftete ihn die Polizei

---

[5] Ältestenversammlung

umgehend. Innerhalb von vierundzwanzig Stunden wurde er durch den Strang hingerichtet. Ich erwähne das nur als ein Beispiel unter vielen. Es gab unzählige Fälle wie diesen und viele erlitten schlimmere Gewalt und Ungerechtigkeit.

Es gab in diesem Gesetz einen besonderen Abschnitt, den Abschnitt 40. Darin ging es eigentlich um Strafen für Verbrechen, aber die Briten setzten ihn immer gegen politische Gefangene ein.

Abgesehen von den Briten, setzt Pakistan dieses Gesetz auch heute noch gegen patriotische Paschtunen ein. Ein Mann kann eine Straße entlanggehen und über seine eigenen Angelegenheiten nachdenken. Plötzlich wird er angehalten und aufgefordert, Bußgeld zu zahlen. Natürlich fragt er, welche Übertretung er denn begangen habe. Ihm wird gesagt: „Mach dir darum keine Sorgen, bezahl einfach das Bußgeld!" Wenn er sich weigert, wird er für drei Jahre ins Gefängnis geschickt.

Ich und Tausende meiner Mitarbeiter wurden Abschnitt 40 des Gesetzes gemäß ins Gefängnis geworfen.

Diese tyrannischen und ungerechten Gesetze wurden 1901 eingeführt, als die Briten unsere Provinz auch vom Punjab abtrennten. Der Grund dafür war, dass die antibritischen Paschtunen begonnen hatten, „diese Ausländer" (die Briten) als ihre Feinde, als Menschen, die sie versklavten, zu betrachten. Unter den Paschtunen hatte sich eine starke und gewalttätige Widerstandsbewegung erhoben. Wann und wo deren Mitglieder eines Engländers habhaft werden konnten, versuchten sie, ihn zu verletzen oder zu töten. Auf diese Weise verloren viele Briten das Leben und die britische Regierung rächte sich, indem sie viele Paschtunen in Schrecken versetzte. Der ganze Zweck und der Plan hinter der Schaffung der neuen Provinz und der Verhängung dieser schwarzen Gesetze war es, die Widerstandsbewegung auszurotten.

Die Mullahs und die Ältesten in unserem Land waren Marionetten in den Händen der Briten und sie verboten den Menschen weiterhin, ihre Kinder zur Schule zu schicken. Die Briten hatten ihnen die Ideen eingetrichtert, dass, wenn die Paschtunen sich bildeten und selbst zu denken anfingen, die Mullahs ihr Geschäft einbüßen würden. Niemand würde ihnen dann mehr Geldgeschenke machen.

Ich versuchte, den Mullahs die Sache zu erklären, aber sie konnten und wollten nicht verstehen. Ich sagte ihnen: „Seht mal, der Islam lehrt, dass es die Pflicht jedes Menschen sei, Wissen und Weisheit zu erlangen. Sagt den Menschen ruhig, sie sollen ihre Kinder nicht in britische Schulen schicken, aber dann sagt ihnen auch, sie sollen ihre eigenen Schulen errichten, in denen ihre Kinder etwas lernen können. Das wäre ein Dienst an unserem Land. Aber solange die Leute keine nationalen Schulen errichten können, sollten ihre Kinder in britische Schulen gehen, anstatt ganz und gar unwissend und ungebildet zu bleiben."

Aber die Mullahs wollten meinem Rat nicht folgen. Eines Tages im Sommer war ich in Murree. Ein Mullah war bei mir zu Gast. Am Abend gingen wir spazieren. Als wir die Straße entlangschlenderten, kamen wir an einem hübschen Bungalow vorüber. Ich bleib stehen und sagte: „Mullah Sahib, sehen Sie sich diesen Bungalow an! Wie gefällt er Ihnen?"

„Es ist ein sehr schönes Haus", antwortete er, „es gefällt mir sehr gut!" „Sehen Sie sich nur den Garten an und die Blumen! Und dann sehen Sie einmal den Mann an, der hier wohnt. Wissen Sie, wer das ist?" „Nein, das weiß ich nicht", sagte der Mullah. „Wer ist er denn?"

„Er ist ein englischer Mullah!" sagte ich ihm. „Sie sehen, Mullah Sahib, wenn ein Land Fortschritte macht und gedeiht, dann haben auch seine Priester ein angenehmes Leben. In einem Land, in dem die Menschen es sich leisten können, in solchen Bungalows zu wohnen und in Autos umherzufahren, da können auch die Priester in schönen Häusern wohnen und in Autos umherfahren. Aber solange unser Land keine Fortschritte macht und die Menschen ungebildet bleiben, bekommen unsere Mullahs keine besseren Lebensbedingungen, sie werden in demselben elenden Zustand bleiben, in dem sie jetzt sind. Bitte merken Sie sich das, Mullah Sahib: Wenn das Land Fortschritte macht, dann werden Sie davon Vorteile haben! Aber solange wir unwissend bleiben und weder uns noch unsere Lebensumstände verbessern, solange werden Sie unser

Los teilen. Ihre Hände werden leer bleiben und Sie werden von Tür zu Tür gehen und um Ihre Bezüge betteln müssen. Vergleichen Sie nur einmal Ihr Leben mit dem des englischen Priesters! Was für ein Unterschied!"

Aber meine Worte an den Mullah waren verschwendet. Wenn schon Gott ihn nicht zur Einsicht bringen konnte, wie hätte ich es dann tun können?

Ich wurde in einer Missionsschule unterrichtet und meine Lehrer waren Patres (Missionare). Viele meiner Freunde und Kameraden gingen in die Islamia School in Peshawar. Während ich in die Schule ging, erwachte in meinem Herzen eine große Liebe für mein Land und mein Volk und ein starker Wunsch, meinem Land und meiner Gemeinschaft zu dienen. Aber meine Freunde, die in andere Schulen gingen, schienen weder dieselbe starke Liebe für ihr Land noch den Wunsch, ihm zu dienen, zu empfinden. Ich dachte viel darüber nach und kam zu dem Schluss, dass das Verdienst für meine Liebe zu Land und Volk den Lehrern zukam, unter deren Führung ich das Privileg hatte zu studieren. Ein Schüler wird nun einmal von seinen Lehrern beeinflusst und es war das Beispiel meiner Lehrer, das in mir den Wunsch weckte, Gott und der Menschheit zu dienen.

Mein Lehrer war der britische Pater E.F.E. Wigram. Sein Bruder war Arzt. Man sagte, sie seien die geliebten Söhne sehr vornehmer Eltern, ihr Vater habe beide Brüder der Missionsarbeit geweiht und er zahle ihre Gehälter aus eigener Tasche. Der ältere Bruder war der Direktor der Mission High School und der jüngere war Arzt im Missionshospital. Sie dienten den Menschen in Aufrichtigkeit und Liebe. Ich kann das bezeugen, denn ich wohnte im Schülerheim in der Nähe ihres Bungalows. Damals stand das Schülerheim dort, wo heute die Gebäude des Mission Colleges stehen.

Unser Direktor Herr Wigram zahlte von seinem Gehalt drei oder vier armen oder verwaisten Schülern Stipendien. Das alles machte großen Eindruck auf mich und ich sagte mir: „Seht uns muslimische Paschtunen an! Wir haben nicht so viel Mitgefühl, dass wir unseren armen und bedürftigen Brüder helfen oder ihnen dienen! Und diese Leute sind Ausländer, sie gehören einer anderen Nation und einem anderen Glauben an, aber sie sind zu uns gekommen, um unserem Volk zu helfen. Sie müssen viel Mitgefühl und Liebe für die Menschheit empfinden!"

Es gibt ein persisches Sprichwort: „Kharbuza ra kharbuza dida rang me girad". Das bedeutet: Wenn eine Melone eine andere Melone sieht, nimmt sie deren Farbe an. Auf diese Weise muss die Farbe des Dienstes und der Hingabe, die ich bei Herrn Wigram und seinem Bruder sah, mich angesteckt haben.

Ich wäre sehr gerne nach England gegangen und hätte gerne unter hingebungsvollen und aufrichtigen Menschen wie ihnen studiert. Aber da meine Mutter mir nicht ihre Erlaubnis zur Reise gab, musste ich den Gedanken aufgeben. Damals gelobte ich, mein Leben dem Dienst Gottes und der Menschheit zu widmen.

Mir war vollkommen bewusst, dass das Analphabetentum und die Unwissenheit meines Volkes dieses nur in Ruin und Zerstörung führen könnten. Deshalb sah ich es als meine vordringliche Aufgabe an zu versuchen, das Analphabetentum zu beseitigen.

Von den Mullahs war keine Hilfe zu erwarten. Deshalb trafen sich ein paar Freunde und ich, um darüber zu sprechen, was wir tun könnten, um die Leuchte des Wissens in der dunklen Welt des Unwissens, in dem unser Volk lebte, anzuzünden. Wir fanden in Haji Sahib Tarangzai[6] einen wertvollen Helfer.

Haji Sahib war ein wahrer Patriot und ein wahrer Heiliger. Unter seiner Führung gründeten wir ein *dar-ul-ilm*, ein College, in Gadar. Sein Leiter wurde Maulvi Taj Mohammed. Seine Mitarbeiter waren Maulvi Faz'l Mohammed Rabi und Maulvi Faz'l Mohammed Makhfi.

---

[6] Haji Sahibs Hauptinteresse waren soziale Reformen. Er wollte, dass überholte und sinnlose Traditionen verschwinden sollten. Er wollte islamische Schulen gründen und kämpfte um die Erreichung dieses Ziels. Die Briten verhafteten ihn, aber als sie merkten, wie wütend das seine Anhänger machte, ließen sie ihn frei. Um gegen die Briten kämpfen zu können, verließ er seinen Distrikt und kämpfte bis an sein Lebensende für die Freiheit seines Landes. Ein Engländer sagte von ihm: „Dass wir Haji Sahib Tarangzai haben entkommen lassen, war der erste und größte grobe Fehler, den wir in Indien gemacht haben."

1901 eröffneten ich und Maulvi Abdul Aziz eine nationale Islamic School in Utamanzai. Unsere unausgesetzten Bemühungen bewirkten, dass in der gesamten Provinz viele Schulen eröffnet wurden. Eine große Anzahl von Schülern wurde zugelassen und die Menschen fingen an, sich stärker für Bildung zu interessieren.

Damals wurden Zafar Ali Khans Zeitung *Zamindar* und Maulana Abdul Kalam Azads *Al Hilal* und andere Zeitungen, z. B. *Medina*, sehr beliebt und auch wir abonnierten sie.

Wir lasen sie nicht nur selbst mit Begeisterung, sondern lasen sie auch anderen vor. Damals waren es die Menschen nicht gewohnt, Zeitungen zu lesen, aber als wir ihnen davon erzählten und ihnen daraus vorlasen, interessierten sie sich immer mehr dafür.

Die Polizei und C.I.D kannten die Namen aller Abonnenten von *Al Hilal* und setzten sie auf eine schwarze Liste.

Einige Jungen aus unserer Provinz studierten in Deoband und Maulvi Faz'l Mohammed Makhfi hatte eine sehr enge Beziehung zu Deoband. Maulvi Faz'l Rabi hatte in Deoband studiert. Deshalb fuhren wir ab und zu dorthin.

Der Leiter der Bildungs-Institution in Deoband Mohammed-ul-Hasan Sahib war ein berühmter Gelehrter. Wir standen schon bald auf sehr freundschaftlichem Fuß mit ihm, denn sein Herz war voller Mitgefühl und Liebe für sein Land und sein Volk und auch wir waren ja von leidenschaftlichem Patriotismus erfüllt. Seine Hauptsorge war es, wie unser Land von der Versklavung durch das Ausland befreit werden könne und dieser Gedanke herrschte auch bei uns vor.

Durch ihn lernten wir auch Maulana Ubeid-ullah Sindhi[7] kennen und konnten mit ihm Gedanken und Ideen austauschen.

Damals las der Maulana Sahib in Fatehpuri für Studenten, die in britische Schulen gegangen waren, über den Heiligen Koran. Er gab

---

[7] Maulana Ubeid-ullah Sindhi war ein bekannter Revolutionsführer. Während der Herrschaft der Briten widmete er seine Zeit vor allem revolutionären Gruppen. Seine letzten Lebensjahre verbrachte er in Lahore und auch im Alter blieb sein Herz jung.

jedem Studenten, der sein B.A.-Examen bestanden hatte, 50 Rupien. „Denn", argumentierte er, „wie können diese jungen Leute, die in britische Schulen gegangen sind, jemals Liebe zu ihrem Land und ihrer Religion entwickeln oder sich emotional ihrem Volk und ihrem Glauben verbunden fühlen, wenn sie nichts über ihre Religion erfahren?" Maulana Sahibs Absichten waren lobenswert und er arbeitete mit unermüdlichem Eifer und unermüdlicher Hingabe an seinem Vorhaben, aber leider hatte er keinen Erfolg.

Am traurigsten war, dass einer der besten Schüler des Maulanas, um den er sich sehr bemüht und für den er viel Zeit aufgewendet hatte, sich als Spion und Denunziant herausstellte. Wegen ein paar erbärmlicher Münzen berichtete er der Regierung alles, über das im Unterricht gesprochen worden war.

Unglaublich! Wenn die gebildete Jugend eines Landes so auf Geld versessen ist, wenn die jungen Leute in ihrer Gier und ihrem Geiz so tief sinken, dass sie für ein paar Kupfermünzen ihr Land und ihren Glauben verraten, wie kann man da jemals hoffen, ihren Herzen eine leidenschaftliche Liebe für ihr Land und einen brennenden Wunsch danach, ihm zu dienen, einzuflößen?

Der Grund dafür, dass die Muslime sich selbst zugrunde richteten, war, dass sie begonnen hatten, Wohlstand und Besitz zu lieben. Als die ihnen wichtig wurden und sie den Mammon statt Gott anbeteten, verloren sie ihre Ehre und ihre Würde und versanken in Schande.

In Fatehpuri traf ich auch Maulvi Saif-ul-Rahman und lernte ihn recht gut kennen. Er war zwar aus unserem Distrikt, aber er war lange Zeit Professor am Arabic College in Fatehpuri gewesen.

Damals war es den Briten gelungen, die Menschen so in Schrecken zu versetzen, dass sie in ständiger Furcht vor den Repressionen durch die Regierung lebten. Aber gelegentlich brachten wir es fertig, heimlich nach Deoband zu fahren, um mit unseren Freunden und Kollegen dort Gespräche zu führen und Beratungen abzuhalten.

Pilgerfahrt aufs Land

1912 fanden meine Eltern eine Braut für mich und die Heirat fand statt. 1913 wurde mein Sohn Ghani geboren.

Damals hatten die Menschen in unserer Provinz noch wenig über Versammlungen und Demonstrationen gehört. Und selbst wenn jemand auf den Gedanken gekommen wäre, hätte doch aus Angst vor der Regierung niemand gewagt, dergleichen zu organisieren. Aber eines Tages 1913 sahen wir große Plakate und Ankündigungen einer Versammlung der Muslimliga in Agra, bei der Sir Ibrahim Rehmatullah den Vorsitz führen sollte. Sir Aga Khan und Maulana Abul Kalam Azad sollten auch teilnehmen und Ansprachen halten. Ich wollte bei dieser Versammlung unbedingt dabei sein. Gemeinsam mit ein paar Freunden fuhr ich nach Agra. Wir hörten die Ansprache des Präsidenten und die Vorträge von Sir Aga Kahn und Maulana Abul Kalam Azad. Wir fanden die Versammlung äußerst interessant und lehrreich.

Von Agra fuhr ich nach Delhi, wo ich ein paar Tage bei einem Neffen Maulvi Faz'l-ul Rehmans verbrachte. Als ich dort war, wurde ich krank, deshalb kehrte ich nach Hause zurück.

1914 bekam ich einen Brief von Sheikh-ul Hasan. Der Verfasser bat mich, gleich nach Deoband zu fahren. Maulvi Faz'l Mohammed, Maulvi Faz'l Rabi und ich fuhren sofort los.

In Deoband erwartete uns Maulvi Sahib Degar schon.

Wir sprachen einige Stunden lang über die Frage, die uns vor allen anderen beschäftigte: die Freiheit Indiens. Wir überlegten uns, ob es möglich sei, ein Zentrum zu eröffnen, von dem aus wir arbeiten und den Kampf um Unabhängigkeit in Gang setzen könnten.

In den unabhängigen Gebieten von Boner hatte es vermutlich ein starkes Zentrum der *Kreuzfahrer*[iii] gegeben. Tatsächlich waren diese Kreuzfahrer nicht stark und die Menschen, die dieses Zentrum betrieben, waren zu nichts zu gebrauchen. Sie machten weder

Propaganda noch überhaupt irgendeine Arbeit. Sie waren nur eine kleine Gruppe. Sie bekamen Geld aus Indien, mit dem sie sich gute Tage machten.

Zu ihnen gehörte ein reicher Mann, ein Naghmatullah. Er kam aus unserer Provinz. Er steckte mit einem der oberen Offiziere der Geheimpolizei, der Short hieß, unter einer Decke. Es gab in der Tat einige Spione in dieser Gruppe.

Diese Leute waren ursprünglich aus den *Ebenen Indiens*[iv] gekommen, um gegen die Sikhs zu kämpfen. Nachdem ihre Anführer Sayyid Ahmed Sahib und Sayyid Ishmail Sahib Shaheed im Kampf umgekommen waren, waren die Übrigen nach Boner gegangen und hatten sich in diesem unabhängigen Distrikt niedergelassen.

Als die Förderer in Indien die Tatsachen erkannt und sich klar gemacht hatten, dass diese Kreuzfahrer überhaupt keinen Nutzen hatten, meinten sie, dass ein neues Zentrum errichtet werden sollte. Nach langen Gesprächen beschlossen wir, dass ich und Faza'l Mohammed Sahib nach Bajaur gehen und in dem Ort einen sicheren und passenden Platz aussuchen sollten, um dort ein Zentrum zu gründen. Maulvi Ubeidulah Sindhi sollte kommen, den Ort in Augenschein nehmen, den wir ausgesucht hatten, und seine endgültige Einwilligung geben.

Einige Tage danach brachen Maulvi Faz'l Mohammed und ich heimlich nach Bajaur auf. Wir stiegen in Takhtbai in den Zug und in Dargai wieder aus. Von dort nahmen wir ein *Tonga*[v]. Als wir nach Malakand kamen, machten wir uns ein wenig Sorgen, denn wir sahen, dass dort Polizisten postiert waren. Sie fragten und forschten jeden aus, ganz gleich, ob er zu Fuß war oder fuhr. Wenn jemand auch nur den geringsten Verdacht erregte, wurde er verhaftet.

Es war nicht leicht, meine Größe und Erscheinung zu verbergen, während ich hinten im Tonga saß. Ich fragte mich nervös, wie ich wohl unbemerkt am Polizeiposten vorbeikommen könnte. Alles, was ich tun konnte, war, mich in mein Chaddar[8] einzuhüllen.

---

[8] Stofftuch

Das Tonga musste anhalten, als wir an den Polizeiposten kamen, und einer der Polizisten kam näher, um zu sehen, wer darin saß. Es war Abend und wurde dunkel. Mein Kamerad war aus dem Tonga ausgestiegen. Der Tongafahrer sagte klugerweise: „Herr, niemand ist im Tonga."

Der Polizist wollte jedoch selbst nachsehen und näherte sich dem Tonga. Er sah an mir rauf und runter und sagte dann dem Tongafahrer, er solle weiterfahren. Ich war sehr erleichtert.

Wir fuhren bis Batkhaila weiter. Dort stiegen wir aus. Inzwischen war es sehr spät geworden und wir übernachteten im Dorf. Sehr früh am nächsten Morgen, als der erste Gebetsruf über das Dorf schallte, brachen wir zu Fuß auf. Wir gingen eben über die Chakdara-Brücke, als wir sahen, dass auch dort ein Polizeiposten war, aber wir kamen ohne Schwierigkeiten an ihm vorbei. Wir gingen den ganzen Tag. Am Abend kamen wir ans Ufer eines Flusses. Faz'l Mohammeds Dorf lag am gegenüberliegenden Ufer. Es war Winter und der Fluss war fast ausgetrocknet, deshalb konnten wir ihn überqueren und erreichten das Dorf. Wir waren sehr hungrig und müde, und sobald wir etwas gegessen hatten, schliefen wir ein und hielten eine lange Nachtruhe, die wir unbedingt brauchten.

Am nächsten Tag blieb Faz'l Mohammed dort und wartete auf Ubeidullah Sindhi. Er bat seinen Cousin, mich an seiner Stelle zu begleiten. Wir brachen also nach Bajaur auf. Nun waren wir im Distrikt Dir. Wir wanderten erst nach Babarah und dann nach Chamarkand, wo wir zum Hause des Muhllah Sahib von Ada gingen. Aber er war gestorben. Einer seiner Sheikhs war da, ein ausgezeichneter Mann! Er zeigte uns Ada Sahibs Schlafzimmer und sein Esszimmer. Es war ein sehr kleiner, aber sehr schöner Platz in den Bergen und außer dem Sheikh wohnte dort niemand. Er bewohnte ein kleines Haus und hielt Honigbienen.

Wir verbrachten die Nacht im Hause des Sheikhs, verabschiedeten uns am Morgen von ihm und gingen nach Kotki. Dort gab es zwei Khans: Zaghrawar Khan und Zirawar Khan. Sie waren beide sehr gute

Männer. Immer wenn die Briten angriffen, nahmen die beiden an einem Gegenangriff teil.

Von dort gingen wir ins Salarzai-Gebiet und dann ins Mohmand-Gebiet. Das waren zwei unabhängige Distrikte in Bajaur. Die Menschen waren ausgezeichnete Paschtunen. Im Gegensatz zu anderen Paschtunen-Stämmen ließen sie sich überhaupt nicht von den Briten beeinflussen. Sie nahmen auch kein Geld oder Zuschüsse oder Zuwendungen von ihnen an. Sie schlossen sich im Gegenteil immer denen an, die gegen die Briten kämpften.

Wir besuchten fast jedes Dorf im gesamten Gebiet. Mir gefiel das Dorf Zagai im Mohmand-Gebiet als möglicher Ort für unser Zentrum. Deshalb blieben wir dort und warteten auf Ubeid-ullah Sindhi. Wir warteten ein paar Tage, aber er kam nicht. Ich fürchtete schon, dass meine Gegenwart bei den Einheimischen Verdacht erregen könnte, und beschloss, ein *chilla*[9] abzuhalten.

In der Moschee war nur sehr wenig Platz. Ich zog mich dorthin zurück und begann das Chilla. Als ich es beendet hatte, war immer noch nichts von Ubeid-ullah zu sehen, also verließ ich den Ort. Faz'l Mohammeds Cousin begleitete mich bis nach Malakand und dort verabschiedeten wir uns voneinander.

Der *political agent*[vi] in Malakand hatte so große Furcht in den Herzen der Menschen dort erregt, dass hochgeachtete Bürger trotz ihrer Selbstachtung zitterten, wenn sie einem Engländer begegneten. Sie grüßten und verbeugten sich aus der Ferne vor den Briten auf höchst demütige und sich selbst erniedrigende Weise. Wenn irgendjemand so kühn war, an einem Engländer vorüberzugehen, ohne ihn zu grüßen, wurde er verhaftet und in den „Schandstock" gesperrt. „Schandstock" ist ein großer hölzerner Rahmen mit Löchern für die Füße und einem Deckel obenauf, in den ein Rechtsbrecher sitzend eingesperrt wird. Seine Füße ragen aus den Löchern.

Ich hatte Angst, dass mir ein solches Schicksal zuteilwürde, verließ Malakand und ging zurück nach Darbai. Dort nahm ich den Zug nach Takhtbai und von dort ging ich auf mein Landgut im Dorf Nari im

---

[9] Meditation und Gebet

Mohmand-Distrikt, wo ich übernachtete. Am Tag darauf kehrte ich nach Utmanzai zurück.

Am folgenden Morgen kamen viele Menschen, um mich zu Hause willkommen zu heißen. Das geschah deshalb, weil ich allen vor meinem Aufbruch gesagt hatte, ich ginge auf Pilgerschaft zum Schrein des großen Sufi-Heiligen Khwaja Moin-uddin Chisti in Ajmer.

Nicht lange danach brach der Erste Weltkrieg in Europa aus und wir ließen unsere Pläne für ein Zentrum fallen.

Sheikh Mohammed-ul Hasan ging auf Haj nach Mekka. Dort wurde er verhaftet und an die Briten ausgeliefert, die ihn in Malta ins Gefängnis sperrten, weil er ein Sympathisant des türkischen Khalifats war. Maulvi Ubeid-ullah Sinhi ging nach Afghanistan. Maulvi Saif-ul Reman schloss sich Haji Sahib Turangzai an und beide gingen in den unabhängigen Distrikt Boner. Mit Haji Sahib gingen auch meine Kollegen Taj Mohammed Sahib, der Leiter von Dar-ul-ilm in Gadar, Maulvi Faz'l Rabi, Malvi Faz'l Mohammed und Maulvi Abdul Aziz.[10] Etwas später ging auch ich heimlich nach Boner.

Die Leute aus Boner hatten Haji Sahib ein wunderschönes Stück Land geschenkt und sie hatten sogar Holz gebracht, um ihm daraus ein Haus zu bauen. Aber den Mullahs und den Ältesten in Boner gefiel der Gedanke gar nicht, dass sich Haji Sahib dort niederlassen würde. Seit der Haji Sahib angekommen war, hatten die Menschen dort ihm große Verehrung entgegengebracht und die Mullahs fühlten sich vernachlässigt. Also unternahmen sie hinter Haji Sahibs Rücken eine Verleumdungs-Kampagne gegen ihn. Sie sagten: „Weshalb ist er hergekommen? Um Krieg gegen die Briten zu führen oder um sein Schäfchen ins Trockne zu bringen?"

Der Haji Sahib und sein Sohn Badshah Gul waren sehr traurig über all das Gerede und der Haji Sahib wollte sofort und auf der Stelle mit dem Krieg beginnen. Ich riet ihm dringend davon ab. „Diese Menschen sind selbstsüchtig", sagte ich zu ihm, „kümmere dich nicht

---

[10] Maulvi Abdul Aziz war den Briten so feindlich gesinnt, dass er, sobald er einen Briten traf, die Augen schloss. Die Briten zettelten eine Verschwörung gegen ihn an und ließen ihn in Sawat töten.

um das, was sie sagen. Mach einfach deine Arbeit weiter. Und was einen Krieg angeht: Die Menschen sind noch nicht so weit, dass sie es mit den Briten aufnehmen könnten. Wenn du jetzt mit dem Krieg beginnst, wirst du sehen, dass sie unfähig und ungeeignet dafür sind. Ich denke, dass die Mullahs dich den Briten ausliefern wollen."

Aber der Haji Sahib beherzigte meinen Rat nicht. Ein paar Tage nachdem ich den Ort verlassen hatte, fing er einen Kampf gegen die Briten an. Aber wie hätte er in Boner Krieg gegen die Briten führen können?

Meine Warnung erwies sich als berechtigt. Der Versuch wurde unternommen, ihn gefangen zu nehmen und an die Briten auszuliefern. Glücklicherweise bekam der Haji Sahib zurzeit Wind von der Verschwörung gegen ihn und es gelang ihm zu entkommen. Um Mitternacht brach er nach Mohmand auf.

Die Briten wollten nicht, dass die Paschtunen gebildet würden. Sie mochten unsere nationalen Schulen überhaupt nicht und sie hatten einen Vorwand und Gelegenheit gesucht, sie zu schließen. Nun hatten sie beides. Nicht nur in Boner, sondern in unserer gesamten Provinz wurden die Schulen geschlossen und alle Lehrer wurden verhaftet und in das gewöhnliche Gefängnis in Dera Ismail Khan gebracht.

Die Briten fürchteten unser Volk so sehr, dass kaum jemand den Mut hatte, über unser Land mit Bewunderung zu sprechen oder es zu loben. Wenn doch einmal der seltene Fall eintrat, dass jemand das tat, dann konnte er so gut wie sicher sein, dass er ins Gefängnis kam.

Schmerzlicher Verlust und Gefangenschaft

Im Dezember 1915 wurde mein zweiter Sohn Wali geboren. Mein älterer Sohn Ghani war zu der Zeit etwa drei Jahre alt. Nach dem Ersten Weltkrieg wütete eine Grippe-Epidemie in ganz Indien. Durch diese Epidemie verloren meine Kinder ihre Mutter. Das geschah auf seltsame Weise. Sie war vollkommen gesund, aber mein Sohn Ghani war von der Epidemie niedergestreckt worden und war ernstlich krank. Er hatte das Bewusstsein verloren und wir hatten die Hoffnung auf seine Wiederherstellung schon aufgegeben.

Es war die Zeit des Abendgebetes und ich saß auf meiner Gebetsmatte. Ich hatte mein *namaz* beendet und betete um Gottes Segen. Mein Sohn lag vor mir in seinem Kinderbett. Seine Mutter betrat den Raum und ging um das Bett herum. Dann blieb sie am Kopfende stehen. Tränen strömten ihr über das Gesicht, als sie ihre Hände zum Himmel erhob und demütig ein Gebet zu sprechen begann:

„Oh Herr, nimm diese Krankheit von meinem unschuldigen Kind und lass mich an seiner Stelle leiden. Mach, dass er gesund ist, oh Herr, und lass mich an seiner statt krank sein."

Und siehe! Wie wunderbar sind die Wege des Allmächtigen! Irgendwie überstanden wir die Nacht und am Morgen fing Ghani langsam an, sich zu erholen, aber seine Mutter wurde krank. Als Ghani sich schließlich ganz und gar erholt hatte, starb seine Mutter.

Als der Erste Weltkrieg 1918 endete, atmeten alle erleichtert auf. Aber unsere Sorgen waren durchaus nicht vorüber.

1919 begannen die Unruhen über das *Rowlatt-Gesetz*[vii] und ich nahm daran teil.

Eine Protest-Versammlung gegen das Rowlatt-Gesetz wurde in unserem Dorf abgehalten. Daran nahmen mehr als 100 000 Menschen teil. Die Versammlung weckte neue Hoffnung in den Herzen der Paschtunen. Eines Tages sollte eine Protestversammlung in Tahekal, einem Ort in der Nähe des Islamia College, in Peshawar abgehalten werden. Ich war schon auf dem Weg, um an der Versammlung teilzunehmen, als ich hörte, dass das Kriegsrecht verhängt worden war. Der Grund dafür war, dass die Briten den Krieg mit Afghanistan angefangen hatten und der König von Afghanistan als Sympathisant der indischen Freiheitsbewegung bekannt war.

Um aus dem Gebiet, in dem das Kriegsrecht galt, das uns ziemlich nervös machte, herauszukommen, gingen ich und einige meiner Kameraden nach Mohmand, von wo aus wir nach Afghanistan gehen wollten. Als wir nach einer anstrengenden Reise in Mohmand ankamen, sah ich, dass mein Vater uns gefolgt war. Er verbot uns, nach Afghanistan zu gehen, und brachte uns stattdessen auf sein Landgut in Mogmand Nari, wo wir uns versteckten. Wir gingen nur nachts in unsere Häuser.

Aber die Polizei fand heraus, wo wir waren, und die Beamten kamen und verhafteten uns. Sie brachten mich nach Mardan und steckten mich ins Gefängnis. Am folgenden Tag wurde ich vor den Polizeipräsidenten gebracht, der Befehl gab, mich in Fesseln zu legen. Als sie mich zurückbrachten, merkten sie jedoch, dass sie keine Fesseln hatten, die groß genug für meine Füße waren. Aber die Gefängnisbeamten fürchteten sich zu sehr vor den Briten, als dass sie ihren Befehlen nicht gehorcht hätten. Deshalb zwängten sie meine Füße in ein Paar Fesseln, die mir zu klein waren, und packten mich in ein Auto. Der Polizeipräsident und der Hilfskommissar von Mardan begleiteten mich auf dem Transport nach Peshawar. Dort wurde ich dem obersten Polizeipräsidenten vorgeführt und dann zum nahen Gefängnis zur Unterkunft gebracht. Die Fesseln, die sie mir angelegt hatten, waren so eng, dass ich kaum gehen konnte. Die Haut war von meinen Füßen abgescheuert und sie bluteten.

Am nächsten Morgen kam ein Polizeiinspektor, ein Afridi, in meine Zelle und sagte: „Kommen Sie, Sie müssen vor Gericht erscheinen."

Ich sagte: „Meine Füße schmerzen, ich kann nicht gehen."

Das ärgerte ihn und er schrie: „Zu Ihrer Versammlung konnten Sie ja sehr gut gehen, nicht wahr, aber jetzt können sie nicht zum Gericht gehen!"

Mir war klar, dass ich nicht mit ihm streiten könnte, deshalb sagte ich fest: „Ich kann nicht laufen. Wenn Sie mir ein Tonga bringen, komme ich mit, aber ich kann nicht zu Fuß gehen."

Da brachte der Inspektor ein Tonga und ich wurde zum Gericht gebracht. Ich sollte mich   vor den Verhandlungsraum setzen und warten, bis ich an die Reihe käme, da sie gerade über einen anderen Gefangenen verhandelten. Das war ein Mann aus meinem Dorf. Er hatte ein paar Telegrafendrähte durchgeschnitten und für dieses Verbrechen war er zu zwei Jahren Gefängnis verurteilt worden. Er war an diesem Tag mit dem Zweck zum Gericht gebracht worden zu bezeugen, dass er die Telegrafendrähte auf meine Anweisung hin durchschnitten hätte. Als Belohnung für dieses erlogene Zeugnis hatte man ihm versprochen, seine Verurteilung zu zwei Jahren Gefängnis aufzuheben. Aber der Mann hatte sich geweigert, der Aufforderung nachzukommen.

Als ich in den Verhandlungsraum gebracht wurde, saßen drei Briten am Richtertisch anstelle des üblichen einen. Sie verhörten mich. Aber was konnte ich ihnen erwidern? Auf der Versammlung hatte ich nichts anderes getan, als den Resolutionen, die dort angenommen worden waren, zuzustimmen.

Einer der Briten fragte mich:

„Stimmt es, dass Sie mit Menschen, die gegen die Regierung sind, in Verbindung stehen?"

Ich antwortete: „Die Menschen, mit denen ich zusammen bin, sind alle Ihre eigenen treuen Khans und Maliks."

Als die Befragung vorüber war, schickten sie mich aus dem Raum, während sie entschieden, was sie mit mir machen sollten.

Der damalige Hauptbevollmächtigte Sir George Roos Keppel mochte die Paschtunen und hatte Mitgefühl mit ihnen. Da er der Hauptbeamte für das Kriegsrecht war, hatte er die Macht, die Unterdrückung auf ein Minimum zu beschränken.

Nachdem ich eine Stunde gewartet hatte, wurde ich ins Gefängnis zurückgefahren und in eine Baracke gebracht, in der viele andere Paschtunen festgehalten wurden.

Eines Tages kam völlig unerwartet und zu meiner großen Überraschung mein schwacher alter Vater in der Begleitung einiger Freunde und Verwandten. Er war äußerst froh, mich lebend vorzufinden, denn er hatte Gerüchte gehört, dass ich gehenkt worden wäre. Mein Vater erzählte mir, dass Armeesoldaten nach Utmanzai gekommen seien und das Dorf umstellt hätten. Sie hatten alle Dorfbewohner auf dem Schulgelände versammelt und ihnen gesagt, sie sollten sich dort hinsetzen. Dann hatten sie die Waffen aufgestellt, die sie mitgebracht hatten, und eine große Schau mit dem Laden der Waffen veranstaltet. Die Menschen dachten natürlich, sie würden alle zusammengeschossen, und fingen an, ihre Gebete zu sprechen.

Es fiel jedoch kein Schuss. Aber alle Menschen waren zu Tode erschrocken und das allein war Zweck und Ziel dieses britischen Tricks gewesen. Die Soldaten hatten auch das Dorf geplündert und die Briten hatten aus unserem Haus ein Jagdmesser mitgenommen. Der stellvertretende Bevollmächtigte verhängte eine kollektive Strafe von 300 000 Rupien über die Dorfbewohner. Einige der Khans meines Dorfes waren schon ins Gefängnis geschickt worden. Der Khan Mohammed Omar Khan jedoch machte gemeinsame Sache mit der britischen Regierung und der Polizei. Nun tyrannisierten sowohl die Polizei als auch Mohammed Omar Khan die Menschen so lange, bis sie 100 000 Rupien gesammelt hatten. Sie behielten 150 Menschen als Geiseln, bis die letzte Rupie bezahlt wäre, und selbst nachdem die Strafe bezahlt worden war, behielten sie 100 Männer im Gefängnis.

Damals unternahm die Polizei enorme Anstrengungen zu beweisen, dass ich mit den Unruhen in Afghanistan in Verbindung stand. Sie hatten sogar einen Mann mit Namen Ahmed Ustad angewiesen, gegen mich Zeugnis abzulegen. Aber sie hatten damit keinen Erfolg, weil Sir George Roos Keppel keinen Prozess gegen mich anstrengen wollte.

Meine Verurteilung war nach sechs Monaten abgelaufen. Ich kann persönliches Unglück und Schwierigkeiten ertragen und ihnen tapfer entgegentreten. Aber alle diese Ereignisse taten meinem Volk großen

Schaden, weil von da an die Paschtunen tief in die Politik verstrickt waren.

Bis jetzt habe ich zweimal das Kriegsrecht erlebt, das erste Mal 1919, als es von den Briten verhängt wurde. Das zweite Mal 1958, nachdem Pakistan geschaffen worden war.

Wir wollen einen kurzen Blick auf diese beiden Kriegsrechte und darauf, wie sie durchgesetzt wurden, werfen, um einen Eindruck von den unterschiedlichen Methoden zu bekommen, die diese beiden Regierungen einsetzten. Als die Briten das Kriegsrecht erließen, waren sie einerseits in Afghanistan in einen Krieg verwickelt, und andererseits mussten sie mit den wachsenden Störungen und gewaltsamen Unruhen in unserem Land fertigwerden. Um Frieden und Ruhe und den glatten Ablauf ihrer Verwaltung sicherzustellen, sahen die Briten keine andere Möglichkeit, als das Kriegsrecht zu verhängen. Aber es galt nur für zwei oder drei Monate.

In Pakistan war Frieden und Ruhe. Die Verwaltung, die Justiz und die öffentliche Ordnung liefen normal, als plötzlich das Kriegsrecht verhängt wurde. Der Zweck war, dem Land die Regierung einiger Personen aufzuzwingen, das Volk seiner demokratischen Rechte zu berauben und die Wahlen zu behindern. Das Land stand vier Jahre lang unter Kriegsrecht.

Wenn man von den Ergebnissen ausgeht, haben die beiden Kriegsrechte einen besonderen und wichtigen Punkt gemeinsam: Das britische Kriegsrecht machte dem indischen Volk klar, dass die Zeit zum Abwerfen des Jochs der Fremdherrschaft gekommen sei. Deshalb intensivierte es seinen Freiheitskampf und am Ende mussten die Briten uns unsere Unabhängigkeit geben und das Land verlassen. Auch in Pakistan hat das Kriegsrecht bestimmten Leuten zur Regierung verholfen, aber diese wurde durch Tyrannei und Unterdrückung aufgezwungen. Die Briten konnten ihre Herrschaft durch Macht und Unterdrückung nicht auf Dauer befestigen. Ebenso wenig werden die pakistanischen Regierenden dazu in der Lage sein. Ihre Herrschaft wird zu Ende gehen, wie die britische Herrschaft zu Ende gegangen ist.

Abdul Ghaffar Khan zwischen Gandhi und Gandhis Sekretär M. Desai

Warum wurden wir verhaftet?

Als ich aus dem Gefängnis kam, bemerkte ich neue Leidenschaft und neuen Eifer unter den Menschen. Wo sie sich auch zu frohen oder traurigen Ereignissen versammelten, konzentrierte sich das Gespräch immer auf das Land und das Volk. Sie lebten nicht mehr in Angst, sondern es gab ein neues Erwachen und neue Begeisterung. Auch die Khilafat[viii]-Bewegung hatte mit großer Kraft und lautstarken Forderungen ihren Anfang genommen.

Die Inder als Volk haben die besondere Neigung, größeres Interesse an anderen Ländern zu nehmen als an ihrem eigenen. Wenn die indischen Muslime ebenso viel Interesse an ihrer eigenen Nationalbewegung wie an der Khilafat-Bewegung genommen hätten, dann wären sie nicht hinter anderen Gemeinschaften der Welt hergehinkt. Andererseits tat die Khilafat-Bewegung den indischen Muslimen auch sehr gut, denn sie sorgte dafür, dass sie sich besser organisierten. Nicht nur in den Städten, sondern sogar in den Dörfern wurden Khilafat-Zentren gegründet. Das einzig Bedauerliche war, dass sie ihre Organisationen nicht in Gang halten konnten. Die Menschen hatten noch nicht gelernt, wie sie ihre Organisationen betreiben sollten und wie sie sie stark und fest machen könnten. Solange ein Land das nicht gelernt hat, kann es nicht hoffen, irgendeine Ordnung zu schaffen und aufrechtzuerhalten.

Da stellt sich die Frage, wie man die Menschen das lehren könne. Ich denke, dafür ist zweierlei wesentlich. Zuerst einmal müssen die Menschen den rechten Glauben und die feste Überzeugung gewinnen, dass sie den richtigen Weg eingeschlagen haben. Zweitens brauchen sie die richtigen Führer, die sie leiten, die die Fackel ihres Glaubens, ihrer Religion und ihrer Ideale vor ihnen hertragen. Gott hat viele große Boten in diese Welt gesandt und Indien wurde von Seiner Freigiebigkeit besonders gesegnet, aber man bedenke, dass der Bote seine Mission nur dann erfolgreich ausführen kann, wenn es eine Schar guter, heiliger und selbstloser Menschen gibt, die sich aus Liebe zu Gott und Seinem Boten dem Dienst widmen.

Religion ist auch eine Bewegung. Wenn selbstlose, anspruchslose und heilige Männer und Frauen dieser Bewegung beitreten und sich dem Dienst für ihr Land und Volk widmen, muss diese Bewegung Erfolg haben. Solche Menschen sind ein Segen für die Menschheit. Durch ihren Beitrag werden ihr Land und ihr Volk blühen und gedeihen.

Als ich aus dem Gefängnis kam, hatten meine Eltern, die wollten, dass ich wieder heirate, meine Verlobung arrangiert, und die Hochzeit sollte bald stattfinden. Mit einem meiner Freunde, Abbas Khan, fuhr ich nach Peshawar, um dort einige Einkäufe zu erledigen. Als wir in Dardaryab ankamen, wartete die Polizei an der Brücke auf uns. Die Polizisten verhafteten uns und brachten uns zur Polizeistation in Charsadda zurück. Von dort wurde unser Fall nach Peshawar gemeldet. In Peshawar wurden wir sofort zum Bungalow von Mr. Short, dem obersten *C.I.D.-Offizier*[ix], gebracht. Wir mussten vor dem Bungalow auf der Straße stehen, während der Polizeioffizier, der uns begleitet hatte, unsere Ankunft melden ging.

Am Abend standen wir immer noch dort. Es war Dezember und deshalb sehr kalt. Mr. Short saß gemütlich an seinem Kamin, aber er ließ uns draußen in der kalten Nacht stehen.

Mein Freund Abbas Khan fragte mich: „Warum wurden wir verhaftet? Was haben wir getan? Und was sollen wir sagen, wenn wir vor dem Offizier erscheinen?"

Ich sagte: „Wir werden jede Frage wahrheitsgemäß beantworten. Sei vorsichtig, aber lüge nicht." Er wurde gerufen und ins Haus gebracht. Dann wurde auch ich vor Mr. Short gebracht.

Mr. Short war dafür bekannt, dass er schroff war. Anscheinend hatte es in Nowshera einen Bombenanschlag gegeben und in diesem Zusammenhang wurden Abbas und ich verhaftet. Mr. Short fing an, mir Fragen zu stellen, und ich antwortete laut und deutlich.

„Sprechen Sie leise", schrie Mr. Short.

Ich sagte: „Wenn ich laut spreche, sagen Sie, ich solle leise sprechen, und wenn ich das tue, dann wollen Sie, dass ich lauter spreche. Würden Sie mir bitte genau sagen, wie Sie von mir angesprochen werden möchten?"

Ich sah, dass ihn das sehr ärgerte, aber er sagte nichts zu mir. Er rief nur den Polizisten, der sollte mich in die Arrest-Zelle der Polizeistation in Sadar bringen.

Niemand dachte daran, mir irgendetwas zu essen zu geben, und ich verbrachte dort eine Nacht hungrig. Abbas Khan war in die Arrest-Zelle in einer anderen Polizeistation gebracht worden.

Die Nacht war sehr kalt und ebenso der Zementfußboden der Zelle. Die Tür war kahl. Einige stinkende, halbverfaulte, von Läusen bedeckte Decken lagen auf dem Boden. Mir wurde schon bei ihrem Anblick schlecht. Aber es war bitterkalt. Ich hatte keine andere Wahl, als mich mit diesen schmutzigen Lumpen zuzudecken. Als ich am Morgen aufwachte, waren meine Kleider voller Läuse. Ich seufzte und sammelte eine nach der anderen ein.

In dieser Zelle wurde ich eine Woche lang festgehalten und dann wurde ich wieder zu Mr. Short gebracht. Er ordnete nun an, dass ich freigelassen werden sollte. Ich fragte ihn: „Dürfte ich wohl wissen, warum ich verhaftet und eine Woche festgehalten wurde?" Er sagte: „Ich habe Ermittlungen angestellt." Ich fragte weiter: „Hätten Sie diese Ermittlungen nicht anstellen können, bevor Sie mich verhaften ließen?" Er erwiderte: „Es ist ganz allein meine Sache, ob ich zuerst Ermittlungen anstelle oder zuerst die Verhaftung veranlasse."

Ich sagte: „Aber schließlich bin ich ein Mensch. Haben Sie nicht an meine Stellung gedacht? Es gab keinen Grund, mich all diesen Unbequemlichkeiten auszusetzen. Ich wäre nicht davongelaufen. Wenn Ihre Ermittlungen meine Schuld bewiesen hätten, dann hätten Sie mich leicht verhaften können."

„Was meinen sie mit Ihrer Stellung?" fragte er barsch.

Ich sagte nur einfach: „Schon gut", und verließ den Raum. Dann kehrte ich in mein Dorf zurück.

Hidschra-Kampagne

1920 fand meine zweite Heirat statt.

In diesem Jahr nahm ich auch an der All India Khilafat Komitee-Konferenz in Delhi teil. Bei dieser Konferenz gab es einen leidenschaftlichen jungen Mann, der Aziz hieß. Er schlug die Hidschra[11]-Bewegung vor. Er sagte, wir sollten alle das Land verlassen. Damals dachten wir, das sei nur ein Scherz. Aber der Scherz wurde ein Desaster. Dieser unglückliche Spaß war der Grund dafür, dass entsetzlich viele Paschtunen Leben und Eigentum verloren.

Ein *Hidschra-Komitee*[x] wurde in Peshawar gebildet und jeder, der nach Afghanistan auswandern wollte, musste durch dieses Komitee gehen, das ihn mit allen möglichen Hilfen und Bequemlichkeiten ausstattete. Zu Anfang änderten die Briten, die es müde waren, Menschen, die nicht auf sie hörten, von etwas abzuhalten, ihren Ton und ermutigten die Menschen, in großer Zahl auf Hidschra zu gehen. Sie dachten, sie könnten zwei Fliegen mit einer Klappe schlagen: Afghanistan käme in große Schwierigkeiten, wenn es mit so vielen Einwanderern zu tun bekäme, und, da die Politikarbeiter aus dem übrigen Indien auch auf Hidschra gingen, würden sie sie los und ihre Sorgen mit ihnen wären vorüber. Die Briten schickten auch eine Anzahl ausgebildeter Spione mit den Auswanderern nach Afghanistan.

Die Mullahs erließen eine starke *Fatwah*[xi] und sagten: „Jeder Mann, der nicht auf Hidschra geht, muss sich von seiner Frau scheiden lassen."

Aber die Frauen hatten andere Ideen. Man sagt, dass Ricken so schnell seien, dass, selbst wenn sie Schellen an den Knöcheln tragen müssten, außer Sicht seien, bevor irgendjemand sehen könnte, wer sie waren oder wohin sie liefen. Viele Frauen wurden so schnell wie die Ricken, wenn es darum ging, bei ihren Männern zu bleiben.

---

[11] Exodus, Auswanderung

Auch ich ging auf Hidschra und sah das gesamte Schauspiel mit eigenen Augen.

König Amanullah Khan wollte den Auswanderern Land und Arbeit und auch einen Anteil am Handel geben. Aber die Spione, die die Briten mitgeschickt hatten, waren dagegen.

Sie sagten: „Wir sind nicht hergekommen, um Land in Besitz zu nehmen oder um Arbeit zu suchen oder uns in der Geschäftswelt niederzulassen. Wir sind hergekommen, um einen heiligen Krieg zu führen!"

König Amanullah sagte: „Ich bin nicht stark genug, um gegen die Briten zu kämpfen. Ich werde euch hier eine Kolonie geben. Wenn ihr unter euch genügend Kraft aufbauen könnt, um gegen die Briten Krieg zu führen, werde ich euch dabei, so gut ich kann, unterstützen. Ihr wisst ebenso gut wie ich, dass die Briten wie eine schwarze Kobra sind. Sie werden euch nicht in Frieden leben lassen und ich für mein Teil lebe in ständiger Furcht vor ihrem tödlichen Biss!" Aber die Spione gingen von einem der Exilanten zum anderen und taten ihre schändliche Arbeit.

Es gab in Kabul auch eine andere Gruppe, die gegen den Hidschra war und die heimlich alles tat, um die Bewegung zum Scheitern zu bringen. Obwohl König Amanullah alles versuchte, um den Auswanderern zu helfen, waren alle seine Bemühungen vergeblich und die Hidschra-Bewegung musste zugeben, dass sie gescheitert war.

Während ich in Kabul war, hatte ich eine Audienz bei König Amanullah. Der König sprach einige Sprachen, aber nicht Paschtu. In der Audienz sagte ich zum König:

„Da ist etwas, das ich sagen möchte, wenn Ihr mir erlaubt!"

Der König sagte: „Natürlich!"

Ich sagte: „Es ist sehr schade, dass Ihr, die Ihr so viele Sprachen sprecht, nicht Paschtu könnt, obwohl es Eure Muttersprache und Eure Nationalsprache ist!"

Der König stimmte mir zu und begann bald darauf, Paschtu zu lernen.

Damals war Nadir Khan Verteidigungsminister und Sardar Ubeidullah Ghariz Khan, der Vater von Sardar Dawud Khan, war Bildungsminister. Ich kannte beide sehr gut. Sardar Ubeidullah Ghariz Khan sagte eines Tages zu mir: „Ich gehe gerade das Habibia College besichtigen." Ich beschloss, ihn zu begleiten.

Der Dekan des Colleges gestattete mir freundlicherweise, am Unterricht teilzunehmen und den Studenten Fragen zu stellen. Ich musste Persisch mit ihnen sprechen.

„Wer sind Sie?" fragte ich einen Studenten.

„Ich bin Afghane", antwortete er.

Ich fragte: „Zu welchem Land gehören Sie?" „Afghanistan", antwortete er.

„Welche Sprache ist ihre Nationalsprache?"

Die Antwort war: „Afghanisch".

„Können Sie diese Sprache?"

Die Antwort kam schüchtern: „Nein". Dann senkte der Junge den Blick und schwieg.

„Sagen Sie etwas, mein Herr!" drängte ich ihn, aber der Junge sagte: „Ich kann nicht."

Dann sagte ich: „Sie nennen sich einen guten Afghanen und können nicht einmal ihre eigene Sprache?"

Mohammed Tarzi war Außenminister in Afghanistan, ein äußerst fähiger und kompetenter Mann. Eines Tages hatte er mich zu einer Gesellschaft eingeladen. An diesem Abend kamen wir auf die Sprachen-Frage zu sprechen und das gab Mohammed Tarzi Gelegenheit zu sagen: „Unser Volk spricht ebenso gut Persisch wie Paschtu." Ich bemerkte: „Aber Paschtu ist die Nationalsprache von Afghanistan. Ich behaupte nicht, dass niemand Persisch sprechen sollte. Aber ich möchte gerne wissen, warum ihr eure eigene Sprache vergessen habt. Es ist schließlich die Sprache der Mehrheit. Als die

Briten nach Indien kamen, verstanden sie keine der Sprachen, die in diesem Land gesprochen wurden, und niemand in Indien verstand die Sprache der Briten. Aber sie machten dennoch keine indische Sprache zur offiziellen Sprache. Ihre eigene Sprache blieb die Sprache der Regierung. Das Ergebnis war, dass Millionen Menschen Englisch lernten. Menschen aus verschiedenen Teilen Indiens können die Sprache anderer Landesteile nicht verstehen. Aber Englisch ist überall eingedrungen und es gibt kaum eine Gegend in Indien, in der man sich nicht mit Englisch verständigen kann. Wenn Sie Afghani zur Nationalsprache gemacht hätten, dann würde es heute von allen gesprochen."

Schließlich kehrten alle aus unserer Provinz, die auf Hidschra nach Afghanistan gegangen waren, nach Hause zurück.

Einige meiner Freunde gingen nach Taschkent und ich ging mit einigen Kameraden nach Bajaur. Dort wollten wir Schulen für die unabhängigen Stämme gründen.

Eine der Schulen wurde in Khalu eröffnet, einem Dorf im Distrikt Dhir. Maulvi Faz'l Mohammed Sahib Makhfi wurde die Schule übergeben. Die Dorfbewohner waren sehr froh, weil sie sehr auf Bildung bedacht waren, und ihre Kinder waren ungewöhnlich intelligent. Das war die erste Gelegenheit, die sie bekamen, zur Schule zu gehen, und sie nutzen sie voll aus.

Der *Political Agent*[xii] von Malakand, ein Engländer mit Namen Cab, war der paschtunischen Bewegung für Bildung sehr feindlich gesinnt und legte ihr, wann und wo er nur konnte, Steine in den Weg. Als er erfuhr, dass die Schule in Khalu bei den Dorfbewohnern so beliebt war, schickte er nach dem *Nawab*[xiii] von Dhir.

„Sehen Sie mal", sagte er zu ihm, „all diese Bildung schafft uns nur endlose Scherereien. Wenn Sie nicht selbst in Schwierigkeiten geraten wollen, dann sehen Sie besser zu, dass diese Schule so bald wie möglich zerstört wird!"

Also ließ der Nawab die Schule demolieren!

Unter solchen Umständen mussten wir arbeiten! Solchen bitteren Nöten standen wir gegenüber! Ich war nun alleine, alle meine

Kameraden und Kollegen waren in den Bajaur-Distrikt gegangen. Ich reiste durch die Distrikte Dhir und Bajaur und fuhr dann wieder nach Hause. Ich dachte, ich sollte nun versuchen, die Schulen, die die Briten während des Ersten Weltkrieges geschlossen hatten, wiederzueröffnen.

In diesen Tagen trafen sich die Khilafat-Bewegung und der Kongress bei einer gemeinsamen Plattform. Mein Freund Qazi Ataullah und ich waren wegen einer Funktion, die wir an der Aligarh-Universität ausübten, eingeladen worden. Als wir dorthin fuhren, fiel mir ein, dass ich auch an der Versammlung der Khilafat-Bewegung teilnehmen sollte.

An der Aligrah-Universität fanden wir eine Anzahl Studenten aus unserer Provinz. Wir sprachen mit ihnen und tauschten unsere Ansichten aus. Einige hatten wegen ihrer pro-türkischen Gefühle den Besuch des Colleges abgebrochen.

Weil wir anderswo dringende Geschäfte hatten, konnten Qazi Sahib und ich schließlich doch nicht an der Khilafat-Konferenz teilnehmen und gingen nach Utmanzai zurück.

Ende Dezember 1920 kehrte mein Bruder Dr. Khan Sahib aus England zurück, wo er etwa fünfzehn Jahre zugebracht hatte. Er hatte während des Krieges sein Studium abgeschlossen und sich dann als Militärarzt einschreiben lassen. Er hatte Hauptmannsrang und war den Guides in Mardan zugeteilt.

Mit Hilfe einiger Freunde hatte ich versucht, Stätten für höhere Bildung einzurichten. 1921 wurden unsere Bemühungen mit Erfolg gekrönt und die Azuad High School in Utmanzai wurde gegründet. Meine Kollegen in dieser Schule waren Qazi Sahib Ataullah, Mian Ahmed Shah, Jahi Abdul Gaffar Khan, Haji Mohammed Abbas Khan, Abdullah Akbar Khan, Taj Mohammed Khan, Abdullah Shah und Khadim Mohammed Akbar Khan.

Wir gründeten auch eine Gesellschaft, die wir Anjuman ul-Afghina nannten.

Uns fehlten Lehrer für die Schule. Ein Grund dafür war, dass wir es uns nicht leisten konnten, den Lehrern sehr hohe Gehälter zu zahlen.

Deshalb unterrichtete ich ebenfalls. In dieser Zeit nahm ich an einer Konferenz der Khilafat-Bewegung in Lahore teil Bei dieser Konferenz lernte ich Aziz Mukhtar Khan aus dem Dorf Merakhail im Bannu-Distrikt kennen. Er wurde von seinen beiden Söhnen Aziz Mumtaz Khan und Maqsud Khan begleitet, die beide für ihren B.A. am Islamia-College in Peshawar studierten, aber sie waren während der pro-türkischen Bewegung wie viele Studenten, die wir in Alilgarh kennen gelernt hatten, nicht mehr ins College gegangen.

Aziz Mukhtar Khan gab seine beiden Söhne in unsere Schule. Maqsud wurde der erste Schulleiter und später, als er zum College zurückging, um seine unterbrochenen Studien fortzusetzen, übernahm sein Bruder Aziz Mumtaz Khan das Amt von ihm.

Die Briten mochten unsere Schule nicht. Immer wenn wir neue Lehrer ernannten, versuchten sie sie zu erschrecken und bedrohten sie. Wenn sie damit ihren Zweck nicht erreichten, versuchten sie, sie abzuwerben, indem sie ihnen besser bezahlte Arbeitsstellen anboten. Auch der arme Maqsud Khan wurde von der Polizei belästigt, sobald er nach Utmanzai kam.

Die Khilafat-Bewegung

Ich war immer noch von der Khilafat-Bewegung begeistert, aber auch mit ihr ging es nicht leicht. Die Khilafat-Bewegung in Peshawar hatte sich in zwei Parteien aufgespalten. Eines Tages veranstalteten Haji Jan Mohammed Sahib und seine Kollegen eine Versammlung in Shahi Bagh. Auf dieser Versammlung wurde vorgeschlagen, dass Haji Jan Mohammed Sahib zum Präsidenten des Khilaft-Komitees gewählt würde. Der Vorschlag wurde einstimmig angenommen.

Am folgenden Tag versammelten sich ein gewisser Sayyid Sahib und seine Freunde in Peshawar und hielten eine eigene Versammlung ab. Sie sagten, Sayyid Sahib sei ein wahrer Nachfolger des Propheten und Diener des Volkes. Deshalb sei sein Anspruch berechtigter als der des Haji Jan Mohammed Sahib und er sollte zum Präsidenten des Khilafat-Komitees gewählt werden. Alle in der Versammlung Anwesenden schrien: „Einverstanden!"

Unter derartigen Bedingungen musste die Khilafat-Bewegung arbeiten! Aufregung und Rivalität wuchsen von Tag zu Tag. Wirkliche Arbeit wurde nicht geleistet. Kostbare Zeit wurde verschwendet. Unter denen, die in der Bewegung arbeiteten, gab es keine Eintracht. Normalerweise sind die Menschen von Peshawar gute, schwer arbeitende Leute, aber ihre Uneinigkeit untereinander bewirkte, dass sie für die Bewegung unbrauchbar wurden.

Ich ging ab und zu ins Khilafat-Büro, und da ich mich mit beiden Parteien gut stand, sprachen beide Seiten mit mir über ihre Differenzen. Beide Parteien machten recht deutlich, dass sie Vertrauen zu mir hatten, und schließlich war davon die Rede, dass ich die Präsidentschaft übernehmen sollte. Ich war nicht sehr interessiert, weil ich im Ganzen kein Liebhaber von Präsidentschaften oder einem anderen hohen Amt bin, und ich hielt mich davon lieber fern. Aber in diesem Fall dachte ich, dass ich es annehmen müsste. Ich stellte jedoch eine Bedingung. Ich verlangte, dass alle Beiträge, die in der Grenzprovinz gesammelt würden, nur für die Bildung in dieser Provinz verwendet werden wollten.

Also wurde ich Präsident des Khilafat-Komitees und *Abdul-ul-Qayyum*[xiv] wurde sein Sekretär.

Da ich mir nun nicht mehr so viele Sorgen um den Schulunterricht zu machen brauchte, reiste ich durch die Stammes-Distrikte. Damit verfolgte ich in erster Linie den Zweck, Menschen zu begegnen und Gedanken und Ideen mit ihnen auszutauschen, und außerdem wollte ich prüfen, ob ich dafür sorgen könnte, dass die alten Schulen in den Stammesgebieten wieder eröffnet würden.

Etwa sechs Monate nachdem meine Schulen in Utmanzai eröffnet worden waren, schickte der Haupt-Bevollmächtigte für unseren Distrikt nach meinem Vater und sagte zu ihm:

„Ich habe bemerkt, dass Ihr Sohn durch die Dörfer reist und Schulen eröffnet. Ich habe auch bemerkt, dass andere Menschen ruhig zu Hause bleiben und sich nicht um derlei kümmern. Wären Sie wohl so freundlich, Ihren Sohn zu bitten, diese Aktivitäten aufzugeben und wie andere zu Hause zu bleiben?"

Als mein Vater nach Hause kam, sagte er mir unter vier Augen, was der Beauftragte ihm gesagt hatte, und fügte hinzu: „Warum bleibst du nicht ganz gemütlich zu Hause, Sohn? Warum musst ausgerechnet du Dinge tun, um die sich sonst niemand kümmert?"

Die Ermahnung meines Vaters, so sanft sie auch gewesen war, machte mich traurig und ich sagte mir: „Die Briten zögern nicht, Zwietracht zwischen Vater und Sohn zu säen, wenn das ihrem Zweck dient!"

Mein Vater war tief religiös. Ich sagte zu ihm: „Vater, wenn andere ihr *namaz* nicht mehr rezitierten, würdest du mir dann den Rat geben, auch damit aufzuhören?"

Mein Vater entgegnete: „Gott behüte! *Namaz* rezitieren ist eine heilige Pflicht!"

Ich sagte: „Und in meiner Vorstellung ist die Bildung des Volkes und der Dienst an der Nation eine ebenso heilige Pflicht wie *namaz*."

Da antwortete mein Vater sehr ernst: „Sohn, wenn es eine so heilige Pflicht ist, dann darfst du sie nie aufgeben!"

Mein Vater sagte dem Bevollmächtigten, dass wir unsere Religion und unsere heiligen Pflichten unmöglich ihm zuliebe aufgeben könnten.

Einige Tage später wurde ich verhaftet und aufgefordert, eine Kaution zu zahlen. Das verweigerte ich. Am elften Dezember 1921 wurde ich nach Absatz 4 der *Frontier Crimes Regulation* [vgl. Endnote i] zu drei Jahren strenger Haft verurteilt.

Es war tatsächlich eine strenge Haft. Das Essen, das wir bekamen, verdiente diesen Namen nicht und die Kleider, die wir tragen sollten, konnten kaum Kleider genannt werden.

Ein Vater und sein Sohn aus meinem Dorf wurden gleichzeitig mit mir ins Gefängnis gebracht. Als sie die Gefängniskleidung angezogen hatten, erkannte der Junge den Vater nicht mehr. Er begann zu weinen: „Baba, Baba, wo bist du?"

Der Vater sagte: „Sohn, ich bin hier, gleich neben dir!"

Und wie stand es mit einem großen, kräftigen Mann wie mir? Die Hosen der Gefängniskleidung, die sie mir gegeben hatten, reichten mir nicht einmal bis zu den Waden und sie waren so eng, dass die Nähte rissen. Das Hemd hörte über der Taille auf.

Ein neuer Gefangener wurde gewöhnlich in Einzelhaft gesteckt und musste zwanzig Seer[12] Getreide am Tag mahlen. Er wurde in Fesseln gelegt und ein eiserner Kragen wurde ihm um den Hals gelegt, von dem eine kleine Erkennungsmarke hing, auf der das Verbrechen des Gefangenen und die Dauer seiner Verurteilung standen.

Der Gefängniswärter war ein Hindu. Er war ein ehrlicher Mann und da er ein Patriot war, hatte er mit den Gefängnisinsassen Mitleid. Zwar steckte er mich in eine Einzelzelle, aber er legte mir keine Fesseln an und ich musste auch kein Getreide mahlen. Er gab mir das Gefängnisessen, aber die *Chapattis*[xv] waren sauber und das Dal und die Gemüse waren wenigstens essbar. Meine Zelle war bitter kalt, weil sie nach Norden lag und nie Sonne bekam. Man gab mir drei

---

[12] Maßeinheit in manchen paschtunischen Gegenden. 20 Seer = 25 kg.

Decken und ein Stück Sackleinwand. Sie sollten als Schutz gegen die Kälte dienen, aber sie erfüllten diesen Zweck nicht. Außerdem verließen wir unsere Zellen nie und die mangelnde Bewegung bewirkte, dass uns noch kälter war. Als zufällig ein freundlicher Wärter Dienst hatte, erlaubte er mir, mich etwa eine halbe Stunde draußen in die Sonne zu setzen. Ein weiteres Problem war, dass wir nicht einmal nachts in Ruhe schlafen konnten, weil alle drei Stunden die Wächter wechselten. Der, der neu zum Dienst angetreten war, musste so lange an jede Tür klopfen und rufen, bis der Zellenbewohner antwortete. Ein Gefangener, der nicht antwortete, wurde am nächsten Tag bestraft.

Als ich verhaftet wurde, wurde ich zuerst ins Gefängnis in Peshawar geschickt. Ich wurde nicht in eine Arrestzelle gesperrt, wie es üblich ist, wenn das Urteil noch erwartet wird, sondern in eine Verbrecher-Zelle.

Als die Tür der Zelle geöffnet wurde, traf ein furchtbarer Gestank meine Nase. Die Quelle war nicht schwer zu finden: Ein Nachttopf aus Ton mit den Exkrementen des letzten Bewohners stand in der Ecke. Ich sagte dem Gefängnisbeamten, dass ich in einer so schmutzigen Zelle nicht bleiben können, aber er sagte nur kalt: „Wissen Sie, Sie sind im Gefängnis!" und stieß mich in die Zelle.

Nachdem ich ins Gefängnis gebracht worden war, wurden auch meine Freunde in der Khilafat-Bewegung verhaftet und ins Gefängnis gesteckt. Wir wurden Tag und Nacht eingesperrt. Unser Essen wurde uns durch eine mit einem Gitter versehene Öffnung in der Tür hereingeschoben. Die Tür wurde nur geöffnet, wenn jemand kam, um die Zelle sauberzumachen. Die Zellen wurden streng bewacht, damit niemand in unsere Nähe käme und mit uns spräche. Das Ergebnis dieser grausamen Behandlung war, dass die meisten meiner Kollegen beschlossen, die Kaution zu hinterlegen, aber Abdul-ul-Qayyum und ich weigerten uns weiterhin.

Nach zehn Tagen wurde ich vor den stellvertretenden Bevollmächtigten gebracht. Er war ein eigenartiger Engländer und auch seine Methode war seltsam. Er fragte den Polizisten, der mich gebracht hatte, welches Vergehen ich begangen hätte. Der Polizist sagte ihm, dass ich auf Hidschra gegangen und in Azad eine Schule eröffnet hätte.

Der stellvertretende Bevollmächtigte fragte ihn: „Warum habt ihr ihm gestattet, in dieses Land zurückzukehren, da er nun schon einmal auf Hidschra gegangen war?"

Jetzt ergriff ich das Wort und sagte: „Zuerst habt ihr uns unser Land weggenommen und jetzt wollt ihr uns nicht mal mehr darin leben lassen?"

Darüber ärgerte sich der Engländer sehr und er sagte zu dem Polizisten:

„Mir aus den Augen! Ich verurteile ihn zu drei Jahren Gefängnis."

Der Polizist brachte mich ins Gefängnis zurück. Abdul-ul-Qayyum wurde auch zu drei Jahren verurteilt.

Es war für alle Gefangenen ein Vergehen, Essen in der Zelle aufzubewahren. Als ich eines Tages in meiner Einzelzelle saß, kam ein Mann aus meinem Dorf, der auch ein Gefangener war, zu meiner Zelle und gab mir zwei Stück *gur*.[13] Etwas später sagte mir der Wärter draußen, dass der Gefängniswärter Sahib komme. Was sollte ich nun mit dem Palmzucker machen? Ich könnte ihn unter den Decken verstecken, aber vielleicht wollte der Gefängniswärter mein Bett inspizieren? Also unter der Sackleinwand? Wo könnte man in dieser kahlen Zelle irgendetwas verstecken? Auf die eine oder andere Weise schaffte ich es und, wie es das Glück wollte, kam der Gefängniswärter zwar in meine Zelle, aber er durchsuchte sie nicht. Als er gegangen war, warf ich die Stücke Gur aus dem Fenster und auf der Stelle beschloss ich, dass ich, solange ich im Gefängnis war, niemals gegen die Regeln und Vorschriften verstoßen würde, weil das Furcht im Herzen schuf. Das hatte ich bei vielen meiner politischen Freunde gesehen. Zuerst brechen sie die Regeln und dann schmeicheln sie dem Gefängniswärter. Sie mussten sie sogar bestechen. All das wird durch Furcht bewirkt und es kostet einen die Selbstachtung. Ich wollte nicht, dass mir das passierte. Einige Zeit später kam mein Bruder Dr. Khan Sahib und einige andere mich

---

[13] Palmzucker

besuchen. Sie brachten mir eine Nachricht von der Regierung. Die Nachricht besagte, dass man mir gestatten werde, Schulen zu betreiben, aber dass ich aufhören müsse, durch die Dörfer zu fahren. Wenn ich einverstanden sei, hieß es weiter, würde ich aus dem Gefängnis entlassen. Ich zerriss die Nachricht der Regierung.

Unter den vielen anderen Gefangenen im Gefängnis waren einige Kreuzfahrer [vgl. Endnote iii] aus Chamarkand, die ich kannte, denn, als ich von Kabul nach Bajaur fuhr, hatte ich in Chamarkand vorgesprochen, um sie kennenzulernen. Ich hatte versucht, ihnen zu raten und zu helfen. Ich hatte sie gewarnt, weder in die Grenzprovinz noch in den Punjab zu gehen, weil dort einige ihrer Männer verhaftet worden waren.

„Und wie lange noch", fragte ich sie, „wollt ihr wohl einem Traum hinterherjagen? Warum seht ihr euch nicht nach Arbeit um? Ihr habt doch Maultiere. Also, nicht weit von hier im Kunar-Distrikt werden viele verschiedene Früchte angebaut. Wenn ihr dorthin geht, die Früchte kauft und im Mohmand-Distrikt verkauft, verdient ihr euch damit einen anständigen Lebensunterhalt und seid dann unabhängig und frei."

Ich gab ihnen diesen Rat, weil ich, als ich in ihrem Distrikt war, ihre Lebensumstände und ihre Lebensweise beobachtet hatte. Ich hatte gesehen, dass sie unnütz und untätig geworden waren. Die Kreuzfahrer waren von Boner nach Chamarkand gekommen. Uneinigkeit war in ihre Reihen eingedrungen und sie hatten ihren Anführer, einen Punjabi, getötet.

Anscheinend war die Aufspaltung in Parteien und die Verwicklung in Kämpfe und Schlägereien unseren Brüdern aus dem Punjab ganz natürlich.

Es gab in Boner unter den Kreuzfahrern auch einige Bengalen und sie lebten in Freundschaft und Liebe zusammen. Aber sobald die Punjabis dazukamen, bildeten sie verschiedene Gruppen und Kämpfe und Schlägereien fingen an. Am Ende war der Befehlshaber getötet worden und sie alle hatten Boner verlassen müssen. Damals waren sie nach Chamarkand gegangen. Aber der Parteiengeist herrschte immer noch. Ihr Anführer Maulvi Faz'l Ali war gut darin, Gruppen zu schaffen, und ein gefährlicher Mensch. Ich hatte ihn kennengelernt, als ich gerade Kabul verließ, und ich hatte ihm viele Ratschläge gegeben.

Wegen dieser Aufspaltung in Parteien hatte Maulvi Faz'l Ali den sehr guten Anführer Maulvi Bakshi getötet, der seine Arbeit sehr rechtschaffen und aufrichtig getan hatte.

Selbst im Gefängnis waren diese Kreuzfahrer in schlechter Verfassung. Sie stritten miteinander und schlugen sich. Nach meiner Ankunft verbesserte sich die Situation.

Sie sagten mir, dass einer ihrer Kollegen zu Hause, ein Hafiz Koran[14], tatsächlich für die Polizei arbeitete. Er berichte der Polizei über die, die gute Arbeit leisteten, und hielt sich selbst im Hintergrund. Dann sagte er denselben Leuten: „Wir wollen da und da hingehen. Dort werden wir gute Beiträge kassieren können." Einer oder der andere von ihnen ging dann gutgläubig mit ihm, und wenn er entdeckte, dass er betrogen worden war, war es schon zu spät, denn die Polizei wartete bereits auf ihn und nahm ihn mit.

Sie sagten mir auch, dass dieser Hafiz Koran wieder nach Chamarkand gegangen sei, um sich neue Opfer zu suchen. Anscheinend hatte er es auf unseren besten Anführer abgesehen. Auf die eine oder andere Weise, sagten sie, müsste eine Nachricht nach Chamarkand geschickt werden, in der alle gewarnt würden, dass sie auf keinen Fall mit diesem Hafiz Koran gehen sollten.

Einer der eingesperrten Kreuzfahrer war ein Mann aus Mohmand. Er sollte in etwa einem Tag entlassen werden. Er wohnte in der Nähe von Chamarkand. Die Kreuzfahrer wollten, dass ich an ihre Kollegen zu Hause einen Brief gegen den Hafiz Koran schriebe. Der Mann aus Mohmand sollte den Brief überbringen.

Zuerst dachte ich an den Ärger, den der Hafiz Koran verursachte, und den Schaden, den er der Sache der Kreuzfahrer tat. Ich änderte dann meine Meinung und schrieb einen kurzen Brief, den ich dem Mann aus Mohmand einen Tag vor seiner Entlassung gab.

---

[14] Einer, der den Koran auswendig kann.

In diesem Gefängnis wurden die gewöhnlichen Gefangenen üblicherweise eine Woche lang in Einzelhaft gehalten, aber mich hielten sie zwei Monate lang in einer Einzelzelle. Dann wurde ich nach Dera Ismail Khan überstellt, in ein Gefängnis, das für Gewohnheitsverbrecher bestimmt war.

In ein anderes Gefängnis

Bevor ich das Gefängnis in Peshawar verließ, legten sie mir wieder Fußfesseln an, aber als wir im Dera-Ismail-Khan-Gefängnis ankamen, wurden mir die Fesseln abgenommen. Ich wurde in eine Zelle gesteckt und am Tag darauf gab man mir zwanzig Seer Getreide, das ich natürlich auf einem Mahlstein mahlen sollte. Aber Maden waren anscheinend als erste über das Getreide gekommen, deshalb war es leicht zu mahlen.

Der Wärter war ein älterer Mann, der Soldat gewesen war, bevor er Gefängnisbeamter wurde. Er konnte nicht Englisch und war reif für den Ruhestand.

Der Gefängnisdirektor war ein Engländer, der ausschließlich Englisch sprechen konnte. Deshalb verrichtete sein Stellvertreter Gangaram alle Arbeit im Gefängnis. Der ältere Wärter war Muslim und er war in Ordnung, aber Gangaram war ein sehr schmutziger Mann und einer, der Bestechungen annahm. Er hetzte die Gefangenen zum Streit miteinander auf und forderte dann Bestechungsgeld von ihnen, um nichts gegen sie zu unternehmen.

Eines Tages, als ich Getreide mahlte, kam der Wärter zu mir und sagte:

„Sie können mit dem Mahlen aufhören."

Ich fragte: „Warum?"

Er antwortete: „Sie sind hier der Einzige im Gefängnis, der Gottes wegen hier ist. Wie könnte ich mich vor Ihm rechtfertigen, wenn ich Sie Getreide mahlen lasse?"

Um ihm einen Gefallen zu tun, hielt ich ein, aber sobald er gegangen war, fing ich wieder an. Er beobachtete mich jedoch durch das kleine Loch in der Tür und ein paar Minuten später kam er wieder in meine Zelle und sagte:

„Ich habe Ihnen erlaubt aufzuhören. Warum mahlen Sie immer noch?" Nicht weit von mir entfernt, in der nächsten Reihe von Zellen, mahlte auch ein Gefangener Getreide.

Ich sagte zu dem Wärter: „Siehst du diesen Mann? Nun, da siehst du einen Räuber und Mörder Korn mahlen. Warum sollte ich in meinem Fall, der rein und heilig ist, etwas dagegen haben, Getreide zu mahlen?"

Am folgenden Tag sagte der Wärter dem Mann, der den Mahl-Dienst hatte, er solle mir Mehl statt Getreide zum Mahlen geben. Aber als der Mann mir das Mehl brachte, gab er mir auch etwas Getreide.

Er sagte: „Wenn der Gefängnisdirektor die Runde macht, tun Sie so, als würden Sie Getreide mahlen."

Ich fragte ihn: „Warum?"

Er sagte: „Wenn er sieht, dass ich Ihnen Mehl gegeben habe, verliere ich meine Arbeit."

„Ich will nicht, dass du deine Arbeit verlierst", sagte ich. „Ich mag auch nicht lügen. Lass mich also bitte Getreide mahlen, wie es alle tun."

Das Essen im Gefängnis war schrecklich. Sie backten wohl Zement ins Brot, man konnte es überhaupt nicht kauen. Die Gemüse waren so schlecht, dass nicht einmal die Gefängniskatze davon essen wollte, als ich ihr eines Tages etwas anbot. Der Wärter sagte sehr freundlich, er könnte mir aus seinem Haus etwas schicken lassen, aber ich bat ihn, das nicht zu tun. Der Mann, der Milch austrug, wollte mir welche geben. Der Arzt habe das verordnet, sagte er. Aber ich wies auch die Milch zurück, denn sie gehörte nicht zu meiner Gefängnisnahrung und ich wollte niemand anderem seine Ration wegnehmen.

Dann schickte Gangaram seine Erfüllungsgehilfen, die mich wegen Bestechungsgeldern belästigen sollten.

„Geben Sie Gangaram etwas Geld", sagte einer von ihnen, „und er wird Sie aus der Einzelzelle herausholen. Wir Leute aus Peshawar schämen uns sehr, wenn wir uns vorstellen, dass Sie in einer

Einzelzelle sitzen und auch noch Getreide mahlen. Wenn Sie Gangaram nicht bestechen wollen, dann sind wir bereit, ihn aus der eigenen Tasche zu bezahlen."

„Hör mal", sagte ich zu ihm, „Bestechung ist ein soziales Übel. Ich will daran keinen Anteil haben. Du weißt, dass ich hier bin, weil ich keine Kaution hinterlegen wollte. Wenn ich jemanden bestechen muss, kann ich ebenso gut die Kaution zahlen."

Gangaram korrumpierte auch junge Gefangene. Jeder, der ihm fünf Rupien zahlte, konnte einen jungen Gefangenen über Nacht in seiner Zelle haben.

Eines Tages sagte ich zu dem Wärter: „Du bist ein guter Moslem. Du betest fünfmal am Tag. Aber warum schützt du die Ehre der Moslem-Jungen im Gefängnis nicht? Wie willst du damit vor dem Allmächtigen bestehen? Schämst du dich nicht? In den anderen Gefängnissen von Peshawar, in denen die Wärter Hindus sind, würde niemand wagen, einen Moslem-Jungen anzufassen!"

Das Essen war weiterhin schlecht. Eines Tages, als ich mit Getreidemahlen beschäftigt war, kam der Gefängnisdirektor in meine Zelle. Eine kleine Schale mit Gemüse stand noch auf dem Fußboden. Ich zeigte sie dem Leiter und sagte: „Ich habe dieses Essen der Katze angeboten, aber sie hat es nicht angerührt. Und doch erwarten Sie, dass Menschen das essen!"

Der Leiter war Arzt, sah sich das Gemüse an und sagte: „Das Essen ist ganz in Ordnung."

Ich dachte, es habe keinen Zweck, mit ihm darüber zu diskutieren. Also wechselte ich das Thema und sagte: „Würden Sie wohl bitte mal einen Blick auf den Mann in der gegenüberliegenden Zelle werfen? Er ist in Fesseln und ich auch, aber beachten Sie den Unterschied! Ich mahle täglich dieselbe Menge Getreide wie er. Er ist ein Gefangener und ich bin es auch. Aber ist mein Verbrechen dasselbe wie seins? Sagen Sie mir mal, wie behandeln Sie Gefangene wie mich in *Ihrem* Land?"

Der Direktor verließ die Zelle, ohne etwas zu sagen.

Aber am Tag darauf wurde ich in eine Werkstatt geschickt, um Tüten zu kleben. Als ich den Direktor wiedersah, sagte er zu mir: „Jetzt wird es nicht mehr lange dauern, bis Sie aus der Einzelzelle herauskommen."

Die Gefangenen in der Werkstatt kamen aus allen Teilen der Grenzprovinz. Sie stritten oft miteinander und wandten sich sogar an mich. Ich sagte ihnen, sie sollten nicht miteinander kämpfen und sie sollten ihre Laster aufgeben. Ich war sehr froh, dass sie mir zuhörten.

Viele der Gefangenen fürchteten sich vor schwerer Arbeit und sie bestachen Gangaram, damit er sie davon befreie. Ich sagte ihnen auch, sie sollten diese schlechte Angewohnheit aufgeben.

Als Gangaram seine Geschäfte schwinden sah, schmiedete er ein Komplott, damit ich in ein anderes Gefängnis überstellt würde. Er berichtete dem Direktor, dass ich ihm Ärger mache, dass ich versuchte, meine Ideen unter den Gefangenen zu verbreiten, und dass er nicht für die Disziplin garantieren könne, wenn ich nicht fortgeschickt würde. Er machte tatsächlich viel Aufhebens von meinem Fall.

Der Direktor befragte mich. Er wusste sehr gut, dass Gangaram log. Aber es war eine Frage der Disziplin und ein Engländer nimmt alles Mögliche auf sich, um die Disziplin aufrechtzuerhalten. Also wurde ich in das Dera-Ghazi-Khan-Gefängnis überstellt. Ich hatte zwei Monate meiner Haftzeit im Peshawar-Gefängnis und zwei Monate hier abgesessen. Während dieser vier Monate hatte ich etwa 20 kg abgenommen. Das schlechte Essen hatte mein Zahnfleisch angegriffen und es war vereitert.

An dem Tag, als ich überstellt werden sollte, fuhr ein Polizeiauto mit zugezogenen Vorhängen vor das Tor. Meine Füße waren gefesselt, die Handschellen umschlossen meine Handgelenke und ein Eisenkragen war um meinen Nacken gelegt. Ich trug Gefängniskleidung, die mir wie immer zu eng und zu kurz war. Ich konnte mich nicht selbst sehen. Gott allein weiß, was für ein Anblick ich für andere war, als ich in das Auto gesteckt wurde und zum Dera-Ghazi-Khan-Bahnhof gefahren wurde! Wir verpassten den Zug und mussten die Nacht auf dem Bahnhof verbringen. Niemand durfte sich mir nähern und ich durfte mich ebenso wenig jemandem nähern. Sie nahmen mir nicht einmal die Handschellen ab. Meine Begleitung waren alle Paschtunen und der Unterinspektor vom Dienst Nadir Khan war ein Mann aus meinem Distrikt. Er wurde „Bandit" genannt.

Als am Morgen der Zug kam, wurde ich in das sogenannte Diener-Abteil gebracht. Sie verwandten große Sorgfalt darauf zu verhindern, besonders auf den Bahnhöfen, wo der Zug anhielt, dass mir jemand nahe käme, um zu sehen, wer ich war.

Wir kamen nach Ghaziaghat. Dort wurde ich einem Hindu übergeben. Er nahm mir die Handschellen ab und sagte: „Kommen Sie, wir gehen auf dem Bahnsteig hin und her."

Als wir so herumgingen, kam Nadir Khan zu uns und sagte zu dem Hindu-Beamten:

„Was machst du da? Oh, ich bin erledigt!"

Der Hindu-Beamte antwortete: „Mach dir keine Sorgen, er ist jetzt unter meiner Aufsicht und ich übernehme die volle Verantwortung dafür, dass er jetzt ein paar Schritte geht."

Wir mussten den Indus überqueren. Auf der anderen Seite wurde ich in ein Tonga gesteckt und endlich kamen wir beim Dera-Ghazi-Khan-Gefängnis an.

Als wir am Gefängnistor ankamen, sah ich, dass Ubeid-ul-Rashid Khan, der Sohn von Colonel Ubeid-ul-Majid, und Lala Dani Chand Ambalvi dort auf mich warteten. Auch einige seiner Freunde und Verwandten waren mitgekommen. Als ich hineinging, sagte er zu mir:

„Als ich dich kommen sah, war ich sicher, dass sie einen sehr gefährlichen Räuber und Mörder ins Gefängnis brachten." Als ich im Innern des Gefängnisses war, wurden mir die Fesseln abgenommen.

Es war ein kleines Gefängnis, in dem politische Gefangene aus dem Punjab einsaßen. Es gab zwei Gebäude, eines für C-Klasse-Gefangene und das andere für Gefangene besonderer Klasse. Ich wurde zu den C-Klasse-Gefangenen gesteckt, denn es gab keine andere Klasse für

Gefangene aus unserer Provinz. Aber wenigstens die Chapattis waren dort gut.

Der Gefängnisdirektor war ein sehr guter Mann. Er gab den politischen Gefangenen Weizen, den sie selbst säuberten, zu Mehl mahlten und zu Chapattis verarbeiteten. Sie kochten sich auch ihr Gemüse selbst. Aber das Beste für mich war, dass meine Fesseln entfernt worden waren.

Alle C-Klasse-Gefangenen waren Sikhs oder Hindus. Sie waren sehr freundlich und behandelten mich mit großer Höflichkeit.

Die Arbeit, die wir hier zu verrichten hatten, war Seilmachen, aber ich schaffte es nicht und bat den Direktor, der ein sehr freundlicher Moslem war, um eine andere Arbeit.

Die Gefangenen der besonderen Klasse hatten entdeckt, wer ich war, und sie drängten den Direktor, mich in ihr Gebäude zu verlegen. Dem stimmte er nicht nur zu, sondern er gab mir ein *charkha*[15] und wandelte meine Gefängnisarbeit vom Seilmachen in Spinnen um.

Dass ich in dieses Gefängnis verlegt worden war, geschah aus Gottes unendlicher Barmherzigkeit und Gnade. Ich weiß nicht, wie lange ich in dem anderen Gefängnis noch durchgehalten und meine Gesundheit bewahrt hätte. Außerdem hätte ich nicht in gebildeterer Gesellschaft sein können, als ich hier war. Ich benutzte die Gelegenheit, die Menschen aus dem Punjab kennen zu lernen. Es war für uns alle eine ausgezeichnete Gelegenheit, mit den Ideen und Glaubensüberzeugungen des jeweils anderen vertraut zu werden. Die meisten anderen Gefangenen wurden lange vor mir entlassen und sie schrieben über mich an die Zeitungen. Sie protestierten gegen meine strenge Behandlung als C-Klasse-Gefangenen durch die Regierung, da ich ein Gefangener der besonderen Klasse sei.

Der Direktor schickte mich zur Zahnbehandlung ins Zentralgefängnis in Lahore. Wie ich schon erwähnte, waren meine Zähne und mein Zahnfleisch durch die schlechte Qualität des Essens im Dera-Ghazi-Khan-Gefängnis stark geschädigt.

---

[15] Spinnrad

Der Wärter dort, ein gewisser Khan Allaudin Khan, hatte kein Mitgefühl mit nationalistischen Gefangenen. Er war, um sich bei den Briten einzuschmeicheln, im Gegenteil äußerst grob mit ihnen. Als Gegenleistung hatten ihm die Briten freies Spiel gelassen, die Gefangenen so zu behandeln, wie es ihm gerade einfiel. Seine Behandlung politischer Gefangener war besonders schlecht.

Es gab sowohl Gefangene aus der Khilafat-Bewegung als auch aus der Kongress-Bewegung. Aber ich wurde in eine Einzelzelle gebracht, obwohl ich zu den anderen Khilafat-Gefangenen gehörte.

In diesen Einzelzellen waren einige Sikhs. Sie waren dorthin verlegt worden, weil sie, als sie in den Baracken zusammen waren, alle unisono „Sat Sri Akal[16]" gesungen hatten.

Ein starkes Gefühl von Macht und Stärke hatte die Sikhs ergriffen, und je schlechter sie behandelt wurden, umso stärker und mächtiger fühlten sie sich.

Als die Khilafat-Bewegungs-Gefangenen das herausfanden, erhoben sie alle ihre Stimme in einem einzigen mächtigen Protest. Am nächsten Tag wurde ich bei den politischen Gefangenen untergebracht und lernte dort Agha Safdar, Malik Lal Khan, Lala Lajpat Rai und andere Kongress-Führer kennen. Wir hatten Gelegenheit, miteinander zu sprechen und lange Diskussionen zu führen. Mit Agha Safdar und Malik Lal Khan fing ich an, den Heiligen Koran zu lesen, aber Malik Lal Khan gab das bald auf. Er sagte, dass ich den Koran auf meine eigene Weise interpretierte. Der Arme war es gewohnt, dem ausgetretenen Pfad zu folgen, und er hatte nicht gelernt, selbst zu denken. Deshalb machte unsere selbstständige Interpretation überhaupt keinen Eindruck auf ihn.

Einige Tage nach meiner Ankunft kam der Zahnarzt des Zentralgefängnisses in Lahore zu uns. Er hieß Dr. Prem Nath und, wie ich bald herausfand, war er in der Tat ein Abbild der Liebe. Ich wurde ins Büro gebracht, wo der Arzt meine Zähne untersuchte, einige zog und die übrigen säuberte. Er sagte mir, dass ich

---

[16] Gott ist Wahrheit

Zahnfleischvereiterung hätte, und verschrieb mir ein Medikament und dazu eine nahrhafte und ausgewogene Diät.

Ich fragte den Arzt, wie viel ich ihm für seine Dienste schulde. Ich sagte ihm, ich sei vermögend und in der Lage, sein Honorar zu zahlen. Aber er weigerte sich, Bezahlung anzunehmen. Als ich darauf bestand, sagte er: „Sagen Sie mal, welches Verbrechen haben Sie begangen? Sie sind hier wegen Ihrer Liebe zu Ihrem Land und Ihrem Volk. Ich würde mich schämen, wenn ich von Ihnen Bezahlung annehmen würde! Ich kann nicht so viel opfern wie Sie, aber wenigstens kann ich Ihnen diesen geringen Dienst erweisen."

Dann nahm er seine Tasche und ging.

Einige Tage darauf wurde ich ins Dera-Ghazi-Khan-Gefängnis zurückgeschickt.

Ich wurde unter Polizeibedeckung im Zug dorthin gebracht. Es war Sommer und ein sehr heißer Nachmittag. Wir mussten in Sher Shah umsteigen. Dort ereignete sich ein interessanter Zwischenfall.

Der Polizeibeamte vom Dienst war ein sehr netter Mann und er wollte mich in den Warteraum bringen, aber die Tür war verschlossen. Der Polizeibeamte klopfte, jemand öffnete die Tür und wir sahen einen Pir[17] Sahib und seine *murids[18]*, die ihren Mittagsschlaf hielten. Der Polizeibeamte brachte mir einen Stuhl, auf den ich mich setzen konnte, dann grüßte er und ging hinaus.

Einer der Murids des Pir Sahibs bediente den Ventilator, der von der Decke hing, aber meine Ankunft hatte die Mittagsruhe des Pir Sahibs gestört. Er hatte gesehen, wie der Polizeibeamte einen Stuhl für mich gebracht und mich gegrüßt hatte und irgendwie hatte er den Eindruck, ich wäre ein hoher Polizeibeamter. Unter seinen Begleitern gab es ein hübsches kleines Kind. Er schien ein großer Pir aus Nissa Sharif zu sein. Er war in Indien gewesen, um Opfer und Spenden einzusammeln. Nach der Menge des Gepäcks zu urteilen, das er bei sich hatte, Kisten und Koffer, musste er eine beträchtliche Summe eingesammelt haben.

---

[17] heiliger muslimischer Mann
[18] Schüler

Das kleine Mädchen kam zu mir und setzte sich neben mich. Sie hatte keine Angst und war überhaupt nicht scheu. Das machte mich glücklich, denn ich liebe kleine Kinder. Etwas später, als ich hinausging, kam sie mir nach. Da der Pir Sahib immer noch dachte, ich wäre ein hoher Beamter, machte ihm das nichts aus und er sagte nichts. Aber draußen auf dem Bahnsteig erkannte mich jemand und bald war ich von Menschen umringt. Als dem Pir Sahib klarwurde, dass ich ein „Khilafat-Mann" war, schickte er einen seiner Murids, der das Kind zurückrufen sollte. Aber sie wollte mich nicht verlassen und begann zu weinen. Am Ende musste der Polizeibeamte sie in den Warteraum zurückbringen. Dann kam unser Zug und bald war ich wieder im Dera-Ghazi-Khan-Gefängnis.

Leben im britischen Gefängnis

In meiner Baracke im Dera-Ghazi-Khan-Gefängnis gab es eine Anzahl Hindus und Sikhs, aber nur wenige Moslems. Dort war auch der Lehrer Gurditamal, ein würdiger Mann, den ich bald sehr gern hatte. Wenn wir beteten, sang er Shanti, Shanti, aber das machte ihn nicht zu einem friedlichen Menschen. Bei der kleinsten Provokation wurde er wütend.

Wenn die Sikhs sich versammelten, chanteten sie: *Chan fid Sir Javes ta Jovve, mera Sigh dharain na Jave*[xvi]: „Mein eigener Kopf ist mir gleichgültig, aber nie würde ich eine Beleidigung meiner Religion dulden!" Und ich hörte ihnen gerne zu.

Ich denke, der Grund dafür, dass die Sikhs ihren religiösen Praktiken so viel mehr Gefühle und Emotionen entgegenbringen als Hindus oder Muslime, liegt darin, dass ihr Heiliges Buch, das Guru Granth Sahib, in ihrer Muttersprache geschrieben ist. Deshalb verstehen sie die Lehren und die Gebete ihrer Religion besser. Die Hindus sprechen ihre Gebete in Sanskrit und die Muslime in Arabisch und viele Hindus und Muslime sprechen ihre Gebete, ohne dass sie wirklich deren Bedeutung verstehen.

Wir verbrachten unsere Zeit in diesem Gefängnis wirklich sehr angenehm. Wir konnten in gewissem Maß den falschen Eindruck, den die Briten den Hindus von uns, den Paschtunen, vermittelt hatten, korrigieren.

Eines Tages sagte ein Hindu-Freund zu mir: „Man hat mir erzählt, die Paschtunen tränken Blut. Stimmt das wirklich?" „Oh ja", antwortete ich, „häufig." „Gott im Himmel!" rief er. Dann fragte er noch einmal: „Aber warum trinken sie Blut?" „Weil es sehr gut schmeckt", sagte ich. „Gott im Himmel!" rief er wieder. Dann fragte ich ihn: „Mein Freund, wie kommst du denn darauf? Bist du jemals im Land der Paschtunen gewesen? Hast du eigentlich jemals einen Paschtunen gesehen? Ich meine, natürlich außer mir." „Nein, habe ich nicht", gab er zu. „Wer hat dir das also erzählt?" fragte ich ihn. Seine Antwort war, er habe davon in einem Buch gelesen.

Eines Tages hörten wir, dass der Generalinspekteur der Gefängnisse Colonel Wade unser Gefängnis besichtigen würde. Er war als sehr grober Mensch bekannt und behandelte die Gefangenen, als wäre er der Allmächtige selbst. Er war in jeder Hinsicht eine unangenehme Person.

Als er in die Baracken kam und sah, dass die Hindus Gandhi-Kappen und die Sikhs schwarze Turbane trugen, wurde er sehr ärgerlich über den Wärter und fragte ihn, warum er das erlaube. Unser Gefängnisdirektor, der auch Brite, aber ein herzensguter Mann war, sagte zu dem Colonel: „Es ist meine Schuld, nicht ihre." Bevor der Generalinspekteur das Gefängnis verließ, gab er Befehl, den Gefangenen die Gandhi-Kappen und die schwarzen Turbane vom Kopf zu nehmen. Wir hörten von diesem Befehl jedoch erst am nächsten Tag, als er uns vorgelesen wurde.

Sardar Kharak Singh sagte zum Gefängnisdirektor: „Aber, Sir, wir sind Gefangene der Sonderklasse und die Regierung gestattet uns, unsere eigenen Kleider zu tragen. Deshalb können wir uns so kleiden, wie wir möchten, und der Befehl des Generalinspekteurs ist illegal und eine Verletzung unserer Rechte." Aber der Gefängnisdirektor sagte: „Was kann ich da machen? Ich führe nur die Befehle aus, deshalb sage ich Ihnen, dass Sie Ihre Gandhi-Kappen und Turbane abnehmen müssen."

Wir stritten nicht mit ihm, denn wir wussten, es würde nichts nützen. Aber nachdem er gegangen war, setzen wir uns zusammen und sprachen darüber, was wir tun könnten. Wir kamen zu dem Schluss, dass, wenn wir die Erlaubnis hätten, unsere eigenen Kleider zu tragen, dazu auch das Recht gehöre, die Kleider zu tragen, die wir mochten, und wenn das nun einmal Gandhi-Kappen und Turbane waren, dann hatte niemand das Recht, sie uns zu verbieten. Deshalb beschlossen wir, dem Befehl nicht zu gehorchen.

Als am nächsten Tag festgestellt wurde, dass die Gefangenen immer noch Gandhi-Kappen und Turbane trugen, wurden sie einer nach dem anderen ins Büro gebracht, damit man ihnen ihre Kopfbedeckung abnehmen könne.

Dann beschlossen wir, keine anderen Kleider als Lendenschurze zu tragen.

Gandhi-Kappe und Turban hatten für Menschen aus der Grenzprovinz keine besondere Bedeutung und ich war es nicht gewohnt, Kappe oder Turban zu tragen. Aber ich sagte meinen Freunden, dass ich bereit sei, mich mit ihnen gemeinsam dem Befehl zu widersetzen. Das gestanden sie mir aber nicht zu und sagten, das sei ausschließlich eine Punjab-Angelegenheit.

Als der stellvertretende *Commissioner*[xvii] von Dera Ghazi Khan, Herr Wilson, das Gefängnis besichtigen kam, sprach Sardar Kharak Singh mit ihm über alle Gefangenen. Er sagte ihm, dass man uns erlaubt habe, unsere eigenen Kleider zu tragen, und dass uns dieses Recht nicht plötzlich entzogen werden könne. Der stellvertretende Commissioner sagte: „Das Recht, Ihre eigenen Kleider zu tragen, bezieht sich nicht auf Kappen und Turbane." Sardar Kharak Singh sagte: „Wollen Sie damit sagen, dass Kappen und Turbane keine Kleider seien?" Der stellvertretende Commissioner sagte: „Nein..." Sicherlich hätte er noch mehr gesagt, aber plötzlich begannen die Sikhs zu chanten: „Sat Sri Akal Jo Bole so hihal!" Die Luft war mit Lärm erfüllt und der stellvertretende Commissioner eilte in sein Büro. Dort beschloss er, dass die Gefangenen für diese Demonstration bestraft werden müssten.

Am nächsten Tag verkündete der Direktor, dass alle, die sich weigerten, sich ordnungsgemäß anzuziehen, gemäß den Regeln und Vorschriften des Gefängnisses bestraft und vor Gericht gestellt würden. Die Muslime fügten sich dem Befehl, nicht jedoch die Sikhs und Hindus. Sie wurden also vor Gericht gestellt und der Magistrat verurteilte jeden zu einer zusätzlichen Haftstrafe von neun Monaten.

C-Klasse-Gefangenen wie mir wurde gestattet, alle drei Monate einen Brief zu schreiben. Jeder Brief, der an uns Gefangene geschickt wurde, wurde uns einmal in drei Monaten gegeben. Folglich wusste ich sehr wenig von dem, was in meinem Distrikt vor sich ging. Verwandte, die ich alle drei Monate empfangen durfte, brachten mir einige Nachrichten aus der Provinz, aber das genügte nicht, um mich auf dem Laufenden zu halten.

Ich hörte, dass unsere Bewegung mit einem Misserfolg angefangen hatte. Damals waren die Menschen nicht für Versammlungen. Außerdem erlaubte die Regierung den Menschen nicht, an Versammlungen teilzunehmen, und das machte ihnen noch zusätzlich Angst. Meine Kollegen kamen auf die Idee, Versammlungen in den Moscheen abzuhalten. Die Menschen würden sich zum *mulud sharif*[19] treffen und dann waren die Vorsitzenden unserer Schule bei diesen Versammlungen immer in der Mehrheit.

Mein Sohn Ghani war nun neun Jahre alt. Wali konnte schon sehr gut den Koran lesen. Ghani hielt ausgezeichnete Reden und am Ende jeder Rede sagte er: „Oh, meine Zuhörer, geht und fragt diese Regierung, warum sie meinen Vater gefangen hält! Geht und fragt sie, welches Verbrechen er begangen hat!"

Das machte tiefen Eindruck auf unsere Menschen. Ihre Herzen waren gerührt und neue Kraft wuchs in ihnen. Kurzgesagt: Meine Einkerkerung war für mein Volk ein Gewinn. Sie hatten angefangen, sich für Bildung zu interessieren, und sie waren auch politisch bewusster geworden. Wegen meiner Einkerkerung betrachteten sie jetzt unsere Schule voller Liebe und Mitgefühl und boten sogar ihre Hilfe an.

Meine Mutter war meinetwegen sehr traurig und unglücklich. Der Brief, den ich alle drei Monate schreiben durfte, war immer an sie gerichtet. Ihr einziger großer Wunsch war es, mich wiederzusehen. Sie wäre mich im Gefängnis besuchen gekommen, aber sie war sehr alt und Dera Ghazi Khan war sehr weit entfernt und dazu lag noch der Indus zwischen uns. So gerne ich sie auch gesehen hätte, hatte ich ihr doch davon abgeraten, eine so mühevolle Reise auf sich zu nehmen. Manchmal wünschte ich, das hätte ich nicht getan, denn Gott nahm sie zu sich, bevor ich nach Hause zurückkehrte.

---

[19] Eine Versammlung, in der die Lehren des Propheten Mohammed besprochen, Gebete hergesagt und „Salam" gesungen wird.

Gegen Ende 1920 wurde sie krank und starb nach wenigen Tagen, aber niemand teilte mir das mit. Ich erfuhr es aus Zeitungen und war tief erschüttert. Als ich nach meiner Entlassung nach Hause zurückkehrte, sagte mir meine Schwester, dass unsere Mutter gegen Ende ihres Lebens immer von mir gesprochen habe. Als ihr letzter Augenblick gekommen war, fragte sie: „Wo ist Ghaffar? Ist er noch nicht zurück?"

Sie starb mit meinem Namen auf den Lippen. Von allen Gefangenen in Dera Ghazi Khan war ich zu der längsten Haftzeit verurteilt, zu drei Jahren. Andere Gefangene waren zu sechs oder neun Monaten oder höchstens zu einem Jahr verurteilt.

Bald wurden viele von denen, die zu sechs Monaten verurteilt worden waren, entlassen und auch die anderen wären freigekommen, wenn es diese Aufregung über Gandhi-Kappen und Turbane nicht gegeben hätte. Als sie ihre zusätzlichen neun Monate abgesessen hatten, sagte der Gefängnisdirektor zu ihnen: „Sie sollten lieber die entsprechenden Kleider tragen oder ich muss Sie erneut unter Anklage stellen." Dieses Mal fügten sich auch die Hindus dem Befehl. Aber die Sikhs taten es nicht und sie wurden noch einmal zu neun Monaten Haft verurteilt. Diejenigen, die sich dem Befehl gefügt hatten, baten den Direktor, er solle sie in ein anderes Gefängnis verlegen, und ihrer Bitte wurde stattgegeben.

Als die Sikhs ihre zweiten neun Monate abgesessen hatten und ihnen klar war, dass sie immer wieder verurteilt würden, bis sie sich dem Befehl fügten, gaben auch sie nach und baten darum, verlegt zu werden. Auch ihrer Bitte wurde stattgegeben.

Nun waren nur noch Sardar Kharak Singh und ich übrig. Kharak Singh war sehr stark, fest und unerschütterlich wie ein Berg. Niemand konnte ihn herumkommandieren.

Einmal visitierte der Generalinspekteur Colonel Wade wieder das Gefängnis, stolz und arrogant wie eh und je. Als er uns sah, sagte er: „Na, Kharak Singh?" Sardar Kharak Singh antwortete: „Ja, Wade?" Der Generalinspekteur wurde wütend und gab Befehl, dass Sardar Kharak Singh in eine Einzelzelle gesperrt würde und dass ihm die

Milch, die ihm extra vom Arzt verschrieben worden war, nicht mehr gegeben würde.

Sardar Kharak Singh wurde weggebracht und im Gefängnishospital in eine Einzelzelle gesperrt. Nun war ich alleine in der Baracke, die gleich neben dem Hospital lag. Wir konnten einander einzig und allein durch das Loch in der Tür sehen. Der Sardar wurde bald sehr schwach. Ich tat mein Bestes, um ihm, so oft es möglich war, durch das Loch in der Tür etwas von meinem Essen abzugeben. Sardar Kharak Singh war ein guter Mann. Trotz all seinem Elend verlor er nie den Mut und seine Entschlossenheit.

Als noch mehr Gefangene in das Gefängnis kamen, entschieden die Behörden, dass sie die Baracke brauchten, die ich belegte, und also wurde ich ins Mianwali-Gefängnis überstellt. Im Mianwali gab es keine Baracken, sondern nur Einzelzellen.

Dort waren viele politische Gefangene: Kongress-, Khilafat- und Guru-ke-Bagh-Gefangene. Auch sie waren aus dem Dera-Ghazi-Khan-Gefängnis hierher verlegt worden. Sie standen sich gut mit der Gefängnisleitung.

Es gab extra Küchen für Hindus, Moslems und Sikhs. Maulana Iqbal aus Panipat, ein Khilafat-Bewegungs-Gefangener, der eine Gefängnisstrafe von fünf Jahren ableistete, war für unsere Küche zuständig. Er war ein ausgezeichneter Koch, aber er tat viel zu viel roten Pfeffer in das Curry, was mir nicht bekam.

Akhter Ali Khan, der Sohn von Alauddin Zafar Ali Khan, war auch hier im Gefängnis.

Der Direktor war ein seltsamer Mann. In Mianwali war es sehr heiß und oft gab es Sandstürme, aber das Wasser im Brunnen war angenehm und kühl. Der Direktor nahm die politischen Gefangenen mit in den Hof, in dem der Brunnen stand, sodass sie baden konnten. Er forderte mich oft auf, mitzugehen, aber ich lehnte jedes Mal ab.

In der Mitte des Hofes stand ein Turm und am Abend nach dem Appell saßen der Direktor und die politischen Gefangenen oft dort zusammen und sprachen miteinander. Der Direktor forderte mich auf, mich dazuzusetzen, aber auch das lehnte ich ab, weil ich wusste, dass Gefängnisbeamte, auch wenn sie viel Zeit mit Gefangenen verbringen, diese niemals als Menschen, sondern immer als Gefangene sahen. Sie haben eine merkwürdige Mentalität.

Eines Abends saßen Akhtar Ali und einige andere politische Gefangene mit dem Direktor am Turm, als der Gefängnisarzt dazukam. Alle Stühle waren besetzt. Niemand stand auf, als der Arzt kam, und niemand bot ihm einen Stuhl an. Der Direktor sagte grob zu allen, sie sollten aufstehen und gehen. Das grobe Verhalten des Direktors verletzte und schockierte mich, aber den Betroffenen selbst schien es nichts auszumachen. Am nächsten Tag sah ich sie alle an der Tür zum Büro stehen und hörte, wie sie den Wärter darum baten, er möge die Erlaubnis für sie einholen, wieder am Turm zu sitzen.

Der Löwe und die Schafe

1924, ein paar Tage bevor ich entlassen werden sollte, sagte mir der Wärter, dass ich nach Peshawar befördert werden sollte. Eine Polizeieskorte brachte mich zum Bahnhof und wir fuhren bis nach Khariabad, wo wir ausstiegen und wo ich der Polizei von Peshawar übergeben wurde. Dort wartete ein Wagen auf mich, der mich weiterbefördern sollte. Aber in Mardan hatten wir eine Reifenpanne und ließen den Wagen stehen. Wir nahmen dann ein Tonga nach Charsaddah, wo ich dem *Assistant Commissioner*[xviii] vorgeführt wurde, das war damals Dilawar Khan. Er befahl den Polizisten, mich in mein Dorf zu bringen und mich dort freizulassen. Als ich in Utmanzai ankam, ließen sie mich in der Nähe der Schule frei. Der Unterricht war gerade beendet und die Jungen kamen aus der Schule. Als sie mich sahen, kamen sie zu mir gerannt und umringten mich.

Die Dorfbewohner hatten geplant, nach Attock zu fahren, um mich dort willkommen zu heißen. Von dort sollte ich auf einem Pferd reitend in einem feierlichen Umzug nach Utmanzai zurückgebracht werden. Aber die Regierung wollte einen so großen Empfang nicht dulden. Die Briten dachten, das würde mir zu viel öffentliche Aufmerksamkeit verschaffen. Darum entließen sie mich ein paar Tage eher als erwartet und erstickten so den Plan im Keim.

Während der drei Jahre, die ich im Gefängnis verbracht hatte, hatten die Leute einen beträchtlichen Schritt vorwärts getan. Unsere Schule hatte gute Fortschritte gemacht. Der Erfolg war ganz und gar den Jungen und den Lehrern zu verdanken. Nach meiner Inhaftierung waren sie alle dazu aufgebrochen, dem Land zu dienen. Sie hatten aus meiner Einkerkerung wirklich Nutzen gezogen und ihre grenzenlosen Bemühungen waren ein Segen für die Gemeinde.

Die Geburtstagsfeier unserer Schule nahte, d. h. tatsächlich war die Feier auf die Zeit nach meiner Entlassung verschoben worden. Sie war ein großer Erfolg. Tausende Menschen nahmen teil und alle waren von Liebe und Begeisterung erfüllt. Reden wurden gehalten,

Gedichte aufgesagt, die Menschen überreichten mir ein Geschenk und der Titel Fakhr-e-Afghan[20] wurde mir verliehen.

Als ich gebeten wurde, eine Rede zu halten, erzählte ich der Versammlung die Geschichte vom Löwenjungen und den Schafen.

„Eines Tages griff eine Löwin eine Schafherde an. Sie war schwanger und während des Angriffs gebar sie ein Junges. Die Löwin starb und ihr Junges blieb bei der Schafherde. Ein Schaf adoptierte das Junge und es wuchs unter den Schafen auf. Es graste wie die Schafe und lernte, wie ein Schaf zu blöken. Eines Tages kam ein Löwe aus dem Wald und griff die Schafe an. Der Löwe war sehr erstaunt, ein Löwenjunges mit den erschrockenen Schafen hin und her rennen zu sehen. Er hörte, dass es wie ein Schaf blökte, und sah, dass es ihn offensichtlich ebenso sehr fürchtete wie die Schafe. Er versuchte, sich dem Jungen zu nähern, aber es lief weg. Schließlich gelang es dem Löwen, das Löwenjunge von der Herde zu trennen, und er nahm es mit zu einem Teich. ‚Sieh ins Wasser', sagte er zu dem Jungen, ‚und sieh dir dein Spiegelbild an! Du bist kein Schaf, du bist ein Löwe, hab also keine Angst und blöke nicht wie ein Schaf! Brülle wie ein Löwe!' Oh Paschtunen", sagte ich, als ich meine Geschichte beendet hatte, „Oh Paschtunen, dasselbe sage ich zu euch: Ihr seid keine Schafe, ihr seid Löwen! Zwar seid ihr Löwen, aber ihr seid in Sklaverei aufgewachsen. Hört auf, wie Schafe zu blöken! Brüllt wie Löwen!"

Meine Rede hat die Regierung sicherlich verdrossen, aber die Menschen waren entzückt. Als die Versammlung zu Ende war, gingen sie alle in ihre Dörfer zurück. Die Worte: „Brüllt wie Löwen!" hallten ihnen noch in den Ohren.

Im Mai 1926 ging meine Schwester auf Hadsch und bat mich mitzukommen. Ich war einverstanden und also begleiteten meine Frau und ich sie.

Wir fuhren im Dampfer von Karatschi ab. Obwohl wir uns alle Mühe gaben, konnten wir weder Kabinen erster noch zweiter Klasse bekommen. Diese waren alle seit Langem ausgebucht. Wir waren also

---

[20] Stolz der Paschtunen

gezwungen, dritter Klasse zu reisen. Es war sehr heiß und die dritte Klasse war überfüllt. Fast sofort, nachdem das Schiff Karatschi verlassen hatte, wurden wir seekrank und konnten überhaupt nichts essen. Als das Schiff in Cameron ankerte, gingen wir an Land und nahmen eine Mahlzeit ein. Das Schiff fuhr am nächsten Morgen weiter, aber da wurde ich von einer Grippe heimgesucht. Ein Araber, der ein Passagier der zweiten Klasse war – möge Gott ihn sehr freundlich dafür belohnen! –, nahm mich mit in seine Kabine und überließ mir seine Liegestatt. Damit rettete er mir das Leben. Als wir in Jedda ausschifften, hatte ich mich etwas erholt. Ein Führer wartete auf uns und brachte uns in sein Quartier. Wir hatten viel Gepäck und durch die Unaufmerksamkeit des Führers wurde es auf dem Schiff vergessen. Wir bekamen es niemals wieder. Es ist durchaus möglich, dass der Führer es gestohlen hat.

Am nächsten Tag verließen wir Jedda und gingen nach Mekka. In Mekka war es unerträglich heiß und die Nächte waren bitter kalt. Die meisten Pilger waren ein derartiges Klima nicht gewohnt und litten sehr. Viele wurden ernstlich krank und starben. Es war in dem Jahr, als Saudi-Arabien Besitz von Mekka ergriffen und den Sheriff von Mekka besiegt hatte. Die saudi-arabische Regierung regierte mit eiserner Hand und bald war der Frieden überall hergestellt. Während der Herrschaft des Sheriffs von Mekka hatte es viel Unruhe im Land gegeben: die Pilgerkarawanen wurden ausgeraubt und der Sheriff selbst hatte Anteil an der Beute gehabt.

Im selben Jahr hatte Saudi-Arabien Mohammed Ali, Shaukat Ali, Zafar Ali Khan und viele andere Führer aus Indien eingeladen, an der Konferenz der Muslime aus aller Welt teilzunehmen. Sie kamen dorthin, als auch ich in Mekka war, und ich nahm an der Konferenz teil, die jedoch keinem besonderen Zweck diente. Kein einziges wichtiges Problem wurde angesprochen und, anstatt dass die Konferenz die Eintracht befördert hätte, endete sie in Zwietracht.

Nach dem Hadsch ging meine Schwester nach Medina und von dort kehrte sie nach Hause zurück. Ich litt noch unter den Folgen der Grippe und deshalb beschlossen meine Frau und ich, nach Taif zu gehen. Taif ist ein sehr angenehmer und kühler Ort und ich hoffte, dort meine Gesundheit wiederherzustellen.

All die schönen Bungalows, die die Türken in Taif gebaut hatten, sind nun nur noch Ruinen.

Wir hatten Glück, denn auf dem Weg nach Taif trafen wir einen Paschtunen, der dort lebte. Er nahm uns mit in sein sehr angenehmes Haus, wo wir einige friedliche und glückliche Tage verbrachten. Sowohl er als auch seine Frau sprachen Paschtu, aber ihre Kinder nicht.

Eines Tages hatte ich ein interessantes Erlebnis. Ich machte außerhalb der Stadt einen Spaziergang, als mich ein Mann mit langem Bart und besticktem Gewand rief: „Oh Sheikh, komm her!" Als ich ihm ziemlich nahe war, sagte er: „Ich kann dir ein Haar aus dem Barte des Propheten und einen Stein, der seinen Fußabdruck trägt, zeigen." Ich erwiderte: „Ich bin nicht hier hergekommen, um Reliquien anzusehen, sondern ich suche die Geduld und den Mut des heiligen Propheten, der die Reise von Mekka durch die Wüste tapfer ertrug und der wegen des Wohlergehens der Menschen von Taif hier herkam. Und wie empfing ihn das Volk von Taif? Sie warfen Steine nach ihm, hetzten die Hunde auf ihn und schlugen ihn. Aber trotz all diesen Grausamkeiten verzweifelte der Prophet nicht am Volk, sondern betete für sie, indem er sprach: „Oh Gott, sei Du ihr Führer und zeige ihnen Deine Wege!" Der Bärtige antwortete nicht.

Von Taif kehrten wir nach Mekka zurück, wo wir ein paar Tage blieben. Dann fuhren wir nach Jedda und ein paar Tage darauf nach Medina.

Wir waren sechs Männer und vier Frauen in unserer Karawane. Natürlich gab es zu dieser Zeit keine Autos. Wir ritten auf Kamelen und reisten in der Nacht. Um uns herum war die Wüste, waren Schweigen und Frieden.

Wir blieben einige Tage in Medina und von dort wollten wir nach Jerusalem. Wir gingen zuerst nach Rabak, einer nur kleinen Stadt, wo wir ein Schiff bestiegen, das uns nach Suez brachte. Den letzten Sprung unserer Reise bewältigten wir mit dem Zug.

In Jerusalem ereignete sich etwas sehr Trauriges: Meine Frau fiel eine Treppe hinunter und starb. Sie hinterließ mir zwei Kinder, einen Sohn und eine Tochter. Es war ein furchtbarer Schlag für mich, meine Lebensgefährtin so plötzlich zu verlieren! Danach habe ich nie mehr geheiratet, obwohl ich noch jung war. Ich entschied, dass es in meinem Leben, das ich dem Dienst an meinem Land geweiht hatte, keinen Raum mehr für eine weitere Ehe gab.

Ich verbrachte einige Tage in Palästina und besuchte alle berühmten und historischen Orte. Dann reiste ich in den Libanon, nach Syrien und den Irak. Ich pilgerte nach Najf und Kerbela und nach einem Aufenthalt von ein paar Tagen in Bagdad ging ich nach Basra und nahm einen Dampfer nach Karatschi. Aber was für ein Unterschied zwischen diesem Schiff und dem Schiff, auf dem wir unsere Reise angetreten hatten! Dieses Mal reiste ich bequem.

Ich blieb einige Tage in Karatschi und kehrte dann nach Utmanzai zurück.

Experiment mit Journalismus

Unsere Provinz konnte sich keiner einzigen nationalen Zeitung rühmen. Deshalb plante ich, eine Zeitung für die Paschtunen in ihrer eigenen Sprache, in Paschtu, zu veröffentlichen, eine nationale Zeitung im wahren Sinne des Wortes. Ich musste dafür sehr schwer arbeiten, aber schließlich trugen meine Bemühungen im Mai 1928 Früchte und die erste Ausgabe von *Pakhtun*[21] erschien.

Damals hatten die Paschtunen weder viel Gefühl für ihre eigene Sprache noch Liebe zu ihr. Sie wussten tatsächlich kaum, dass Paschtu ihre Nationalsprache war. Eine Nation ist an ihrer Sprache zu erkennen und ohne eigene Sprache kann eine Nation nicht wirklich eine Nation genannt werden. Eine Nation, die ihre eigene Sprache vergisst, wird schließlich ganz und gar von der Landkarte verschwinden.

Es ist wirklich sehr schade, dass die Paschtunen so unachtsam waren, dass sie überall dort, wo sie sich niederließen, die Sprache des Ortes lernten, und es aufgaben, ihre eigene Sprache zu sprechen. Sie dachten nie daran, andere ihre Sprache zu lehren. Sie sind nicht einmal daran interessiert, Texte in ihrer eigenen Sprache zu lesen oder zu schreiben.

Von den Ungebildeten ganz zu schweigen, aber auch, als ich die gebildeten Paschtunen fragte, ob sie nicht eine Zeitung in Paschtu abonnieren wollten, das schließlich ihre eigene Sprache sei, sagten sie: „Ist in Paschtu jemals etwas geschrieben worden, das der Rede wert wäre?" Ich erwiderte: „Und wenn es so wäre, wäre das jedenfalls nicht die Schuld von Paschtu gewesen. Seht euch alle anderen Sprachen in der Welt an und ihr werdet sehen, dass sie aus unserer Sprache erwachsen sind und sich dann entwickelt haben. Keine Sprache ist je fertig vom Himmel gefallen. Aber in anderen

---

[21] *Pakhtun* wurde für die Grenzprovinz das, was Gandhis *Harijan* für Indien war. Badshah Khan gebrauchte die Zeitung, um seine Ideen zu verbreiten, und auch für wichtige Ankündigungen. Die Briten ächteten das Blatt und die pakistanische Regierung verbot seine Veröffentlichung. Es erwarb sich während seiner kurzen Lebensdauer jedoch einen guten Ruf.

Ländern gibt es Menschen, die ihre Sprache in Ehren halten, die an ihrer Entwicklung und Bereicherung arbeiten. Eine Sprache entwickelt sich nicht durch ein Zauberwort, obwohl das unsere englisch gebildeten Gelehrten zu denken scheinen. Wer von uns hat jemals unsere Sprache so sehr in Ehren gehalten und geliebt, dass er sich darum bemüht hätte, sie zu entwickeln und zu bereichern? Die Mullahs ganz gewiss nicht. Sie werden nicht müde, den Menschen zu sagen, dass Paschtu die Sprache sei, die in der Hölle gesprochen wird. Und niemand hat so viel Verstand und Intelligenz, die Mullahs zu fragen, woher sie das denn wüssten oder wann sie das letzte Mal in der Hölle gewesen seien."

Das waren die Umstände und die Einstellungen der Menschen, als die erste Ausgabe von *Pakhtun* herauskam. Die Zeitung wurde jedoch schnell bekannt und beliebt und bald abonnierten sie Paschtunen im ganzen Land und sogar in der ganzen Welt. Paschtunen in Amerika förderten nicht nur die Veröffentlichung der Zeitung und sorgten dafür, dass sie weiter verbreitet wurde, sondern sie leisteten auch wesentliche finanzielle Unterstützung.

Man sagte mir, dass zur Zeit des Königs Amanullah *Pakthun* in Afghanistan sehr bekannt wurde. Die Zeitung machte den Menschen ihre eigene Sprache bewusst. Sie begannen sie zu lieben und sie waren so sehr daran interessiert, dass König Amanullah und einige seiner Freunde bald eine eigene Zeitung in Paschtu herausgaben, die *Jagh Pakhtun* hieß.

Amanullah Khan war so für Paschtu eingenommen, dass er allen Regierungsbeamten befahl, die Sprache zu lernen. Er gab ihnen drei Jahre Zeit dafür. Dann wollte er Paschtu zur Nationalsprache machen. Die Briten sahen diese Entwicklung mit Missfallen. Erst neun Ausgaben von *Jagh Pakhtun* waren erschienen, als sie einschritten. Sie benutzen die Mullahs, die Ältesten, die Religionsführer und die Theologen, um Unruhe im Land zu stiften, indem sie König Amanullah einen Ungläubigen nannten. Die Briten ließen ihn nicht in Frieden, bis er schließlich das Land verließ und nach Italien ging. Sie waren sich nicht darüber im Klaren, wie sehr sie sich damit selbst schadeten.

König Amanullah hatte immer vom Wohlergehen seines Volkes geträumt und alle seine Bemühungen waren darauf gerichtet, es glücklich zu machen. Er arbeitete immer für den Fortschritt des Landes und das Glück seiner Einwohner. Aber sie erhoben sich gegen ihn, als ob er nicht ihr Freund, sondern ihr Feind wäre, und schließlich trieben sie ihn aus dem Land.

Eine derartig große Undankbarkeit ist eine Sünde vor Gott und Er hat sie dafür bestraft. Er übergab sie dem Bacha Sakka. Die Afghanen mussten nun mit ansehen, wie ihr Land, statt Fortschritte zu machen, dem Niedergang geweiht war.

Wir empfanden die Zerstörung Afghanistans, als wäre sie unser eigenes Verderben. Und wirklich führten die Briten Afghanistan unseretwegen ins Verderben. Wir waren tief beeindruckt und betroffen vom Fortschritt gewesen, den wir in Afghanistan gesehen hatten, und das gefiel den Briten durchaus nicht. Sie wollten auch nicht, dass wir dem Beispiel der Afghanen folgten.

Wir versuchten, Afghanistan mit Männern und Geld zu unterstützen, soweit wir konnten, und wir fuhren damit fort, bis Nadir Khan an die Macht kam. Ich fuhr in dieser Zeit nach Indien, um dort moralische und finanzielle Unterstützung für die Sache Afghanistans zu bekommen.

Im Punjab lernte ich Dr. Iqbal, Zafar ali Khan, Mulk Lal Khan und andere Moslem-Führer kennen. Nachdem ich Dr. Iqbal besucht hatte, fragten mich meine Khilafat-Kollegen in Lahore: „Warum hast du Dr. Iqbal besucht? Er ist zu nichts zu gebrauchen. Er ist ein Dichter und alles, was er tut, ist, Vierzeiler und Oden schreiben."

Ich war daher sehr überrascht, als ich bemerkte, dass dieselben Führer im Punjab (jetzt Pakistan) und Zeitungen, die kein gutes Wort für Dr. Iqbal gehabt hatten, solange er noch lebte, jetzt, da er tot ist, nicht müde werden, sein Lob zu singen. Er war der Schöpfer der Idee von Pakistan. Das ist nicht die Schuld der Muslime im Punjab. Nationen, die selbst lebendig sind, wertschätzen und ehren die Lebenden, während sterbende Nationen die Toten wertschätzen und ehren. Wir Muslime haben immer die Toten geehrt, aber wir sind uns nicht bewusst, dass viele große, der Ehre werte Menschen heute unter uns leben.

Von Lahore fuhr ich nach Lucknow, wo eine Kongress-Versammlung abgehalten wurde. Gandhi und Jawaharlal Nehru nahmen auch an der Versammlung teil. Das war 1928 und es war das erste Mal, dass ich das Privileg genoss, beiden zu begegnen. Bis dahin kannte ich sie überhaupt nicht, aber mein Bruder Dr. Khan Sahib war eng mit Jawaharlal befreundet, denn sie hatten in England in derselben Stadt gelebt und zusammen an der Universität studiert. Mein Bruder hatte mir einen Empfehlungsbrief an Nehru mitgegeben. Chowdhury Khalique ul Zaman hatte Jawahrlal zum Abendessen nach der Versammlung eingeladen und er schloss auch mich freundlicherweise in die Einladung ein. Nach dem Abendessen führten Nehru und ich ein langes Gespräch über Afghanistan.

Von Lucknow fuhr ich nun nach Delhi. Als ich am Freitag zum Beten in die Moschee ging, traf ich dort Maulana Ali. Er war ein guter Mann und er war immer sehr freundlich zu mir. Aber sein Bruder Shaukat Ali war ganz anders. Er hatte großen Einfluss auf Mohammed Ali und er benutzte ihn dazu, ihn fehlzuleiten. Das ärgerte mich und deshalb ging ich Mohammed Ali aus dem Weg. Aber eines Tages, als er mich sah, kam er auf mich zu und sagte, indem er glücklich lächelte: „Wir machen uns wirklich nichts aus Paschtunen, wissen Sie!" Ich vergalt ihm Gleiches mit Gleichem und sagte: „Und wir machen uns wirklich nichts aus Führern, die sich von anderen fehlleiten lassen." „Und", setzte ich hinzu, „Maulana Sahib, was Sie über Amanullah Khan sagen, ist genau dasselbe, was die Briten über ihn sagen." Das schien ihn zu erschüttern, denn er schloss mich in die Arme und sagte: „Bruder, bitte sag mir die Wahrheit!" Dann nahm er mich mit in sein Haus.

Die Wahrheit war, dass, als Amanullah Khan eben nach Europa aufbrechen wollte, Shaukat Ali einen großartigen Empfang für ihn gegeben und eine Rede zu seinen Ehren gehalten hatte. Als sich nach der Feier alle voneinander verabschiedet hatten, so sagte man mir, habe Amanullah Shaukat Ali nicht so viel Geld gegeben, wie dieser erwartet hatte. Deshalb war Shaukat Ali über den König verärgert.

Die Khudai Khidmatgars

Ein paar Tage danach, als ich wieder in Utmanzai war, bekam ich ein Telegramm von Nadir Khan, in dem er mich darüber informierte, dass er Kabul erobert habe. Darüber war ich sehr glücklich.

Um den Sieg zu feiern, unternahmen wir zwei feierliche Umzüge, einen vom Nordende, von Hashtnaghar, und einen vom Südende. Die beiden Umzüge trafen in Utmanzai zusammen, wo wir eine große Versammlung abhielten. Viele patriotische Gedichte wurden rezitiert und Reden wurden gehalten. Auch ich hielt eine Rede.

Ich sagte den Paschtunen: „Es gibt zwei Wege zum nationalen Fortschritt: Der eine ist der Weg der Religion und der andere ist die Straße der Vaterlandsliebe. Auch wenn ihr nicht viel Bildung erworben habt", sagte ich, „habt ihr doch alle von Amerika und Europa gehört. Die Menschen in diesen Erdteilen und Ländern sind vielleicht nicht sehr religiös, aber sie haben große Vaterlandsliebe, Liebe zu ihrer Nation und soziales Bewusstsein. Und seht euch nur einmal die Fortschritte an, die sie dort gemacht haben! Dann seht uns an: Wir haben bisher noch kaum gelernt, auf eigenen Füßen zu stehen. Seht ihren Lebensstandard an und dann unseren!

Wenn wir nun auf dem Weg ins Verderben sind, dann deshalb, weil wir weder den wahren Geist der Religion noch den wahren Geist der Vaterlandsliebe, der Liebe für unsere Nation, noch soziales Bewusstsein entwickelt haben. Eine große Revolution steht bevor und ihr habt noch nicht einmal davon gehört.

Eben bin ich aus Indien zurückgekommen und etwas, das ich dort gesehen habe, hat mir großen Eindruck gemacht. Ich sah dort Männer und Frauen, die bereit sind, ihrem Land und ihrem Volk zu dienen. Und hier? Einmal ganz abgesehen von den Frauen – nicht einmal die Männer hier zeigen den Wunsch zum Dienen. Sie verstehen kaum die Bedeutung der Worte ‚Nation' und ‚national'.

Eine Revolution ist wie eine Flut: Sie kann Segen, aber sie kann auch Verwüstung bringen, sie kann Fruchtbarkeit und Reichtum, aber sie kann auch Verderben bringen. Nur eine Nation, die hellwach ist, deren Menschen sich ihrer selbst als Nation bewusst sind, einer Nation, in der alle als Brüder in Harmonie und Liebe zusammenleben, nur eine solche Nation, das sage ich euch, kann Nutzen aus der Revolution ziehen.

Eine Revolution ist wie eine Flut. Wenn die Menschen wachsam sind, sind sie für die Flut gerüstet, und wenn sie kommt, wird sich die gesamte Nation mit ihr bewegen. Und wie die Flut, wenn sie abfließt, fruchtbare Felder hinterlässt, so hinterlässt auch die Revolution, wenn sie vorüber ist, sauberen Boden für den Wiederaufbau der Nation. Aber wenn die Menschen schlafen, wenn sie einander und dem Land gegenüber gleichgültig sind, wird die gesamte Nation von der Flut, von der Revolution, wenn sie kommt, weggeschwemmt. Oh Paschtunen! Seht euch die entwickelten Länder der Welt an! Glaubt ihr, ihr Wohlergehen wäre vom Himmel gefallen? Das ist es nicht, wisst ihr, ebenso wenig wird unser Wohlergehen von Gottes Himmel fallen! Wie kommt es denn, werdet ihr fragen, dass es ihnen gut geht und uns nicht? Ich will es euch sagen, bitte denkt darüber nach! Das Geheimnis ihres Wohlergehens ist, dass es in diesen Ländern Männer und Frauen gibt, die ihren Luxus, ihr Vergnügen und ihre Bequemlichkeit dem Wohlergehen der Nation opfern. Wenn wir solche Männer und Frauen hervorbringen können, dann wird es auch uns gut gehen.

Bitte denkt daran: Wenn es der Nation gut geht, dann wirkt sich das auf alle aus, davon werden jeder Mann, jede Frau und jedes Kind etwas haben! Glaubt nicht, dass dadurch, dass ihr für euch allein Reichtümer erwerbt, euer Land wohlhabend wird. Das wird es nicht. In anderen Ländern haben die Menschen gelernt, dass niemand eine Insel ist, aber in unserem Land lebt jeder in seiner eigenen Traumwelt. Wie die Tiere. Jedes Tier kann einen Platz zum Leben und einen Gefährten finden und seine Jungen aufziehen. Können wir uns die Krone der Schöpfung nennen, wenn wir dasselbe und nicht mehr tun? Deshalb möchte ich einen Eindruck auf eure Gemüter machen. Wenn ihr wollt, dass euer Land und euer Volk gedeihen, dann müsst ihr damit aufhören, nur für euch selbst zu leben, dann müsst ihr damit anfangen, für die Gemeinschaft zu leben. Das ist der einzige Weg zu Wohlergehen und Fortschritt.

Man sagte mir, dass Amanullah Khan sich den revolutionären König der Paschtunen nannte. Und tatsächlich war *er* es, der uns mit der Idee einer Revolution inspirierte. Aber die Afghanen zogen weniger Nutzen daraus als wir, denn sie schliefen und wir wachen allmählich auf."

Die Versammlung tat offensichtlich bei den Menschen ihre Wirkung. Am nächsten Tag kam mich ein junger Mann besuchen und sagte mir, dass er eine Organisation gründen wolle, die sich dem Dienst am paschtunischen Volk und sozialen Reformen widmen werde.

Wir hatten ja schon den Islam-ul-Afghani, die Organisation, die wir eingerichtet hatten, um in unserer Provinz Bildung zu verbreiten. Unserer Meinung nach war das eine sehr wichtige Aufgabe und wir dachten, dass sich die Organisation weiter auf Bildung konzentrieren sollte. Aber uns wurde klar, dass es in unserem Sozialsystem viele Schwachstellen gab. Wir wussten, dass wir eine Bewegung ins Leben rufen sollten, die bewirken könnte, dass die Menschen sozial bewusster würden.

Auf diese Weise wurde die Khudai-Khidmatgar-Bewegung gegründet.

Wir wollten nicht, dass diese Bewegung irgendetwas mit Politik zu tun hätte, aber später machte es die grausame Unterdrückung, der uns die Briten unterwarfen, der Bewegung unmöglich, sich aus der Politik herauszuhalten.

Und so seltsam das auch klingen mag: Tatsächlich waren es die Briten, die den Kongress und uns zusammenbrachten.

Unter den Paschtunen grassierten Zersplitterung, Fehden und soziale Übel. Familien stritten immer miteinander und schleppten einander vor Gericht. Viel Geld, das für gute Nahrung und anständige Kleidung hätte ausgegeben werden können, wurde mit diesen schlechten Gewohnheiten verschwendet. Und nicht nur Geld, wir verschwendeten auch kostbare Zeit, die wir darauf hätten verwenden können, unseren Handel und unsere Landwirtschaft zu entwickeln.

Über alles dieses sprachen wir sehr ausführlich und schließlich konnten wir 1929 genau so eine Organisation gründen, wie wir sie uns gewünscht hatten. Wir beschlossen, sie Khudai-Khidmatgar-Bewegung (Diener der guten Bewegung) zu nennen. Unser Motiv für diese Namenswahl war, dass wir in den Paschtunen die Idee des Dienstes und den Wunsch, im Namen Gottes ihrem Land und ihrem Volk zu dienen, wecken wollten. Das waren eine Idee und ein Wunsch, die ihnen leider fehlten. Etwas anderes war, dass die Paschtunen zur Gewalt neigten und ihre Gewalt sich gegen ihre eigenen Landsleute richtete, gegen ihre eigene Sippe, gegen ihre engsten Verwandten. Sie waren wie schwelende Glut, immer bereit, aufzuflammen und ihren eigenen Brüdern Schaden und Verletzung zuzufügen.

Eine ihrer schlimmsten Eigenschaften war die Gewohnheit, Rache zu nehmen. Sie mussten wirklich ihre anti-sozialen Gewohnheiten dringend ändern! Sie mussten ihre Gewaltausbrüche kontrollieren und gutes Verhalten annehmen! Das war es, so dachten wir, was die Khudai-Khidmatgar-Bewegung bewirken könnte und sollte.

Jeder, der ein Khudai Khidmatgar werden wollte, musste diesen feierlichen Schwur ablegen:

„Ich bin ein Khudai Khidmatgar und, da Gott keines Dienstes bedarf, sondern weil Seiner Schöpfung dienen Gott dienen ist, verspreche ich, im Namen Gottes der Menschheit zu dienen.

Ich verspreche, mich der Gewalt und der Rache zu enthalten. Ich verspreche, mich anti-sozialer Gewohnheiten und Praktiken zu enthalten.

Ich verspreche, einfach und tugendhaft zu leben und mich vom Bösen fernzuhalten.

Ich verspreche, gute Sitten und gutes Verhalten zu praktizieren und kein Leben des Müßiggangs zu führen. Ich verspreche, wenigstens zwei Stunden am Tag sozialer Arbeit zu widmen."

Versammlungen und Konferenzen

Die Khilafat-Konferenz wurde im Dezember 1928 in Kalkutta abgehalten. Auch wir nahmen daran teil. In Kalkutta lebten viele Menschen aus Peshawar, meist waren sie Obstverkäufer. Als die Khilafat-Konferenz angefangen hatte, bemerkten wir gleich, dass es große Feindseligkeit zwischen den Menschen aus dem Punjab und Mohammed Ali und Shaukat Ali gab.

Die Punjaber sind seltsame Leute. Hier ein Beispiel: Eines Tages sagte ich im Zamindar-Büro zu Akhtar Ali Khan: „Sie und ich sind doch gute Freunde, nicht wahr? Wenn also auch alle anderen Zeitungen im Punjab gegen mich schreiben, so habe ich doch wenigstens einen Freund, der den Menschen im Punjab keinen falschen Eindruck von mir vermitteln will."

Er lachte und sagte: „Die Journalisten mögen weder die Punjaber Führer noch die indischen Führer. Wenn sich daraus eine gute Story machen lässt, dann beleidigen wir beide."

Eines Abends spielten die Punjaber dasselbe Spiel bei der *Subjects Committee*[xix]-Versammlung in Kalkutta. Ich saß mit den anderen Führern auf dem Podium. Einer der Punjaber Führer sprach. In seiner Ansprache kritisierte er Mohammed Ali, der neben mir saß. Mohammed Ali ertrug das nicht und wurde wütend. Er stand auf und beschimpfte den Redner. Daraufhin sprang ein anderer Punjaber Führer, der in unserer Nähe auf dem Podium saß, auf die Füße, fuchtelte mit einem Messer herum, das er plötzlich von irgendwoher herbeigezaubert hatte, und wetterte gegen Mohammed Ali. Auf dem Podium brach ein schreckliches Chaos aus.

Zum Glück wohnten viele Paschtunen der Versammlung bei. Wir standen alle auf und es gelang uns, den Kampf anzuhalten und Mohammed Ali zu retten. Wenn wir nicht da gewesen wären und eingegriffen hätten, dann wäre er vielleicht ernstlich verwundet worden.

Es stellte sich heraus, dass Mohammed Ali die Hindus nicht mochte. In seiner Präsidenten-Rede vor der Khilafat-Konferenz hatte er sich unfreundlich über die Hindus geäußert und ihre Gesellschaft, ihre Traditionen und ihre Sitten grob kritisiert. Eine solche Kritik war für einen Führer sehr ungebührlich und verdarb mir die Freude an der Konferenz. Deshalb beschloss ich, lieber an der Kongress-Sitzung teilzunehmen, die zur selben Zeit wie die Khilafat-Konferenz in Kalkutta abgehalten wurde.

Es war das erste Mal, dass ich an einer Kongress-Versammlung teilnahm. Wie es der Zufall wollte, war auch hier die *Subjects Committee*-Versammlung im Gange. Gandhi hielt eine Rede. Ein arroganter junger Mann aus dem Publikum machte Zwischenrufe und redete einfach drauflos. Der junge Mann unterbrach Gandhi immer wieder, aber der lachte nur. Das machte mir einen tiefen Eindruck. Als ich in mein Quartier zurückkam, erzählte ich meinen Gefährten davon.

„Wenn nur irgendeiner der Moslem-Führer so ruhig und unbeirrt bleiben könnte wie Gandhi, der Führer der Hindus!" sagte ich.

Wir dachten, wir sollten mit Mohammed Ali über die Sache sprechen. Also gingen am nächsten Tag einige von uns zu ihm.

„Mohammed Ali Sahib", sagte ich, „Wir wollen Sie als Führer der Muslime respektieren. Ich möchte Ihnen von einem Erlebnis erzählen, das ich gestern hatte. Ich nahm an der Versammlung des *Subjects Committee* des Kongresses teil und hörte Gandhi eine Rede halten. Ein junger Mann im Publikum machte unerfreuliche Zwischenrufe. Aber Gandhi lachte nur und sprach weiter. Er regte sich nicht darüber auf, ja er veränderte nicht einmal das Tempo seiner Rede. Mohammed Ali Sahib, Sie sind unser Führer. Wir alle blicken zu Ihnen auf, Sie sind uns allen übergeordnet. Aber Sie wären uns allen sogar noch überlegener, wenn sie etwas von der Geduld und Selbstbeherrschung entwickeln würden, die Gandhi bewiesen hat."

Mohammed Ali Sahib reagierte nicht so, wie wir gehofft hatten. Er wurde sehr ärgerlich und sagte: „Was denkt ihr denn, wer ihr seid, ihr hinterwäldlerischen Paschtunen, dass ihr herkommt und mir sagt, wie ich mich benehmen soll?"

Dann stand er auf und verließ den Raum. Wir waren sehr enttäuscht und verletzt.

Danach wollte ich nicht weiter an der Khilafat-Konferenz teilnehmen. Also fuhr ich nach Hause.

Im Dezember 1929 sollte die Sitzung des Kongresses beginnen und auch ich fuhr dorthin. Auf der Versammlung wurde uns eingeschärft, dass auch die Paschtunen-Frauen eine Rolle beim Dienst für Land und Nation übernehmen könnten und dass sie dazu bereit und begierig darauf seien. Wir Bewohner des Grenzgebietes, die wir an der Versammlung teilnahmen, hielten eine besondere Versammlung ab, um diesen Gedanken unter uns zu diskutieren.

Bei der Kongress-Sitzung wurde auch entschieden, dass auch wir an der vollkommenen Unabhängigkeit Indiens arbeiten müssten.

Als wir in unsere Dörfer zurückkamen, begannen wir mit großer Begeisterung zu arbeiten. Wir gingen von Dorf zu Dorf, sprachen mit den Leuten, gründeten Dschirgas[22] und nahmen Khudai Khidmatgars in Dienst. Die Bewegung breitete sich in alle Teile der Provinz aus, sogar unter den Stämmen. Bald wurden beide so beliebt, dass in jedem Dorf, das wir besuchten, Dschirgas eingerichtet wurden und Khudai Khidmatgars sich versammelten. Die beste Wirkung unserer Bewegung war wohl, dass sie die Furcht vor der britischen Regierung aus den Herzen der Menschen vertrieb und diese mit neuer Hoffnung und neuem Mut erfüllte.

Nicht nur die Polizei und CID[xx] hatten ein Auge auf uns, als wir durch die Dörfer reisten, sondern manchmal nahmen sogar Briten an unseren Versammlungen teil. Sie waren über die große Revolution, die unsere Bewegung in Gang gebracht hatte, erstaunt. Manchmal fragten sie mich, welchen Zauberbann ich auf die Paschtunen ausübte. Ihnen war durchaus die Gefahr für sie selbst bewusst.

Ein paar Monate lang beobachtete die Regierung geduldig, was wir taten, unternahm aber nichts. In diesen Monaten arbeiteten wir Tag und Nacht, um die Bewegung bis in die entferntesten Winkel der Provinz auszuweiten.

---

22 Ältestenversammlungen

Etwa drei Monate nachdem die Bewegung gegründet worden war, kam ein Befehl vom *Chief Commissioner*[xxi]: „Die Organisation, die Sie im ganzen Land betreiben, muss sofort aufgelöst werden." In meiner Antwort hieß es: „Unsere Organisation ist ausschließlich sozial. Es ist keine politische Bewegung. Eigentlich", fuhr ich fort, „sollte das, was wir tun, von der Regierung des Landes getan werden. Wenn *Sie* die Sozialarbeit nicht übernehmen können, die unsere Bewegung verrichtet, sollten Sie uns wenigstens, so gut Sie können, unterstützen, statt uns aufzuhalten."

Der Chief Commissioner sagte: „Es kann ja sein, dass Ihre Arbeit zurzeit ausschließlich sozial ist, aber wer garantiert mir dafür, dass Sie die Paschtunen, wenn Sie sie erst einmal ausgebildet haben, nicht gegen uns einsetzen werden?"

Ich sagte ihm, dass sich Garantien zwischen Völkern auf Vertrauen gründen müssten. „Wenn Sie bereit sind, uns zu trauen", sagte ich, „dann trauen wir auch Ihnen und werden nichts gegen Sie unternehmen. Ich sehe eine Revolution auf das Land zukommen. Eine Revolution ist wie eine Flut. Wir bilden die Paschtunen dafür aus, darauf vorbereitet zu sein, damit sie nicht von der Flut weggeschwemmt werden, wenn sie kommt."

Aber die Briten trauten uns nicht. Im April 1930 war eine Massenversammlung der Khudai Khidmatgar in Utmanzai. Nach der Versammlung fuhr ich nach Peshawar, aber auf dem Weg dorthin, in Naki Thana, wurde ich verhaftet und zurück nach Charsadda gebracht.

Mian Ahmed Shah, unsere Vorsitzender, Abdul Akbar Khan, unser Sekretär, Salar Sarfraz Khan und Haji Shah Nawaz Khan, die Veranstalter der Versammlung, wurden ebenfalls verhaftet.

Meine Verhaftung hatte eine bemerkenswerte Folge, die ich hier erwähnen möchte. Als ich in Naki Thana verhaftet wurde, war kein Khudai-Khidmatgar-Freiwilliger bei mir. Die Menschen in Naki Thana waren sehr ärgerlich und sagten: „Es ist eine Gemeinheit, dass die Briten Badshah Khan in unserem Distrikt verhaftet haben!"

Sie äußerten ihre Wut und ihre Entrüstung auf eine Art, die mich sehr glücklich machte: Sie wurden alle Khudai Khidmatgars und das verlieh der Bewegung große Publizität. Es setzte mich auch in der Wertschätzung der Briten ein paar Stufen herauf. Das war am 23. April. Die Geschichte des Qissa-Khana-Basars verdient, in den Annalen der Freiheitsbewegung in goldenen Lettern festgehalten zu werden!

Als die britischen Soldaten in ihren gepanzerten Wagen in der Stadt erschienen, um den Aufstand zu unterdrücken, standen Hindus, Sikhs und Muslime Schulter an Schulter und bildeten eine Mauer aus Menschen. Die Soldaten fuhren ihre gepanzerten Wagen geradewegs in diese Mauer aus Menschen hinein, brachen sie auf und zerquetschten einige Menschen, sodass diese starben. Plötzlich setzte ein junger Mann einen der Wagen in Brand. Das Feuer breitete sich aus und vier Wagen verbrannten zu Asche. Dann eröffneten die Soldaten das Feuer und schossen in alle Richtungen. Die Menschen traten dem allen tapfer entgegen und viele opferten ihr Leben.

Das war auch der denkwürdige Tag, an dem Garhwali-Soldaten Zeugnis für ihre Liebe zu ihrem Land und ihrem Volk ablegten, indem sie sich weigerten, in die Menge zu schießen. Das heldenhafte Opfer so vieler Patrioten und der Mut, den die Garhwali-Soldaten bewiesen hatten, wird niemals aus dem Gedächtnis der Nation gelöscht werden! Nach diesem unvergesslichen Tag, dem 23. April, griff man am 31. Mai wieder auf das Mittel zurück, Menschen zu erschießen. Es begann damit, dass Sardar Ganga Singhs zwei unschuldige Kinder getötet wurden. Die Mutter der Kinder wurde verletzt und Sandar Ganga Singh wurde aus seinem Dienst bei der Regierung entlassen.

Die Nachricht von meiner Verhaftung breitete sich wie ein Lauffeuer aus. Einige meiner Kollegen in Peshawar wurden am selben Tag verhaftet, und als das bekannt wurde, brachen im Qissa-Khan-Basar Unruhen aus. Die Polizei eröffnet das Feuer und einige Menschen fielen als Märtyrer für unsere Sache.

In Charsadda versammelten sich Tausende, um ihre Wut zu zeigen. Sie umringten das Gefängnis. Aber weil wir wollten, dass sie keine Gewalt anwendeten, und weil mein Bruder Dr. Khan Sahib zu den Menschen sprach, trat in Charsadda keine Gewalt auf.

Am Abend kam ein Wagen, um uns fortzubringen. Aus Mardan war die Kavallerie gekommen und mit einer Eskorte vorn und einer hinten brachen wir auf. Wir kamen noch am selben Abend in Mardan an und wurden unverzüglich eingesperrt.

Am nächsten Morgen wurden wir nach Rishaplur gebracht, wo wir Khan Dahadur Qazi Khan, dem Distrikt-Richter, vorgeführt wurden. Er verurteilte uns alle gemäß Sektion 40 der *Frontier Crimes Regulation* zu je drei Jahren strenger Haft.

Von Risalpur wurden wir ins Gujarat-Gefängnis im Punjab gebracht, wo wir unsere Kollegen Ali Gul Khan und Sayyeed Lal Badshah aus Peshawar trafen, die schon früher dorthin gebracht worden waren. Auch politische Führer aus dem Punjab, aus Delhi und der Grenzprovinz waren dort. Alle, gleich ob Sikh, Hindu oder Moslem, waren ernste Denker. In keinem anderen Gefängnis hatte ich das Glück, so frohe Tage in Gesellschaft geistesverwandter und gebildeter religiöser und politischer Führer zu verbringen. Die Gespräche, die wir dort führten, machten einen so tiefen Eindruck auf mich, dass sie niemals aus meinem Gedächtnis ausgelöscht werden können.

Dr. Ansari bildete unser eigenes Parlament im Gefängnis. Er meinte, es werde nicht mehr lange dauern, bis wir unsere eigene Regierung haben würden, und wir sollten uns darauf vorbereiten, ein Land zu führen. Er belehrte uns darüber, wie ein Parlament funktioniert. Dr. Gopichand bestellte viele Bücher über viele verschiedene Themen für uns, die Shyam Laiji, ein Führer aus Rohtak, uns vorlas. Hansraj war auch da und immer, wenn seine Frau ihn besuchen kam, brachte sie uns alle möglichen guten Dinge zu essen mit.

Pandit Jagat Ram von Haryana hielt Unterricht über die Bhagawad Gita und ich über den Koran ab. Durch unsere Bemühungen lernten die Hindus unter uns etwas über den Koran und die Muslime wurden mit der Gita vertraut.

Zwischen Zafar Ali Khan und Dr. Kitchlew gab es eine ständige Rivalität um das Amt des Premierministers und sie wetteiferten darin, die Bewohner der Grenzprovinz für sich zu gewinnen, denn der

Führer, für den wir stimmten, gewann immer das Amt des Premierministers.

Es gab da auch einen *Seth-Sahib*^{xxii}, der *Pakoras*^{xxiii} zubereitete und an uns verteilte. Sie waren gut und heiß. Auch Devdas Gandhi wurde während ein paar Monaten mit uns eingesperrt. Mufti Kefayat-ullah Sahib bereitete sehr schmackhaftes Dal zu, aber er tat zu viel Chillies hinein.

Eines Tages sagte ein Mitgefangener, ein Sikh, zum Gefängnisdirektor: „In einer Stadt im Gujarat gibt es kein Jhatka (Tierschlachtung gemäß der Sitte der Sikh). Wir Sikhs essen Fleisch und wir wären sehr dankbar, wenn Sie uns die Erlaubnis erteilten, ein paar Hühner zu kaufen und sie hier zu schlachten." Der Direktor antwortete: „Den Grenzgebiet-Muslimen würde das nicht gefallen." Dann kam einer der Sikh-Führer zu mir und sagte: „Der Direktor sagt, dass ihr gegen Jhatka seid und dass ihr dagegen wäret, wenn wir hier Hühner schlachten würden, selbst wenn man uns die offizielle Erlaubnis dafür gäbe." Ich antwortete: „Sardarji, ihr schlachtet einfach die Hühner, oder? Ihr esst sie dann auch?" „Ja", antwortete der Sikh. „Na gut", sagte ich, „wie könnte ich etwas dagegen haben? Nur zu! Was uns angeht, so habt ihr unsere Erlaubnis." Dann rief ich meine Kameraden zusammen und wir sprachen über die Frage. Nur Sayyeed Lal Badshah stimmte gegen Jhatka im Gefängnis. „Sayyeed Sahib", sagte ich, „wie würden Sie sich fühlen, wenn jemand im Gefängnis sagte, dass er etwas gegen Halal (die Art der Muslime, Tiere zu schlachten) habe?" „Aber das gehört zu unserer Religion", sagte er, „warum sollte jemand etwas gegen religiöse Bräuche einzuwenden haben?" „Ja", sagte ich, „und Jhatka gehört zu ihrer Religion und deshalb steht es uns nicht zu, dagegen zu sein." Da verstand Sayyeed Sahib und zog seine Gegenstimme zurück.

Verfolgung der Rothemden

Während wir im Gefängnis waren, litten die Menschen zu Hause unter einer neuen Welle von Tyrannei und Unterdrückung, die die Regierung ausgelöst hatte. Sie hatten praktisch eine Blockade über die ganze Provinz verhängt. Niemandem wurde gestattet, die Provinz zu verlassen, denn Ausgereiste könnten Beschwerden ins Ausland bringen und die Welt könnte etwas von den Grausamkeiten, die die Briten den Paschtunen antaten, erfahren. Auch Ausländern wurde nicht gestattet, in die Provinz einzureisen, damit sie nicht sähen, unter welchen Bedingungen die Menschen dort lebten.

Meinen beiden Kollegen Mian Jafar Shah und Mian Abdullah Shah gelang es auszureisen und nach einer abenteuerlichen Reise, und nachdem sie den Indus überquert hatten, kamen sie mich im Gefängnis besuchen. Man gab mir die Sondererlaubnis, sie zu sehen, denn normalerweise durfte ich keine Besucher empfangen.

Sie berichteten mir über die Bedingungen in der Grenzprovinz. Sie sagten, man habe sie geschickt, mich zu bitten, die Bewegung aufzugeben. Sie sagten, die Briten wollten die Paschtunen vernichten und ihre Existenz zerstören. Sie erzählten mir, dass, nachdem ich und meine Kollegen verhaftet worden und im Gujarat-Gefängnis eingesperrt worden waren, die Armee gekommen sei und Utmanzai umstellt habe. Dann gingen die Soldaten zum Khudai-Khidmatgar-Bürogebäude und erkletterten die Mauer bis zum ersten Stock, wo das Büro war. Sie bekamen die Khudai Khidmatgars im Büro zu fassen und warfen sie auf die Straße hinunter. Mein Sohn Wali, der damals vierzehn Jahre alt war, war nach dem Schulunterricht ins Khudai-Khidmatgar-Büro gegangen und saß dort bei den Männern. Einer der Soldaten hielt seine Hand vor das Bajonett, mit dem ein anderer Wali bedrohte, und rettete ihn. Dann nahm Hassan Khan Wali bei der Hand und führte ihn die Treppe hinunter.

Die Soldaten steckten das Khudai-Khidmatgar-Büro in Brand und verwandelten es in Asche. Dann gingen sie ins Dorf, verhafteten alle, die ein rotes Khudai-Khidmatgar-Hemd trugen, und schlugen die Verhafteten gnadenlos.

Der *Deputy Commissioner*[xxiv] ging herum und schrie ärgerlich und arrogant: „Gibt es noch mehr Rothemden?"

Die Menschen waren so erschrocken, dass niemand ein Wort zu äußern wagte. Der Khan Mohammed Abbas Khan aus Utmanzai stand dort und hörte, wie der *Deputy Commissioner* die Menge anschrie. Er rannte nach Hause, streute rote Farbe in einen Wasserbottich und tauchte schnell sein Hemd und die Hemden seiner Diener in den Bottich. Die Hemden tropften noch, als er und seine Diener sie anzogen und dorthin zurückrannten, wo die Soldaten standen. Als er vor dem *Deputy Commissioner* stand, sagte er: „Ja, es gibt noch mehr Rothemden, hier sind wir!"

Mohammed Abbas Khan war nicht offiziell als Khudai Khidmatgar eingetragen. Er war nämlich etwas ungeduldig mit uns. Aber sein Patriotismus hatte ihn zu dieser tapferen Handlung angeregt. Natürlich verhafteten die Soldaten auch ihn. Aber sein Mut und sein Opfer wurden zu einer Quelle der Inspiration für die Paschtunen. Ganz gleich, welche Unterdrückung und Tyrannei die Briten ihnen anzutun beschlossen: Sie gaben ihre roten Hemden nicht auf. Im Gegenteil, die Bewegung wuchs von Tag zu Tag. Am Tag der Versammlung waren etwa fünfhundert Khudai Khidmatgars in Utmanzai. Als ich aus dem Gefängnis entlassen wurde und nach Hause zurückkam, waren sie fünfzigtausend!

Es waren in der Tat die Briten selbst, die Propaganda für unsere Bewegung machten. Sie schickten Soldaten in die Dörfer. Dann sagten sie den Männern, sie sollten herauskommen, und ließen sie in der sengenden Sonne hocken. Nach einer Weile forderten sie sie auf, ihren Daumenabdruck unter eine Erklärung zu setzen, die besagte, sie seien Khudai Khidmatgars.

„Aber wir gehören wirklich nicht zu den Khudai Khidmatgars!" sagten die Einwohner des Dorfes und damit sagten sie die Wahrheit. Die Briten sagten: „Macht nichts, wir wollen trotzdem eure Daumenabdrücke."

Die Männer weigerten sich immer noch und nicht nur das, sondern sie waren von den Briten so angewidert, dass sie jedem, der es wagte, seinen Daumenabdruck unter die Erklärung zu setzen, die kalte Schulter zeigten.

Nur ein Mann wurde schwach und gab der Forderung nach.

Als er nach Hause kam, wusch seine Frau eben Wäsche. „Wieso kommst du nach Hause?" fragte sie ihn. „Bisher ist noch kein anderer gekommen." „Sie haben mich gehen lassen", sagte er. „Warum haben sie dich gehen lassen und die anderen nicht?" fragte die Frau und wurde misstrauisch. Sie fügte hinzu: „Zeig mir deinen Daumen!" Als sie die Spuren der Stempelfarbe auf seinem Daumen sah, wusste sie, was geschehen war. Sie hob den Knüppel, mit dem sie sonst die Wäsche schlug, und trieb ihren Mann aus dem Haus. „Undankbarer!" schrie sie. „Wenn du dich nicht selbst schämst, so schäme ich mich für dich! Ich bleibe nicht bei einem Mann, der den Briten seinen Daumenabdruck überlässt! Ich gehe!"

Der Mann rannte zu den anderen Dorfbewohnern zurück und hockte sich wieder zu ihnen. Die Briten fragten ihn, warum er zurückgekommen sei. „Meine Frau duldet mich sonst nicht mehr im Haus", sagte er.

Es gab noch einen ähnlichen Zwischenfall. Haji Shah Nawaz Khan aus unserem Dorf, der mit uns im Gefängnis gewesen war, zahlte Kaution und wurde daraufhin freigelassen. Als er nach Hause kam, verhöhnten ihn alle und zeigten ihm die kalte Schulter. Er schämte sich so, dass er sich das Leben, das er sich gerettet hatte, selbst nahm.

Als die Freunde, die mich im Gefängnis besuchen gekommen waren, mir das alles erzählt hatten, beschlossen wir, dass sie nicht ins Dorf zurückkehren sollten. Stattdessen sollten sie nach Lahore, Delhi und Simla gehen, wo sie Kontakt zu unseren Freunden in der Muslimliga aufnehmen könnten. Sie könnten sie über die Situation in der Grenzprovinz informieren und um Hilfe bitten. Wenn sie ihnen nicht würden helfen können, so könnten sie jedenfalls die entsetzlichen Bedingungen in der Grenzprovinz in aller Welt bekannt machen.

Einige Monate später kamen diese Freunde mich wieder besuchen. Sie sagten mir, dass sie viel gereist seien und dass sie mit bekannten Moslemführern gesprochen hätten, aber ohne Erfolg. Die Moslemführer, sagten sie, seien nicht bereit, uns zu helfen, weil wir den Briten Widerstand leisteten und sie deshalb nicht unsere Partei ergreifen könnten. Die Briten, sagten sie, beschützten sie, sodass sie die Hindus bekämpfen könnten.

Bis dahin waren wir noch nicht dem Kongress beigetreten und hatten auch keine Verbindung zu seinen Mitgliedern. Jetzt waren wir verzweifelt. Ein Ertrinkender hat keine andere Wahl, als jeden Strohhalm zu ergreifen, um sich zu retten. Wir waren sehr enttäuscht von der Muslimliga. Deshalb baten wir unsere beiden Freunde, mit den Kongress-Führern Kontakt aufzunehmen und sie anzuflehen, uns zu helfen.

Beim Treffen unserer Freunde mit den Kongress-Führern sagten diese ihnen, dass der Kongress bereit sei, uns so weit wie möglich zu unterstützen, wenn wir unsererseits damit einverstanden seien, an ihrem Kampf für die Befreiung Indiens teilzunehmen.

Als uns unsere Freunde diese Botschaft brachten, baten wir sie, in die Grenzprovinz zurückzukehren und diesen Vorschlag der Provinz-Dschirga der Khudai-Khidmatgar-Bewegung zu unterbreiten. Das taten sie. Die Dschirga nahm den Vorschlag an und verkündete, dass sie dem Kongress beitreten wolle.

Als die Nachricht, die Paschtunen würden sich dem Kongress anschließen, die Briten erreichte, wurde ihnen klar, wie dumm sie gewesen waren. Sie schickten mir eine Botschaft, in der sie mich aufforderten, mit ihnen an Reformen zusammenzuarbeiten.

„Die Grenzprovinz", lautete die Botschaft, „wird sofort alle Reformen genießen, die in Indien durchgeführt wurden, und in Zukunft werden wir sogar mehr für euch als für Indien tun. Aber nur unter der Bedingung, dass ihr euch vom Kongress zurückzieht."

Ich berief ein Treffen aller politischen Gefangenen ein, Muslime ebenso wie Hindus und Sikhs. Ich erzählte ihnen die ganze Geschichte und fragte sie, was zu tun sie uns raten würden. Einige rieten mir, die Gelegenheit zu ergreifen. „Sei diplomatisch", sagten sie, „und lass dich auf die britischen Bedingungen ein."

Aber ich sagte ihnen, dass ich kein solcher Heuchler sei. „Außerdem", sagte ich, „können wir uns nicht von den Briten abhängig machen. Und wir können jetzt auch nicht das Versprechen brechen, das wir dem Kongress gegeben haben." Darum war meine Antwort an die Regierung: „Ihr vertraut uns nicht, deshalb können auch wir euch nicht vertrauen."

Ein Spaziergang am Abend

Die Tradition

Die Belagerung von Bannu

Da wir jetzt mit dem Kongress zusammenarbeiteten, schickte der Sprecher der Zentralversammlung Vithalbhai Patal [Sardar Vallabhbhai Jhaverbhai Patel] eine Delegation in die Grenzprovinz, die die neuesten Zwischenfälle untersuchen sollte.

An der Attock-Brücke wurden die Delegierten von der Regierungspolizei aufgehalten und man sagte ihnen, dass sie nicht in die Provinz einreisen dürften. Sie fuhren nach Rawalpindi und begannen dort mit ihren Untersuchungen. Sie schrieben einen langen Bericht über die Grausamkeiten, die in der Grenzprovinz begangen worden waren. Alle indischen Zeitungen, die für den Kongress waren, veröffentlichten diesen Bericht und machten damit Propaganda für uns. Die britische Regierung beschlagnahmte den Bericht, aber der Kongress hatte schon viele Exemplare nach Amerika und England geschickt, wo sie weiterverbreitet wurden.

Im Mai, nachdem die Beschießung der Khudai Khidmatgars in Peshawar stattgefunden hatte, wurden sie auch im Dorf Takkar im Mardan-Distrikt auf sie geschossen und viele starben. Die Jujra des Khudai-Khidmatgar-Führers wurde angezündet und ebenso das Klubgebäude von Khan Ghulam Mohammed Khan von Lundkhwar. Auch viele andere Häuser wurden in Schutt und Asche gelegt und viele Menschen wurden verhaftet.

Danach ging die Armee nach Hathikhel im Bannu[23]-Distrikt und ließ Kugeln auf eine friedliche Versammlung von Waziri niederhageln.

---

[23] Damals war die nationalistische Bewegung auch in Dera Ismail Khan sehr stark und sie erregte großes Interesse in den Dörfern der Umgebung. An vielen Orten, z. B. in Tank, Kulachi, Gulaman, Gulbazaar und Panpali, beteiligten sich die Menschen begeistert an der Bewegung. In den Städten Dera Ismail Khan, Mardan, Attock und anderen veranstalteten Frauen und Kinder Aufmärsche. Eines Tages suchte sich ein langer und glänzender Umzug seinen Weg über den Marktplatz und durch die Straßen der Stadt, als der Generalinspekteur der Polizei Herr Isemonger befahl, den Umzug zu zerstreuen. Als die Frauen sich weigerten, sich zu zerstreuen, wurde er sehr

wütend. Er nahm seinen Revolver heraus und richtete ihn auf die Menge. Plötzlich sprang der junge Sikh Bhagwan Singh auf Herrn Isemonger zu, ergriff die Hand, in der er den Revolver hielt, und sagte: „Schämen Sie sich nicht, auf Frauen zu schießen?" Die Hand des Generalinspekteurs begann zu zittern, der Revolver fiel zu Boden und völlig verunsichert rannte er in Richtung des dunklen Bungalows. Ein Soldat hob den Revolver auf. Die Rache der Regierung für Bhagwan Singhs Kühnheit folgte im August 1931, als er zu Unrecht angeklagt wurde, einen Mord begangen zu haben. Schließlich musste er aber, nachdem er eine beträchtliche Zeit in verschiedenen Gefängnissen zugebracht hatte, wegen Mangels an Beweisen freigelassen werden. 1931 war Colonel Noel Deputy Commissioner in Dera Ismail Khan. Er war ein ebenso durchtriebener Engländer wie der berüchtigte Colonel Lawrence. Irgendwie hatte er herausgefunden, dass Khan Abdul Gaffar Khan, der gerade eine Reise durch die Distrikte Kohat und Bannu abgeschlossen hatte, auf dem Weg nach Dera Ismail Khan war. Er wollte nicht, dass Badshah Khan dort ein großer Empfang bereitet würde, und er wollte auch nicht, dass seine Reise erfolgreich sei, deshalb versuchte er, sich die Unterstützung einiger loyaler und sein Vertrauen genießender Nawabs und Edelleute zu verschaffen, die alle diese Programme sabotieren sollten. Aber als Badshah Khan in Dera Ismail Khan ankam, gaben ihm alle Muslime, Hindus und Sikhs der Stadt einen unerhört großen Empfang und führten ihn in einem so glänzenden Umzug durch die Stadt, wie er in der ganzen Stadtgeschichte noch nicht vorgekommen war. Nach seinem Besuch in der Stadt ging Badshah Khan in alle Dörfer des Distrikts.

In Kulachi und Dera Ismail Khan hatten das Kongress-Komitee und die Khudai-Khidmatgar-Bewegung ausländische Textilien im Wert von Tausenden von Rupien in den Textilgeschäften beschlagnahmt, sodass dort nichts mehr verkauft wurde.

Nach dem Abschluss des Irwin-Pakts hatte Gandhi die Erlaubnis gegeben, vor den ausländischen Textilgeschäften Streikposten aufzustellen.

Als der Deputy Commissioner Herr Noel und sein Assistant Commissioner Sheikh Mehboob Ali die Beliebtheit und den Erfolg von Kongress- und Khudai-Khidmatgar-Bewegung sahen, versetzte sie das in Angst und Schrecken. Diese beiden niederträchtigen Beamten waren auch von den Nawabs des Ortes enttäuscht, weil sie es nicht geschafft hatten, die historisch einmaligen Willkommensfeierlichkeiten zu verhindern, die Badshah Khan einige Monate zuvor bereitet worden waren.

Deshalb erdachten sie einen neuen Plan, um Feindschaft zwischen Hindus und Muslimen zu säen, einen gemeinen und abscheulichen Plan, der die

Wirkung von Badshah Khans Reise zunichtemachen und den Ruf der nationalistischen Bewegung zerstören sollte.

Sie schickten nach Meherban Khan und forderten von ihm, ein paar Männer anzuwerben, die auf ein Signal des Deputy Commissioners in den roten Hemden der Khudai Khidmatgars nach Dera Ismail Khan gehen sollten. Sobald sie in der Stadt ankämen, sollten sie ein offenkundig ungebührliches Benehmen an den Tag legen, Eigentum beschädigen und Menschen schlagen. Natürlich würden die Einwohner sie für Khudai Khidmatgars halten und sie würden sagen, dass die Bewegung nicht diszipliniert und nicht gewaltfrei sei und alle würden sich gegen sie wenden.

Es sah so aus, als würden sie Erfolg haben, denn die Nawabs, Khans und Adligen am Ort beteiligten sich an der schändlichen und durchtriebenen Verschwörung Meherban Khans. Sie legten in den Straßen und auf den Plätzen von Dera Ismail Khan Feuer und brannten Geschäfte und Häuser nieder. Einige Hindus und Muslime wurden geschlagen. Bald schon breitete sich dieser von der Regierung angestiftete Aufruhr in anderen Städten und Dörfern aus. Ganz Dera Ismail Khan streikte. Überall waren die Menschen deprimiert und enttäuscht.

Dann kam Badshah Khan wieder nach Dera Ismail Khan und diesem edlen und aufrechten Mann gelang es, den Frieden zwischen Hindus und Muslimen wiederherzustellen. Die Menschen atmeten wieder auf und alle freuten sich auf einen dauerhaften Frieden. Aber dann griffen die Adligen auf Herrn Noels Geheiß wieder ein und verdarben die ganze gute Arbeit, die Badshah Khan geleistet hatte.

Einige Tage später kam der Chief Commissioner und erschreckte die Menschen. Er flößte ihnen solche Furcht ein, dass sie das Streiken aufgaben und ihre Feindseligkeiten [gegen die Behörden] einstellten.

Sowohl Hindus als auch Muslime hatten einen großen Fehler begangen: Sie hatten auf die Briten gehört. Diese waren zwar für alle Schwierigkeiten und Zerstörungen verantwortlich, aber die Bewohner ihrerseits hatten nicht auf die Worte des Engels des Friedens und der Versöhnung gehört. Sie hatten zugelassen, dass die Briten ihre Herzen mit Hass erfüllten. Etwas von diesem Hass glomm einige Jahre lang unter der Asche und flackerte wieder auf, als 1938 die Feindseligkeiten wieder aufflammten.

In den Dörfern jedoch herrschte der Geist von Solidarität und Brüderlichkeit und während des schrecklichen Aufruhrs 1947 wurden Ehre und Eigentum sowohl der Hindus als auch der Muslime überall dort gerettet, wo es im Dera-Ismail-Khan-Distrikt Khudai Khidmatgars gab.

Dabei kamen einige ums Leben. Andere wurden verhaftet und zu vierzehn Jahren Gefängnis verurteilt.

Dann wurde die Stadt Bannu belagert und alle Aus- und Eingänge wurden geschlossen, sodass niemand die Stadt verlassen konnte, nicht einmal wegen dringender Geschäfte. Bannu hing hinsichtlich seiner Lebensmittelversorgung von den Dörfern ab und aus eben diesem Grund wurde die Blockade über die Stadt verhängt. Der Deputy Commissioner dachte, dass, wenn die Menschen ausgehungert würden, sie von sich aus dem Kongress und den Khudai Khidmatgars den Rücken kehren würden. Und auch die Dorfbewohner würden dadurch in Schrecken versetzt und eingeschüchtert.

Sowohl in der Stadt Bannu als auch im Bannu-Distrikt arbeiteten die Khudai Khidmatgars mit großem Eifer und großer Begeisterung und auch die Aktion des Deputy Commissioner konnte das nicht aufhalten.

Es gab einen Fluss, der von den Dörfern in der Nähe in die Stadt floss. Mailk Akbar Ali Khan – Gott segne ihn! – gelang es, Nahrungsmittelvorräte und Viehfutter über diesen Fluss in die Stadt zu bringen, und er konnte auch dafür sorgen, dass diese Vorräte geschützt wurden.

Infolgedessen waren die Bewohner von Bannu nicht dem Hungertod ausgesetzt und das Leben von Mensch und Tier wurde gerettet. Wir stehen tief in der Schuld des verstorbenen Mailk Ali Akbar Khan, denn nur seinem Wagemut verdanken wir es, dass der schändliche und unmenschliche Plan des Deputy Commissioner nicht gelang, sodass er gezwungen war, die Belagerung aufzuheben.

Aufruhr und Unterdrückung

Der Gandhi-Irwin-Pakt war geschlossen worden. Aber auf Befehl der Regierung war eine Versammlung in Utmanzai beschossen worden. Das kam so: Die Khudai Khidmatgars hielten eine Versammlung ab. Soldaten kamen und umzingelten die Versammlungshalle. Sie befahlen den Menschen, die Versammlung zu vertagen und sich zu zerstreuen. Die Menschen weigerten sich. Daraufhin eröffneten die Soldaten das Feuer und töteten einige. Aber unsere Versammlungen wurden trotz der britischen Tyrannei und Unterdrückung weiterhin abgehalten und die Armee brach sie weiterhin ab.

Die Khudai Khidmatgars sagten, dass die Sikhs und die Afridi in der Armee Sympathien für unsere Sache hätten, dass uns unsere Brüder, die Bangash und die Khattak, jedoch nicht schonen würden. Im Gegenteil, sie beleidigten und schlugen unsere Leute.

Als die Soldaten auf unsere Versammlung in Utmanzai schossen, ließen sie einen solchen Kugelregen über die Teilnehmer ergehen, dass denen, unbewaffnet und wehrlos, wie sie waren, nichts anderes übrig blieb, als um ihr Leben zu rennen.

Da geschah etwas Seltsames. Viele Frauen und Mädchen waren gekommen, um zu sehen, wie die Versammlung vor sich ging. Eine von ihnen war die junge Schwester von Tanawaz Khan. Dieses Mädchen geriet in Panik, oder jedenfalls schien es zunächst so, denn, anstatt vor dem Beschuss wegzurennen, lief sie geradenwegs hinein. Diejenigen, die von der Versammlungshalle wegrannten, riefen ihr zu: „Wohin läufst du, Schwester? Komm um Himmels Willen hier entlang, pass auf, siehst du nicht, was da los ist? Halt an, renn nicht weiter!" Rabanwaz Khans Schwester schrie zurück: „Bitte lasst mich. Ich renne dorthin, weil ihr alle wegrennt. Lasst mich. Die Kugeln sollen mich ruhig treffen und ich werde sterben oder die Briten werden sagen, dass nicht ein einziger Paschtune bereit war, sein Leben für seine Überzeugung einzusetzen."

Mut und Stolz dieses Mädchens machten einen solchen Eindruck auf die anderen, dass sie alle in die Versammlungshalle zurückströmten.

Als die britischen Soldaten das sahen, schrien sie: „Was denkt ihr euch eigentlich dabei?" Sie antworteten: „Wir wollen die Leichname wegbringen und sie aus euren Händen retten."

Eine so riesige Menge versammelte sich, dass die Soldaten umzingelt wurden und Angst bekamen. Die Menschen gestatteten ihnen, den Ort zu verlassen, aber sie wollten sich zuvor versichern, dass keiner den Leichnam eines Märtyrers fortschleppte. Die britischen Soldaten mussten sich einverstanden erklären und alle wurden durchsucht.

Obwohl einige unserer Brüder getötet worden waren, bewerteten die Bewohner von Utmanzai diesen Tag als einen großen Sieg. Nicht nur die Einwohner der Grenzprovinz waren wütend auf die Briten, sondern auch die Menschen in den *Agencies*[xxv] und in den Stammesgebieten kochten vor Wut. Deshalb unternahmen die Afridi einen bewaffneten Angriff auf das Makri-Lagerhaus in Peshawar. Die Mohmand, die Safis, die Utmankail [Utman Khel], die Mamund und die Salarzai griffen Shabqadar Dheri, Mathra und andere Orte an.

Diese Kreuzritter machten Lekandi und Sobankhur zu ihrem Hauptquartier und die Feindseligkeiten gegen die Briten hielten Monate lang an. Angriffe gab es in den Stammesgebieten, in denen die Briten die absolute Macht hatten und wo ihre Soldaten stationiert waren. Aber in den Stammesgebieten, in denen die Briten keine bleibenden Grenzen eingerichtet hatten oder wo es eine *Agency* zwischen zwei Grenzen gab, wandten sie sich durch die Dschirgas an die Briten und stellten ihnen ein Ultimatum. Sie forderten, dass Malang Baba (Gandhi) und ich sofort aus dem Gefängnis entlassen würden, dass die Rothemden freigelassen würden und dass die Regierung umgehend vom Tyrannisieren und von der Unterdrückung der Paschtunen ablassen müsse. Wenn ihre Forderungen nicht erfüllt würden, sagten die Stammesangehörigen, würden sie einen offenen und bewaffneten Kampf gegen die Briten führen.

Dieser Aufstand fand in allen Stammesgebieten statt. Der Tarkani-Stamm organisierte eine große Dschirga, die sich aus Momund, Salarzai und Utmankhail zusammensetzte. Diese Dschirga wendete sich an den Political Agent in Malakand. Augenzeugen haben mir erzählt, was sich bei dieser Versammlung ereignete. Als die Mitglieder der Dschirga zum Haus des Agents kamen, war der Tisch üppig mit Speisen und Tee besetzt. Auf dem Tisch lagen außerdem Haufen von Münzen und Bündel von Banknoten. Diese angebliche Ehrung seiner Gäste von Seiten des Agent sollte nur seine Hoffnung verbergen, dass Gier und die Versuchung des Geldes sie übermannen würden. Aber keines der Dschirga-Mitglieder rührte den Tee oder die Leckerbissen an und auf das Geld warf keines von ihnen auch nur einen Blick. Eher hätten sie voller Verachtung darauf gespuckt. Der Political Agent wollte [dem Salarzai] Badshah Khan die Hand schütteln, aber der Khan zog seine Hand weg und sagte: „Ich mache mir die Hand nicht schmutzig, indem ich eine Hand ergreife, die rot vom Blut meiner Brüder ist."

Badshah Khan, der Stammesälteste der Salarzai, war ein helles Licht in seinem Volk.

Dieser Political Agent, der die Stammesältesten für sich gewinnen wollte, sagte: „Wenn ihr mir freundlicherweise etwas Zeit lasst, werde ich eure Forderungen an die indische Regierung weitergeben." Später ging er tatsächlich.

Die Freundlichkeit und Liebe, die mir meine Stammes-Brüder erwiesen, und ihre Liebe zur Nation sind mir noch frisch im Gedächtnis und sie werden es so lange bleiben, wie ich lebe. Weder die britische Regierung, solange sie die Macht besaß, noch nach der Teilung die pakistanische Regierung haben mir je gestattet, irgendeine Verbindung mit meinen Stammesbrüdern zu haben oder sie zu besuchen und mich bei ihnen aufzuhalten und ihre Sorgen und Freuden mit ihnen zu teilen.

Die Briten zerteilten diese vereinte Familie der Paschtunen, dieses vereinte Land, in verschiedene Verwaltungsgebiete. Eines davon war die Grenzprovinz, in der ich lebte und die „die Gouverneurs-Provinz" genannt wurde. Die zweite Abteilung waren die *Agencies*, d. h. die Teile, die einem Political Agent unterstellt waren. Die dritten waren die Gebiete, die direkt vom Political Agent verwaltet wurden. Es gab vier unabhängige Stammesgebiete.

Das Land der Paschtunen war in acht Teile geteilt, von denen keiner irgendeine die Rechtsprechung oder die Verwaltung betreffende Verbindung mit Delhi hatte.

Das Motiv der Briten (und später der Pakistani) war ihre Angst, wir könnten eine brüderliche Gemeinschaft errichten, wie wir sie uns so sehr wünschten. Sie dachten, es sei sicherer für sie, wenn wir eine Ansammlung kleiner Stämme und kleiner Gebiete blieben, die voneinander getrennt sind. Die schlimmsten Tyrannen der Geschichte hätten keine verheerendere Möglichkeit ersinnen können, unser Land und unsere Nation zu unterdrücken. Sogar von Dschingis Khan, der Tausende tötete, sagte man: „Als er kam, hatte er Böses im Sinn, aber seine Armeen hinterließen Wohlergehen." Aber unter der britischen und später der pakistanischen Politik wurden Hunderten und Tausenden von Paschtunen, die als vereinigte Familie eine der stärksten Nationen Asiens geworden wären und der Menschheit große Dienste erwiesen hätten, die Existenz und ein Platz in der Weltgeschichte verweigert.

Heute kämpfe ich einzig und allein gegen diese Tyrannei und diese Unterdrückung. Welches Verbrechen hat diese Nation begangen? Warum sollte eine Nation edler, freundlicher und achtenswerter Männer und Frauen absichtlich zerstört werden? Denn genau darauf läuft es hinaus, wenn so unheilige und unsaubere Methoden angewandt werden, um eine Nation in der Unterwerfung zu halten.

Ich habe einen großen Traum, eine große Sehnsucht: Ich möchte alle Paschtunen-Stämme von Belutschistan bis Chitral zu einer brüderlichen Gemeinschaft vereint sehen!

Ich möchte sehen, wie sie ihre Sorgen und ihr Glück miteinander teilen. Ich möchte sie als gleichwertige Partner zusammenarbeiten sehen. Ich möchte sehen, wie sie ihre nationale Rolle spielen und ihren rechtmäßigen Platz unter den Nationen der Welt einnehmen, um Gott und der Menschheit zu dienen.

Menschen, die von außen kamen, haben der Welt ein vollkommen falsches Bild von uns vorgegaukelt. Das muss ich mit tiefem Kummer und großer Traurigkeit im Herzen sagen. Denn wir sind vollständig von der Welt abgeschnitten. Alle unsere Tore wurden verschlossen, sodass niemand sich uns nähern kann und also auch niemand sehen kann, wie wir wirklich sind. Unsere Feinde hören niemals auf, Propaganda gegen uns zu machen. Sie sagen, wir wären Wilde, wir wären unzivilisiert und Gott weiß, was sonst noch alles.

Wie kann irgendein Mensch mit menschlichen Gefühlen alle diese falschen und herabsetzenden Bemerkungen über seine Stammesbrüder aushalten? Ihre Freiheitsliebe wird als Verachtung von Gesetz und Ordnung ausgelegt und ihr Mut wird Wildheit genannt. Man sagt: Sie tun, was sie wollen und wann sie es wollen. Ihre traditionelle Gastfreundschaft und Geselligkeit wird falsch ausgelegt und man sagt, sie zögerten nicht, von ihren Gästen zu borgen und sie sogar zu bestehlen. Sie nähmen Bestechungsgelder, sagt man, und sie verstießen gegen alle Regeln guten Verhaltens. Ein Paschtune, sagt man, sei wie ein „ungezügeltes Kamel". Das ist ein vollständig falsches Bild der liebenswürdigen, ritterlichen paschtunischen Stammesangehörigen, das der Welt von durchtriebenen, feindlichen Menschen, die nicht dazugehören, dargestellt wird. Und die selbstsüchtigen Regierungen benutzen es als Entschuldigung dafür, die Paschtunen zu zerschlagen und sie mit Bomben in die Luft zu sprengen, sie mit Maschinengewehren niederzumähen und ihnen Haus und Herd zu zerstören.

Die letzten Jahrhunderte waren Jahre der Dunkelheit für uns, Jahre des Leidens. Von der Zeit der *Moguln*[xxvi] bis zur Zeit der Briten und von der britischen bis zur pakistanischen Regierung wurden die Stämme der Paschtunen niemals gerecht oder mit Würde behandelt. Sie leben in schwierigen und gebirgigen Gebieten, im Schoß der Berge, wo die Felder unfruchtbar und der Boden trocken ist. Das ist ihr Schicksal. Der unfruchtbare Boden kann sie weder ernähren noch unterstützen. Handel bringt keinen Gewinn, weil er gute Verbindungen und ein geeignetes Transportsystem verlangt. Sie hatten nie Gelegenheit, eine Kunst oder ein Handwerk zu erlernen, weil dafür lange Zeiten von Ruhe und Frieden notwendig sind, die sie in den letzten Hunderten von Jahren nicht kennengelernt haben. Sie mussten Kriege ausfechten, sie wurden Bombenangriffen ausgesetzt und sie wurden ermordet. Imperialistische Mächte haben ihr Gebiet als Truppenübungsplätze benutzt und sie haben ein friedliches Land in ein Schlachtfeld verwandelt.

Sie mussten ohne Schulen und Bildung für ihre Kinder auskommen. Sie hatten keine Krankenhäuser zur Pflege ihrer Kranken. Sie werden wie Blumen in der Wüste geboren, blühen eine kurze Zeit und, da sich niemand um sie kümmert, welken sie und kehren zum Staub zurück, aus dem sie gekommen sind.

Sie haben weder Brot noch Wasser. Sie haben weder Land noch Gärten. Es gibt keine Märkte und keine Läden. Sie haben keines der Dinge, die zum Leben notwendig sind, und oft wird ihnen sogar das Leben selbst vorenthalten. Ich weiß wirklich nicht, was die gefühllose, hartherzige Welt von ihnen verlangt!

Statt zu den schönen Mädchen und hübschen jungen Männern mit Liebe und Bewunderung aufzusehen, tyrannisiert und misshandelt die Menschheit sie. Denn ist es etwa keine Misshandlung, andere hinter ihrem Rücken zu beleidigen und zu beschimpfen?

Ich habe keine anspruchsvollen Wünsche. Ich möchte diese liebenswürdigen, tapferen, patriotischen Menschen aus der Tyrannei der Ausländer retten, die sie in Schande gebracht und entehrt haben. Ich möchte für sie eine Welt der Freiheit schaffen, in der sie in Frieden leben können, in der sie lachen und glücklich sein können. Ich möchte den Boden küssen, auf dem ihre Häuser einmal standen, bevor sie von den wilden Fremden zerstört wurden. Ich möchte einen Besen nehmen und die Alleen und Wege fegen und ich möchte ihre Häuser mit eigenen Händen saubermachen. Ich möchte die Blutflecke aus ihren Kleidern waschen. Ich möchte der Welt zeigen, wie schön sie sind, diese Menschen aus den Bergen, und dann möchte ich verkünden: „Zeigt mir, wenn ihr könnt, liebenswürdigere, höflichere, kultiviertere Menschen als diese!"

Der Gandhi-Irwin-Pakt

Nachdem der Gandhi-Irwin-Pakt geschlossen worden war, wurden alle politischen Gefangenen außer mir freigelassen. Ich blieb ganz allein im Gujarat-Gefängnis.

Ich fragte den Gefängnisdirektor: „Warum behalten Sie mich hier?" Er sagte mir, dass eine Delegation der Moslemführer mich besuchen kommen wolle. Darunter waren Sir Faz'l Hussain und Sir Sahibzada Abdul Qayyum. Ich sagte dem Gefängnisdirektor, dass ich sie nicht sehen wolle. „Als wir in Schwierigkeiten steckten", sagte ich, „haben sie keinen Finger krumm gemacht, um uns zu unterstützen. Jetzt haben sie sich plötzlich an mich erinnert. Warum? Bitte sagen Sie ihnen, sie sollen nicht kommen, denn ich will sie nicht sehen."

Inzwischen war eine Delegation von Paschtunen zu Gandhi gegangen. Sie sagten ihm, dass ich der Einzige aller politischen Gefangenen sei, den man nicht freigelassen habe. „Das ist eine grobe Ungerechtigkeit", sagte er, „und der Grund dafür ist nur, dass der Chief Commissioner der Provinz Sir Stewart Pears gegen seine Freilassung ist. Er ist sogar so weit gegangen, dem Vizekönig Folgendes zu schreiben: „In der Grenzprovinz ist kein Platz für uns beide. Entweder geht Abdul Ghaffar Khan oder ich gehe."

Gandhi ging Lord Irwin besuchen und sagte ihm, dass auch ich freigelassen werden sollte, denn ich sei ein Mitglied des Kongresses. Lord Irwin war ein sehr freundlicher Mann. Er sagte zu Gandhi: „Wollen Sie damit sagen, dass er, ein Paschtune, an Gewaltfreiheit glaubt? Das ist unmöglich! Kein Paschtune tut das! Wenn die Paschtunen sagen, sie glaubten an Gewaltfreiheit, dann lügen sie. Sie sollten in die Grenzprovinz fahren und einmal selbst sehen, wie gewaltfrei die Paschtunen sind!" Aber trotz dem, was Lord Irwin gesagt hatte, sorgte er dafür, dass ich freigelassen wurde.

Als ich in die Grenzprovinz zurückkam, war mein Herz von den Bedingungen des Landes und der Begeisterung der Menschen tief bewegt. Ich verlor keine Minute und fing sofort an zu arbeiten. Ich wollte die Menschen mit Mut und Gemeinschaftssinn inspirieren. In meinen Vorlesungen und Reden sagte ich ihnen:

„*Ein* Horn der Briten ist schon abgebrochen. Jetzt, Paschtunen, liegt es an euch, auch das andere abzubrechen. Erhebt euch! Gürtet eure Lenden, das ist euer Land, das Land, das Gott euch und euren Kindern gegeben hat. Aber wegen eurer Selbstsucht und wegen der Uneinigkeit unter euch besetzen Fremde heute euer Land. Zwar hat Gott ihnen ihr eigenes Land gegeben, aber in ihrer Gier nehmen sie sich auch euer Land. Eure Kinder müssen Hunger leiden, damit ihre Kinder im Überfluss leben. Erhebt euch und zerbrecht das andere Horn!"

Den Briten gefiel meine Vorlesungen überhaupt nicht und schon gar nicht meine Bemerkungen über das zerbrochene Horn. Sie sagten zu meinen Kollegen: „Da seht ihr es! Er will keinen Frieden und keine friedliche Einigung. Er will nur Zwietracht säen. Denkt an meine Worte: Er wird euch in Schwierigkeiten bringen!" Sie sagten: „Ihr seid alle qualifizierte Leute, aber er ist nicht gebildet wie ihr. Merkt ihr nicht, dass ihr die ganze Arbeit macht und er dafür die Anerkennung einheimst?"

Es gelang den Briten, einige meiner Kollegen zu beeinflussen. Sie gingen nach Mardan und beriefen im Hause von Kazi Atatullah eine Versammlung ein. Sie forderten mich auf, meine Vorlesungsreise aufzuschieben und das zerbrochene Horn nicht mehr zu erwähnen. Ich sagte: „Ich verstehe. Und was soll ich eurer Meinung nach den Menschen sagen?" Sie antworteten: „Sag ihnen, dass wir jetzt diesen Waffenstillstand haben und dass wir den Briten unsere Freundschaft anbieten sollten." Ich sagte: „Aber das würde die Paschtunen nicht zu so glühenden Patrioten machen, wie ich sie mir wünsche. Außerdem ist ein Waffenstillstand eine zeitlich begrenzte Abmachung. Er wird nicht halten. Gott hat uns jetzt diese glänzende Gelegenheit für unsere Arbeit gegeben und wir sollten keine Zeit verlieren."

Aber einige meiner Kollegen bekamen Angst. Sie selbst wollten keine Arbeit tun und sie wollten auch mir nicht gestatten zu arbeiten. Sie dachten, dass ich, wenn ich weiterhin Reisen machte und Reden hielte, wieder verhaftet würde, und sie fürchteten, dass auch sie dann gefangen genommen würden. Dieses Opfer zu bringen waren sie nicht bereit.

Die *All India Congress Committee*[xxvii]-Versammlung wurde in Karatschi abgehalten und wir wurden eingeladen, daran teilzunehmen. Das war das erste Mal, dass wir an einer Kongress-Versammlung teilnahmen. Etwa hundert Khudai Khidmatgars samt ihrer Kapelle kamen mit mir. Alle waren sehr schön in ihre attraktiven roten Uniformen gekleidet.

Unterwegs konnten wir auch Propaganda machen, denn bei jedem Halt stiegen die Khudai Khidmatgars und die Kapelle aus dem Zug und zogen viel Aufmerksamkeit auf sich. Wir kamen in sehr guter Haltung in Karatschi an.

Der Kongress hatte ein besonderes und eigenes Lager für uns vorbereitet. Unsere Khudai Khidmatgars waren sehr begeistert und verhielten sich ausgezeichnet. Sie waren äußerst diszipliniert und deshalb wurden ihnen die schwierigsten Aufgaben bei der Kongress-Tagung übertragen. Sie erfüllten ihre Aufgaben so gut und mit solcher Würde, dass sie bald äußerst beliebt wurden und alle sie voller Achtung ansahen.

Bei dieser Kongress-Tagung hatten wir Gelegenheit, Gandhi und Jawaharlal Nehru und andere Kongress-Führer kennenzulernen und mit ihnen über Fragen von nationalem Interesse zu sprechen.

Jawaharlal und ich

Einmal nahm ich an einer Versammlung des Arbeitsausschusses des Kongresses, in dem ich Mitglied war, im Hause Dr. Ansaris in Delhi teil. Bis dahin hatte ich noch nicht die Bekanntschaft Jawaharlals gemacht und auch er kannte mich nicht. Später wurden wir natürlich Freunde und wir lernten Charakter und Temperament des anderen kennen.

Bei dieser Ausschusssitzung nahm mich Jawaharlal beiseite und sagte: „Wir geben dem Kongresskomitee in Peshawar monatlich 500 Rupien für seine Ausgaben. Und wir haben vor, Ihrer Dschirga von nun an 1000 Rupien monatlich zu geben." Ich sagte: „Panditji, wir brauchen Ihr Geld nicht, bitte schicken Sie uns keins! Sie glauben ja wohl nicht, dass dieses Land einzig und allein Ihnen gehört, oder doch? Es gehört auch uns, wissen Sie. Dieses Land gehört uns allen. Deshalb kann jeder von uns seine eigenen Lasten tragen. Wenn Sie uns wirklich helfen wollen, dann bauen Sie eine Schule für unsere Mädchen und ein kleines Krankenhaus."

Das ärgerte Jawaharlal irgendwie und er antwortet nicht. Aber er ging sich bei Dr. Ansari darüber beklagen, dass ich sehr stolz und arrogant sei. Später fragte mich Dr. Ansari, warum ich Jawaharlal betrübt hätte. Ich sagte, dass ich nicht die Absicht gehabt hätte, ihn zu betrüben, und fügte hinzu: „Ich bin ein Khudai Khidmatgar und ein arroganter Khudai Khidmatgar ist ein Widerspruch in sich." Ich erzählte Dr. Ansari genau, was sich zwischen Jawaharlal und mir abgespielt hatte.

Als Jawaharlal und ich später einander besser kennen und das Temperament des anderen verstehen lernten, begannen wir, einander zu mögen und tatsächlich lieben wir einander mehr, als wenn wir Brüder wären.

Tatsächlich sprach ich sehr ungern über Geld und war nie im Leben fähig, um Geld zu betteln. Die Mitglieder des Arbeitsausschusses bekamen ihre Fahrtkosten ersetzt. Jawaharlal stritt auch darüber mit mir, aber ich bezahlte meine Fahrtkosten immer selbst.

Als ich aus Karatschi zurückkam, unternahm ich wieder eine Reise. Ich fuhr zuerst nach Kohat und von dort reiste ich durch den Distrikt. Die Briten, die Beamte rekrutierten, beklagten sich beim Vizekönig über mich. Sie sagten: „Kohat ist eines unserer Rekrutierungszentren, deshalb können wir Abdul Ghaffar Khan nicht gestatten, diesen Distrikt zu bereisen. Wenn er nicht davon ablässt, werden wir ihn verhaften."

Lord Irwin war abgereist und Lord Willingdon war an seiner Stelle zum Vizekönig ernannt worden. Er hatte Gandhi gesagt, dass er mich verhaften wolle. Aber Gandhi hatte gesagt, dass die Briten das nicht tun dürften, da es gegen den Gandhi-Irwin-Pakt verstoßen würde. Gandhi sagte dem Vizekönig auch, dass Lord Irwin ihn aufgefordert habe, die Grenzprovinz zu besuchen, und er bat den Vizekönig um seine Erlaubnis für diese Reise. Aber Lord Willingdon lehnte ab. Da sagte Gandhi: „Gut, wenn Sie nicht wollen, dass ich dorthin reise, dann lassen Sie Jawaharlal an meiner Stelle reisen." Aber der Vizekönig lehnte auch das ab. Dann fragte Gandhi, ob Devdas, sein Sohn, reisen dürfe, und schließlich erklärte sich der Vizekönig widerstrebend einverstanden.

Wir trafen Devdas in Peshawar. Von dort mussten wir ihn in einem Lastwagen nach Utmanzai bringen. Als wir durch Shahi Bagh fuhren, kam dort einer unserer Freunde in seinem Auto vorbei. Wir ließen den Lastwagen anhalten und stiegen in das Auto um. Zwei Khudai Khidmatgars saßen vorn, einer der beiden fuhr das Auto. Sie trugen ihre attraktiven roten Uniformen. Devdas und ich saßen im Fond.

Als wir in Charsadda ankamen, erfuhren wir, dass ein Bandit mit Namen Qazi im Wald in der Nähe der Sardaryab-Brücke auf uns lauerte und die Absicht hatte, den Lastwagen anzugreifen, von dem er annahm, wir würden darin reisen. Und tatsächlich begann der Bandit, als wir nahe genug waren, auf den Lastwagen zu schießen. Als der Lastwagen anhielt, durchsuchte er ihn. Er muss sehr enttäuscht gewesen sein, dass er keinen von uns darin fand. Einer der Männer war jedoch verwundet worden und wir fuhren ihn zur Behandlung nach Charsadda ins Krankenhaus.

Später bekamen wir heraus, was der Hintergrund dieses Zwischenfalls war. Ein gewisser Kuli Khan hatte nach Qazi geschickt und ihn – auf Vorschlag der Regierung – aufgefordert, sich im Wald zu verstecken, auf die Anweisung zum Angriff zu warten und uns zu töten. Als wir Peshawar verließen, war Qazi benachrichtigt worden. Die Polizei von Nali dachte, wir würden in dem Lastwagen reisen. Nur durch die Gnade Gottes trafen wir zufällig unseren Freund und reisten statt im Lastwagen mit ihm im Auto. Auf diese Weise wurde der sorgfältig erdachte Plan der Regierung zunichte gemacht.

Später erfuhr ich, dass der Bandit Qazi von den Afridi getötet worden war, denn sie sagten, dass das, was er getan habe, böse gewesen sei und dass er gegen Paschtunwali, das moralische Gesetz der Paschtunen, verstoßen habe. „Und", hatten sie zu ihm gesagt, „warum hast du nicht daran gedacht, welch furchtbaren Schlag unser Ruf in Indien erlitten hätte, wenn du Gandhis Sohn getötet hättest?!"

Wir erreichten unseren Bestimmungsort ohne weitere Zwischenfälle. Später bereiste Devdas den gesamten Distrikt und wir zeigten ihm alles. Dann erkannte er, dass die Briten einzig und allein wegen der nationalistischen und patriotischen Arbeit, die wir taten, wütend auf uns waren.

Damals existierte die Muslimliga in unserer Provinz nicht. Die Briten meinten, sie brauchten eine Organisation, die ein Gegengewicht zu unserer Bewegung darstellen würde, und deshalb gründeten sie mit Hilfe von Inayatullah Khan Mshriqui, dem Direktor der Regierungs-Oberschule in Peshawar, die Khaksar-Partei.

Die Khudai-Khidmatgar-Bewegung war äußerst beliebt und deshalb machte die Khaksar-Partei in der Grenzprovinz keine großen Fortschritte, allerdings breitete sie sich in andere Teile Indiens aus. Später gab Inayatullah Khan nach und er schrieb an die Regierung in Lucknow und bat sie um Verzeihung. Das war das Ende der Khaksar-Partei.

Einige andere Parteien in der Art wurden in der Provinz ins Leben gerufen, aber keine davon konnte es mit den Khudai Khidmatgars aufnehmen und sie waren alle sehr kurzlebig.

Wir arbeiteten wirklich sehr schwer in der Provinz und die Khudai-Khidmatgar-Bewegung breitete sich wie ein Lauffeuer aus. Allein ihm Kohat-Distrikt waren es 100 000 Khudai-Khidmatgars. Die Briten konnten den Gedanken an unsere Beliebtheit nicht ertragen. Sie hätten mich nur allzu gerne verhaftet. Das war mir wohl bewusst und deshalb ging ich so weit, meiner Verhaftung zuzustimmen, aber Gandhi war nicht damit einverstanden.

Zwischen Gandhi und dem Vizekönig kam es zu einer Auseinandersetzung darüber und am Ende musste Gandhi nach mir schicken. Gandhi war in Bardoli und er wollte, dass ich dort hinkäme. Auf dem Weg traf ich zufällig Shouib Qureshi, den Schwiegersohn Mohammed Alis, auf dem Bahnhof in Bhopal. Mit ihm hatte ich in der Khilafat-Bewegung zusammengearbeitet. Er gehörte nun zum Anhang des Nawab von Bhopal. Er bestand darauf, dass ich eine Nacht als Gast des Nawab in Bhopal verbringen solle. Shaukat Ali hielt sich auch dort auf. Ich hatte ein langes Gespräch unter vier Augen mit dem Nawab Sahib. Er sagte zu mir: „Wenn Sie wollen, können wir gemeinsam zum Vizekönig gehen. Ich habe die begründete Hoffnung, dass er Ihnen zuhören und alles gewähren wird, was sie für die Paschtunen wünschen." Aber ich weigerte mich und sagte dem Nawab Sahib: „Ich fürchte, ich kann Ihr Vertrauen zum Vizekönig nicht teilen. Außerdem bin ich jetzt auf dem Weg nach Bardoli, um Gandhi dort zu treffen."

In Bardoli hatte ich ein langes Gespräch mit dem Mahatma und sagte zu ihm: „Alle diese Anschuldigungen gegen mich sind nur ein Vorwand, mich verhaften zu lassen. Die Regierung möchte nicht, dass ich meine Arbeit fortsetze. Können Sie nicht den Vizekönig auffordern, alle *die* kommen zu lassen, die Beschwerden gegen mich vorzubringen haben? Dann können Sie und der Vizekönig darüber urteilen, ob sie womöglich die Wahrheit sagen. Wenn Sie beide befinden, dass es so ist, dann will ich jede Strafe annehmen, die Sie über mich verhängen."

Gandhi schrieb dem Vizekönig und berichtete ihm nicht nur von meinem Vorschlag, sondern bat ihn auch um die Erlaubnis, die Grenzprovinz zu besuchen, um selbst zu sehen, was sich dort ereigne. Er fügte hinzu, dass, falls der Vizekönig zustimme, wir beide zu ihm in seine Sommerresidenz nach Simla kommen und ihn besuchen würden. Dort könnten wir die Angelegenheit dann besprechen.

Gandhi bat mich, ein paar Tage zu bleiben und die Antwort des Vizekönigs abzuwarten. Die Antwort kam und lautete: Weder brauchten wir nach Simla zu kommen noch rate er Gandhi, die Grenzprovinz gerade zu diesem Zeitpunkt zu besuchen. Die Antwort machte Gandhi klar, dass ich recht hatte, und er sagte mir, ich solle mit meiner Arbeit fortfahren.

Der Lesende

Mit Gandhiji

Der Titel Fakhr-e-Afghan (Stolz der Afghanen) wurde Badshah Khan verliehen

In Simla

Ich nahm an einem Kongress-Arbeitskomitee in Simla teil. Zwei Khudai-Khidmatgars begleiteten mich. Bei der Versammlung wurde über den bevorstehenden Besuch Gandhis in London zur Versammlung des Runden Tischs gesprochen.

Nachdem Gandhi abgefahren war, blieben wir noch in Simla. Ein Student des Islamischen Colleges, dessen Vater einer der obersten Offiziere im *Intelligence Department*[xxviii] war, lud mich zum Abendessen ins Cecil-Hotel ein. Er hatte auch Feroz Khan Noon und einige andere Punjaber Freunde eingeladen.

Die beiden Khudai-Khidmatgars kamen mit. Sie waren hübsche junge Männer und sie sahen in ihren roten Uniformen sehr schmuck aus. Der Speisesaal war voller Engländer und ihrer Frauen, und als wir eintraten, sahen sie uns alle sehr neugierig an.

Feroz Khan Noon beklagte sich, dass der Umstand, dass wir dem Kongress beigetreten waren, den Muslimen großen Schaden getan habe. Ich sagte: „Das ist nicht unsere Schuld. Wir sind zuerst zu euch gekommen, aber ihr sagtet uns sehr deutlich NEIN. Deshalb traten wir dem Kongress bei. Wir sind es müde, die Sklaven der Briten zu sein, wir wollen frei sein. Wenn auch ihr Freiheit wollt, dann sind wir auf eurer Seite."

Feroz Khan Noon sagte: „Na gut, ich werde darüber mit meinen Kollegen sprechen und Ihnen dann Bescheid sagen." Aber ich hörte nichts mehr von ihm und erst 1946 sah ich ihn während der Aufstände in Bihar in Patna wieder.

Während ich in Simla war, bekam ich vom Außenminister der Regierung Indiens Herrn Howell einen Brief, in dem es hieß: „Ich wüsste es sehr zu schätzen, wenn Sie mich besuchen kämen." Ich antwortete: „Ich fürchte, ich werde Sie nicht besuchen kommen können." Dann schrieb Herr Howell an Gandhi und Gandhi fragte mich, warum ich es abgelehnt habe, Herrn Howell zu besuchen. Ich sagte zu Gandhi: „Ich bin nur ein schwacher Mensch und kann leicht ausgleiten. Das möchte ich lieber vermeiden." Darüber musste Gandhi lachen. Er sagte: „Ich treffe mich schließlich mit den Briten und rede mit ihnen, nicht wahr?" „Aber du bist ein Mahatma", sagte ich.

Schließlich erklärte ich mich einverstanden, Herrn Howell zu besuchen, nur um Gandhi einen Gefallen zu tun. Tatsächlich war Herr Howell ein sehr angenehmer Mensch. Er hatte in der Grenzprovinz gedient, ebenso wie Herr Wylie, der vertretender Außenminister war und den ich recht gut kannte.

Im Laufe des Gesprächs beklagte sich Herr Howell: „Wir hatten sehr gute Beziehungen zu den Paschtunen, aber seit einige hitzige Reden halten, sind diese guten Beziehungen verdorben." Ich sagte: „Hitzige Reden müssen durchaus eine Beziehung nicht verderben. Unsere Beziehungen wurden dadurch verdorben, wie die Briten die Paschtunen behandelt haben. Herr Wylie kann Ihnen etwas darüber sagen." „Junger Mann", sagte ich, indem ich mich an Herrn Wylie wandte, „warum sagen Sie kein Wort? Sie waren Deputy Commissioner in Peshawar, Sie wissen genau, wovon ich rede. Eben Ihretwegen sind wir dem Kongress beigetreten."

Während wir miteinander sprachen, läutete das Telefon und Herr Howell nahm ab. Es war ein Anruf von Herrn Emerson, dem Innenminister, der wollte, dass ich ihn besuchen komme. Ich sagte: „Wie soll ich ihn denn besuchen? Ich habe keine Verabredung mit ihm." Aber als Herr Howell diese Nachricht an den Innenminister weitergab, sagte dieser: „Bitte fordern Sie Abdul Ghaffar Khan auf, mich nur für ein paar Minuten besuchen zu kommen." „Es ist auf Ihrem Weg", fügte Herr Howell hinzu. Also erklärte ich mich einverstanden, verabschiedete mich von Herrn Howell und Herrn Wylie und ging Herrn Emerson besuchen.

Gleich nachdem ich eingetreten war, sagte Herr Emerson wichtigtuerisch: „Sehen Sie einmal, in Ihrer Ansprache in Meerut sagten Sie, dass, obwohl die Gesichter der Briten weiß seien, ihre Herzen schwarz seien. Wenn ich diese Ansprache in London veröffentliche, dann müsste man wohl die Hoffnung auf Reformen, wie Sie sie wünschen, begraben." Darauf antwortete ich ihm: „Aber das war nicht alles, was ich gesagt habe. Ich sagte viel mehr als nur das. Ich gestatte Ihnen gerne, meine Ansprache zu veröffentlichen, aber dann die ganze Ansprache! Ich sagte, dass wir ausgezeichnete Beziehungen mit den Briten hatten und dass wir sie mochten. Ich sagte, dass wir ihnen unsere besten Lebensmittel gaben, statt sie selbst zu essen oder sie unseren Kindern zu geben. Ich sagte, dass wir taten, was wir konnten, um sie zufriedenzustellen, aber dass alles vergeblich war. Sie führten keine Reformen durch, nicht einmal solche, die Indien [als unzureichend] zurückgewiesen hatte. Aus diesen Gründen sagte ich, dass, obwohl die Briten weiße Gesichter hätten, es so scheine, als seien ihre Herzen schwarz." Herr Emerson verhielt sich ganz anders als Herr Howell, der angenehm und höflich gewesen war. Herr Emerson dagegen war das nicht, vielleicht, weil er die meiste Zeit im Punjab verbracht hatte.

Während ich in Simla war, kam mich der Freund eines der Korrespondenten der zivilen und militärischen Presse öfter besuchen. Von ihm erfuhr ich, dass dieser Korrespondent eine Menge Missverständnisse über meine Begegnung mit dem Vizekönig in die Welt gesetzt hatte. Er hatte geschrieben, dass der Arbeitsausschuss des Kongresses meine Ansichten über die Ermittlungen über die Zwischenfälle in der Grenzprovinz nicht akzeptiert habe und dass ich deshalb meinen Rücktritt erklärt hätte. Diese Nachricht hatte im Punjab und in der Grenzprovinz große Aufregung verursacht.

Als ich in Lahore eintraf, schickte mir Sir Sahibzada Abdul Qayyum einen Mann, der extra mit der folgenden Botschaft aus der Grenzprovinz gekommen war: „Verlassen Sie um Himmels Willen nicht den Kongress, denn wenn Sie das tun, werden die Briten überhaupt nichts zum Vorteil der Provinz unternehmen!"

Als ich aus Simla zurückkam, musste ich feststellen, dass die Briten es geschafft hatten, in den Gemütern einiger meiner Kollegen Furcht und Unmut zu erregen, sodass diese nun heimlich gegen mich arbeiteten. Einige andere Kollegen meinten, das sei nicht im Interesse der Bewegung. Sie wünschten meinen Rat und deshalb beriefen sie in Mian Jafar Shahs Haus eine Versammlung ein. Meine Gegner, die auch dabei waren, sagten, dass sie den Hindus nicht trauten und dass sie fürchteten, man würde uns unser Recht an der Konferenz des Runden Tisches nehmen. Sie meinten, wir sollten vorbeugend eine Resolution abfassen.

Aber ich sagte, dass es nicht nötig sei, eine derartige Resolution abzufassen, da die Hindus noch nie untreu oder unehrlich gewesen seien. Ihretwegen war noch nie jemand verhaftet oder eingesperrt worden. „Und", sagte ich, „ich verspreche euch, dass, wenn sie sich jemals untreu verhalten sollten, wir Khudai Khidmatgars auf eurer Seite sein werden." Auf diese Weise konnten wir unsere Differenzen ausgleichen.

Als Sir Ralph Griffith Chief Commissioner der Grenzprovinz war, wollte er ein Durbar (Empfang) abhalten. Dazu hatte er auch mich eingeladen. Ich lehnte die Einladung ab, worauf er mir mitteilen ließ, dass ich ihn besuchen kommen müsse. Ich ging nicht. Er schickte einen Polizisten und da hatte ich keine andere Wahl, als mitzugehen.

Im Laufe des Gesprächs erwähnte er die Gefahren, denen seiner Meinung nach das Land ausgesetzt sei. „Wir stehen drei möglichen Gefahren gegenüber", sagte er, „den Stämmen, Afghanistan und Russland." „Wenn Sie wirklich denken, dass die Stämme eine mögliche Gefahr seien", sagte ich, „dann ist der beste Weg, diese Gefahr abzuwenden, der, soziale Reformen bei den Stämmen einzuführen. Wir wollen Ihnen gerne auf alle mögliche Weise dabei helfen. Aber wir würden erwarten, dass Sie die Freunde Ihrer gegenwärtigen Stammespolitik aufgeben. Und wir erwarten, dass Sie sich mit uns zusammensetzen und mit unserer Hilfe ein Programm wirklicher Verbesserungen für die Stämme aufstellen und durchführen."

Sir Ralph nahm einen Bleistift und Papier und notierte sich alles, was ich sagte. Ich fuhr fort: „Wenn Sie auch nur die Hälfte des Geldes, das Sie zurzeit dafür verschwenden, die Stammesangehörigen zugrundezurichten und zu töten, für die Einrichtung einer Heimarbeitsindustrie für sie ausgäben, könnten sie auf ehrliche und unabhängige Weise ihren Lebensunterhalt verdienen und würden Kunst und Handwerk, Industrie und Handel kennenlernen. Wenn Sie Schulen für sie bauten, würden Sie ihren Kindern einen neuen Anfang im Leben ermöglichen. Und wenn Sie Krankenhäuser für sie bauten, würden ihre Krankheiten angemessen behandelt. Alles das würde dazu beitragen, diese liebenswürdigen, tapferen Paschtunen zu nützlichen Gliedern der paschtunischen Gesellschaft zu machen, und davon würde das ganze Land profitieren." Von der Gefahr aus Afghanistan sagte ich dem Chief Commissioner, dass sie ausschließlich in seiner Fantasie bestehe. „Die afghanische Regierung steht mit den Briten immer auf gutem Fuß", sagte ich, „und zwar aus dem einfachen Grund, weil Afghanistan gar keine Regierung haben darf, die Ihnen missfällt. Außerdem sind die Afghanen unsere Brüder. Wenn Sie sich also mit den Paschtunen anfreunden, dann werden die Afghanen natürlich auch Ihre Freunde sein."

Ich fuhr fort: „Da bleibt noch die Gefahr aus Russland. Der beste Weg, damit umzugehen, ist, uns unsere Rechte zu garantieren und uns unsere Unabhängigkeit zu geben. Unser Land ist groß und erstreckt sich vom Amu bis halbwegs zum Punjab hinunter. Wer kann uns angreifen? Wenn irgendjemand auf den Gedanken kommt, Krieg mit uns zu führen, werden wir unser Land mit dem Einsatz unseres Lebens verteidigen."

Sir Ralph schrieb alles auf, was ich sagte, und dann sagte er mir, dass er nach Delhi fahren werde, um das alles mit dem Vizekönig zu besprechen. Aus seinem Gesichtsausdruck schloss ich, dass er dazu neigte, mir zuzustimmen.

„Sie kommen doch wieder, nicht wahr?" fragte er. Ich lachte und erwiderte: „Wenn ich das tue, dann auf dieselbe Weise, wie ich heute gekommen bin!" Ich meinte damit, dass er wieder die Polizei nach mir werde schicken müssen. Er sagte: „Sehen Sie mal alle diese Menschen dort, die mich besuchen wollen! Einige warten seit Tagen. Unter ihnen sind auch einige Khans und Khan Bahadurs. Aber ich habe ihnen weder eine Audienz gegeben noch habe ich eine Verabredung mit ihnen. Aber Sie, den ich bitte, mich zu besuchen, sind nicht daran interessiert!" Wieder lachte ich. „Griffith Sahib", sagte ich, „diese Leute pilgern zu Ihrer Residenz, weil sie ihren persönlichen Vorteil suchen. Ich habe kein persönliches Schäfchen ins Trockene zu bringen und ich will keine persönlichen Gunstbezeigungen. Warum sollte ich also Zeit und Kraft mit Schmeichelei verschwenden?"

Griffith Sahib schlug mit der Faust auf den Tisch und sagte: „*Die* Regierung ist wirklich unglückselig, die ehrliche Menschen auf Abstand hält und sich mit den Unehrlichen umgibt! Gott helfe der britischen Regierung!" Ich nahm von Sir Ralph Abschied. Bald nach meinem Besuch fuhr er nach Delhi, um mit dem Vizekönig zu sprechen.

Ich war von der Hoffnung erfüllt, dass, wenn Gott wollte, endlich etwas für mein Land und mein Volk getan würde. Aber das Erste, was Sir Ralph tat, als er, nachdem er den Vizekönig besucht hatte, aus Delhi zurückkam, war, mich meiner Freiheit zu berauben. Am 24. Dezember 1931 wurde ich verhaftet. Damals war ich der Erste, der in Indien verhaftet wurde. Gandhi war noch nicht von der Konferenz am Runden Tisch in London zurückgekommen, da begannen die Ausschreitungen. Nachdem ich in Haft genommen worden war, wurden weitere Tausende Paschtunen festgenommen.

Gewalt oder Gewaltfreiheit?

In unserer Provinz gab es zwei Freiheitsbewegungen: Eine glaubte an Gewalt und die andere an Gewaltfreiheit. Zuerst wurde die gewalttätige Bewegung gegründet. Erst vierzig oder fünfzig Jahre später, 1929, wurde die gewaltfreie Bewegung ins Leben gerufen.

Die Briten konnten mit der gewalttätigen Bewegung umgehen, indem sie gewalttätige Gegenmaßnahmen ergriffen. Aber sie waren nicht in der Lage gewesen, die gewaltfreie Bewegung zu unterdrücken, obwohl sie ihre unaussprechlichen Grausamkeiten ausübten und unzählige Verhaftungen und Einkerkerungen vornahmen.

Die gewalttätige Bewegung hatte in den Gemütern der Menschen Angst und Feigheit hervorgerufen. Sie hatte Mut und Moral der Menschen geschwächt. Die gewaltfreie Bewegung dagegen hatte die Menschen furchtlos und tapfer gemacht und sie mit einem hohen Sinn für Moral inspiriert.

Die gewalttätige Bewegung hatte Hass gepredigt, die gewaltfreie Bewegung dagegen predigte Liebe und Brüderlichkeit. Sie sprach von einem neuen Leben für die Paschtunen, einem Leben, das sie ihrer Nation und ihren Brüdern weihten. Sie sprach von einer großen und glänzenden Revolution in Kunst, Kultur, Dichtung und ihrem gesamten Gemeinschaftsleben.

Die Wahrheit ist natürlich, dass Gewalt aus Hass und Gewaltfreiheit aus Liebe geboren wird.

Ein Grund für den Hass war die Ungerechtigkeit der Briten. Wenn z. B. jemand einen Engländer getötet hatte und gefangen wurde, dann bestraften die Briten nicht nur den Schuldigen, sondern sie ließen sein ganzes Dorf und seinen ganzen Distrikt leiden. Schwere Geldbußen wurden auferlegt, Verhaftungen wurden vorgenommen und viele Menschen wurden eingesperrt.

Natürlich betrachteten die Menschen den Schuldigen und die gesamte gewalttätige Bewegung als die einzige Ursache all dieser

Grausamkeiten und Unterdrückung, die sie erleiden mussten. Andererseits sahen sie, dass alle in der gewaltfreien Bewegung Schwierigkeiten zu vermeiden suchten. Alle versuchten Schaden von unschuldigen Menschen abzuwenden. Die Menschen sahen, dass unsere Bewegung sich nur um das Wohlergehen des Landes kümmerte und das nahm sie für unsere Bewegung ein.

Aus diesen Gründen hatte die gewalttätige Bewegung keinen Erfolg, die gewaltfreie Bewegung dagegen wohl. Durch Gewaltfreiheit würde das Land befreit, durch Gewaltfreiheit würden die Briten vertrieben werden. Aber die Khudai-Khidmatgar-Bewegung war nicht nur eine politische Bewegung. Außer dass sie die politische Partei der Paschtunen war, war sie auch eine spirituelle Bewegung. Diese Bewegung lehrte die Paschtunen Liebe und Brüderlichkeit. Sie inspirierte sie mit einem Sinn für Einigkeit, Patriotismus und dem Wunsch zu dienen.

Die Paschtunen hatten untereinander gestritten. Feindseligkeiten und Fehden hatten ihre Heimstätten und Familien zugrunde gerichtet. Durch die gewaltfreie Bewegung hatte sich das geändert. Die Briten sagten: „Ein gewaltfreier Paschtune ist gefährlicher als ein gewalttätiger Paschtune."

Das war der Grund dafür, dass sie uns 1932 unzähligen Grausamkeiten unterwarfen. Alle Verhaftungen, Einkerkerungen und andere schandbare Handlungen der Briten hatten nur das eine Ziel: die Paschtunen zur Gewalttätigkeit zu provozieren. Aber ihr gemeiner, unwürdiger Plan ging nicht auf.

Ich nenne nur einige Beispiele für die Mittel, die die Briten einsetzten.

Die Briten zogen den Paschtunen die Kleider aus. Als die Khudai Khidmatgars in Charsadda demonstrierten, ließen die Briten sie alle Kleider ausziehen. Dann legten sie Schlingen um ihre Testikel und zogen stark daran. Wenn die Männer vor Schmerz ohnmächtig wurden, wurden sie in einen Bottich mit Urin und Kot geworfen. Das ist nur *ein* Beispiel für unaussprechliche Demütigungen und Leiden, die den Khudai Khidmatgars angetan wurden. Es gab unzählige derartige Fälle von Grausamkeit und schamloser Demütigung, die man nicht drucken kann.

In Kohat wurden viele Khudai Khidmatgars verhaftet. Es war Januar und bitterkalt. Die Khudai Khidmatgars mussten in eiskaltes Wasser steigen.

Allein im Gefängnis in Haripur wurden zehn- bis zwölftausend Khudai Khidmatgars eingesperrt und trotz der bitteren Kälte gab man nur jedem eine Decke und ein Chapati. Und nicht einmal das bekamen alle. Einige der gebildeten Gefangenen wurden schwer ausgepeitscht. Einige mussten das Rad einer Ölpresse drehen. Viele wurden in Einzelhaft gehalten. Kurz gesagt: Jede erdenkbare Grausamkeit wurde diesen armen Menschen angetan.

Am 24. Dezember 1931 war ich bei meinem Bruder Dr. Khan Sahib. Ich war überarbeitet und krank. Gegen Mitternacht kam die Polizei und verhaftete mich. Die Polizisten nahmen auch meinen Bruder mit. Wir wurden im Auto bis zur Attock-Brücke gebracht. Etwas später wurden Kazi Atatullah Khan und Sadullah Khan, der älteste Sohn meines Bruders, die auch verhaftet worden waren, dorthin gebracht. Sadullah war eben aus England zurückgekommen. Wir wurden alle in einen Sonderzug gesetzt. Ein Polizeiinspektor, ein Sikh, eskortierte uns. Er kannte Kazu Sahib und er erzählte uns, dass Dr. Khan Sahib ihm einmal das Leben gerettet habe. Es gab noch einen anderen Inspektor bei uns, einen Punjaber.

Ich habe mich immer daran gehalten, wenn ich verhaftet wurde, keine Fragen zu stellen oder die Eskorte oder Wächter zu bitten, irgendetwas für mich zu tun. Kazi Sahib bat den paschtunischen Beamten, eine Zeitung für ihn zu kaufen, aber der Beamte fürchtete sich und überhörte die Bitte. Die besondere Aufgabe des Beamten aus dem Punjab schien es zu sein, jedes Mal, wenn wir die Fenster geöffnet hatten, sie wieder zu schließen, damit man uns von draußen nicht sehen könne. Ich hatte genug davon und sagte: „Was soll das, junger Mann? Wollen Sie uns in Purdah halten? Wir sind ja keine Frauen, wissen Sie!" Aber er kümmerte sich nicht darum.

Als wir die Grenze zu den U.P. (United Provinces, jetzt Uttar Pradesh) überquert hatten, wurden wir einem britischen Offizier und einem

Weißen Sergeanten übergeben. Der britische Offizier öffnete die Tür des Abteils und sagte zu mir: „Wollen Sie nicht aussteigen und sich die Beine vertreten?" Was für ein Unterschied zwischen dem britischen Offizier und dem muslimischen Polizeibeamten aus dem Punjab! Und doch kämpften wir gegen die Briten und wollten die Regierung von ihnen übernehmen und sie Menschen wie unserem Bruder aus dem Punjab übergeben! Nachdem ich wieder in mein Abteil eingestiegen war, kam der Engländer mit einem Glas [Alkohol] in der Hand zu mir und bot es mir auf die freundlichste Weise an: „Trinken Sie!" sagte er. Er war ziemlich erstaunt, als ich ihm sagte, ich tränke keinen Alkohol. Aber ich werde seine Freundlichkeit und Höflichkeit nie vergessen!

In Allahabad wurde Dr. Khan Sahib aus dem Zug geholt und ins Gefängnis in Naini geschickt. Etwas später wurde Sadullah Khan von uns getrennt und nach Benares gebracht. Als wir die Grenze nach Bihar überschritten hatten, wurde Kazi Atatullah Khan nach Gaya gebracht. Schließlich wurde ich zum Gefängnis von Hazaribagh gebracht, das sechzig Kilometer vom Bahnhof entfernt ist. Ich wurde im Auto dorthin gebracht, ein Polizeiinspektor aus Peshawar und zwei britische Beamte begleiteten mich. Einer der Briten war ein deputy commissioner und der andere ein *superintendent*[xxix] der Polizei.

Sobald ich mich im Auto niedergelassen hatte, gaben sie mir eine britische Zeitung zu lesen, genau die Zeitung, um die Kazi Atatullah Sahib gebeten hatte und die der Polizist aus Peshawar ihm zu holen nicht gewagt hatte.

Als ich im Gefängnis war, fragte mich der Gefängnisbeamte, ein Hindu: „Kennen Sie den Beamten, der sie hergebracht hat? Wer ist das? Woher kommt er?" Ich fragte ihn, warum er das wissen wolle. „Er ist ein Schurke", sagte er. „Wissen Sie, er forderte mich auf, ein besonders wachsames Auge auf Sie zu haben, denn, sagte er, Sie seien ein sehr gefährlicher Mann."

Ich wurde in eine Baracke gebracht. Außer den Gefängnisbeamten durfte ich niemanden sehen. Ich war ein Staatsgefangener.

Brüderlichkeit im Gefängnis

Der *collector*ˣˣˣ besuchte mich einmal im Monat. Ich werde immer krank, wenn ich allein bin, und auch jetzt ging es mit meiner Gesundheit allmählich bergab. Der *collector* war ein sehr freundlicher Mann. Er schrieb an die Regierung und fragte sie, ob meine Kollegen, die im Gefängnis in Gaya waren, nicht zu meiner Gesellschaft nach Hazaribagh verlegt werden könnten.

Kazi Sahib war im Gefängnis in Gaya und auch er war in Einzelhaft. Ich hatte wenigstens das Glück, dass ich eine gute Nachtruhe bekam, aber der arme Kazi Sahib bekam nicht einmal die. Er war wie ich ein Dorn im Fleisch der Regierung.

Die Regierung erfüllte die Bitte des *collectors* nicht, aber statt Kazi Sahib schickte sie Dr. Khan Sahib nach Hazaribagh. Er war überrascht, als er sah, dass ich die ganze Zeit über in den Baracken eingesperrt war, denn in Naini hatte man ihm gestattet, hinauszugehen und sich körperliche Übung zu verschafften.

Der Direktor des Gefängnisses in Hazaribagh war ein Mann aus dem Punjab. Er kannte Dr. Khan Sahib, denn während des Krieges in Europa waren sie einmal am selben Ort stationiert gewesen. Aber der Mann war ein Feigling, und immer wenn Dr. Khan Sahib die Frage stellte, ob er spazieren gehen dürfe, sagte er: „Sie werden mich töten, wenn ich Sie rausgehen lasse!" Aber Dr. Sahib bestand darauf und schließlich wurde uns erlaubt, spazieren zu gehen, aber nur direkt vor dem Fenster.

Dann fand ich heraus, dass Rajendra Prasad, Acharya Kritpalani und viele andere Politikarbeiter aus Bihar in diesem Gefängnis waren, und es gelang mir, sie von Zeit zu Zeit zu sehen. Ich mag die Menschen aus Bihar sehr. Als ich erst einmal die Erlaubnis hatte, die Baracke zu verlassen, konnte ich sie von Zeit zu Zeit treffen und wir entwickelten bald eine feste Freundschaft.

Der Gefängnisbeamte, „Chhote Sahib" (Kerkermeister) genannt, war ein guter Mensch und er empfand starke Sympathie für die Patrioten.

Wir verabredeten mit ihm, dass jeder politische Gefangene, der entlassen wurde, am Abend vor seiner Abreise zu uns kommen könne. Wir gaben ihnen Abschieds-Tee-Partys.

Die Biharis sind wirklich sehr freundliche Menschen, aber sie sind ziemlich orthodox und fürchten, „ihre Kaste einzubüßen". Das Leben mit uns erweiterte ihren geistigen Horizont.

Auf einer dieser Tee-Partys schenkte ich unseren Gästen den Tee ein und reichte ihnen sowohl die Tasse als auch einen Teller Pakoras. Dr. Khan Sahib legte auch eine gebratene Brinjal-Scheibe [Aubergine] auf den Teller. Unser Gast trank den Tee und aß die Snacks und dann brach er in Lachen aus. Als ich ihn fragte, was denn so komisch sei, sagte er: „Stellt euch vor! Eines Tages gab ein muslimischer Postbote in meinem Haus eine Postkarte ab. Er hielt sie an einer Ecke und ich nahm sie ihm sehr vorsichtig mit den Fingerspitzen an der anderen Ecke ab. Mein Bruder, der der Aufführung beigewohnt hatte, goss sofort Wasser über meine Hände und sagte: ,Du bist verunreinigt!'"

Schließlich mochte ich die Bihari-Führer und sie werden immer einen besonderen Platz in meinem Herzen einnehmen. Die Bihari-Frauen sind nicht weniger tapfer und mutig als die Männer und sie haben der Sache der Freiheit des Landes große Opfer gebracht. Ich erzähle Ihnen die Geschichte nur *einer* dieser Bihari-Frauen. Sie war Gefangene im selben Gefängnis und der „Chhote Sahib" erzählte mir ihre Geschichte. Er sagte:

„Der Mann dieser Frau, der Verteidiger ist, kam sie heute besuchen. Er hatte die Kinder mitgebracht. Es waren fünf. Er bat seine Frau, die jüngsten Kinder bei sich zu behalten, und sagte, er würde sich um die anderen kümmern. Aber die Frau weigerte sich. ,Ich hätte mich um alle gekümmert', sagte sie, ,aber du wolltest ja nicht auf mich hören. Jetzt bist du für sie verantwortlich.'" Der „Chhote Sahib" hatte sie gefragt, was sie gemeint habe, und sie erzählte ihm: „Als das Signalhorn des Kongresses erklang und uns alle aufrief, für die Freiheit zu kämpfen, bat ich meinen Mann, dem Kongress beizutreten. Aber er sagte, er sei mit einem Gerichtsfall beschäftigt und wolle sich zuerst um diesen kümmern. Danach hatte er jedes Mal, wenn ich ihn fragte, wann er bereit sei, seinen Anteil an der Freiheit des Landes zu leisten, die eine oder andere Entschuldigung. Als mir klarwurde, dass er sich nicht am Kampf beteiligen wollte, beschloss ich, eine Verhaftung zu riskieren, und ging Streikposten stehen. Aus diesem Grund bin ich jetzt hier im selben Gefängnis wie Rajendra Babu."

Im Gefängnis waren viele Männer und Frauen wie sie. Drei Jahre später, als ich aus dem Gefängnis entlassen worden war, lud mich diese mutige Frau in ihr Haus ein.

Obwohl ich ein Staatsgefangener war, bekamen meine Kinder keine finanzielle Unterstützung, während die Familien Dr. Khan Sahibs und Kazi Sahibs welche bekamen. Ebenso die Mutter von Asadullah. Das Ergebnis war, dass Ghani aus Amerika zurückkehren musste, bevor er sein Studium beendet hatte, weil ihm das Geld fehlte, es fortzusetzen. Zwar besaß ich beträchtliches Eigentum, aber ich war lange Zeit im Gefängnis gewesen und in der Zeit hatte sich niemand darum gekümmert. Ich hatte keine Erträge daraus, weil meine Pächter – d. h. meine Landarbeiter – mir auf Vorschlag der Regierung meine Gewinne entwendeten.

Endlich, nach dreijähriger Einkerkerung, wurde ich entlassen, aber ich durfte weder in die Grenzprovinz noch in den Punjab gehen. Man sagte uns, wir könnten überallhin in Indien gehen, solange wir uns vom Punjab und der Grenzprovinz fernhielten. Wir hatten viele Freunde in Bihar, frühere politische Gefangene. Deshalb gingen wir von Hazaribagh nach Patna, wo wir Rajendra Prasad und andere Freunde besuchten. Dann gingen wir nach Wardha, wohin wir eingeladen worden waren, um dort mit Gandhi und Jamnala Bajaj zusammen zu sein.

In diesem Jahr, 1934, sollte sich der All India Kongress in Bombay versammeln. Als die Nachricht von unserer Ankunft in Wardha die Runde gemacht hatte, beschloss das Empfangskomitee, mich zum Präsidenten des Kongresses zu wählen. Rajendra Prasad schickte mir sogar ein Telegramm, um mich darüber zu informieren, dass ich gewählt worden sei. Aber ich lehnte ab. Ich schickte ein Telegramm, in dem ich schrieb: „Ich bin Soldat und ich bin Khudai Khidmatgar und ich will einzig und allein dienen!"

In Bengalen

Nachdem ich ein paar Tage in Wardha gewesen war, fuhr ich nach Kalkutta, wo mir die *Corporation*[xxxi] einen warmen Empfang bereitete. Ich hatte den Eindruck, dass sich viele Muslime in Bengalen niedergelassen hatten und dass sie politisch rückständig waren. Deshalb dachte ich, ich sollte etwas für sie tun, und hielt einige Vorlesungen in Kalkutta. In meinen Ansprachen sagte ich den Muslimen: „Ich bin hergekommen, um euch zu dienen. Ich möchte in den Dörfern arbeiten, weil dort die Menschen am tiefsten im Elend leben."

In Kalkutta gab es eine Moslem-Gesellschaft, in der Suhrawardy und einige andere Muslime Mitglieder waren. Anstatt mir bei den Besuchen der bengalischen Dörfer zu helfen, taten diese Muslime alles, was sie konnten, um mich aufzuhalten, denn sie fürchteten, dass sie ihre Führungspositionen verlieren würden. Ich war von diesen Muslimen sehr enttäuscht.

Aber dann sagte Professor Prafulla Chandra Ghosh, mit dem ich befreundet war und der Mitglied des Arbeitsausschusses des Kongresses war, dass er mich in die Dörfer bringen werde. „Aber", fügte er hinzu, „in den Moslem-Dörfern gibt es kein Leben."

Ich war froh, dass ein Bengale mit mir gehen würde, denn die Menschen auf dem Dorf verstanden nur Bengali und ich konnte nicht Bengali sprechen. Prafulla Baba brachte mich in viele Dörfer und wohin wir auch gingen, begann ich die Arbeit auf meine gewohnte Weise. Ich sprach zu den Menschen. Ich sagte ihnen, dass Indien ein Land des Goldes gewesen sei und dass es viel Milch und Butter und Reis im Überfluss in allen Häusern gegeben habe. „Wie kommt es dann", fragte ich sie, „dass ihr heute unterernährt und nackt seid?" „Warum", fragte ich die Dorfbewohner, die interessiert zuhörten, „warum seid ihr heute so arm?" Dann erklärte ich, dass sie, solange das Land nicht frei sei, solange sie die Zügel der Regierung nicht in eigenen Händen hielten, niemals ihre Mägen würden füllen können.

Nachdem ich so einige Tage zu den Menschen gesprochen hatte, hielt ich eine öffentliche Versammlung ab. Etwa fünfzig Leute kamen, um zu hören, was ich zu sagen hätte. An der zweiten Versammlung, die ein paar Tage später abgehalten wurde, nahmen schon etwa zweihundert Dorfbewohner teil. Danach kamen immer mehr Menschen zu den Versammlungen. Inzwischen war der Termin der Kongress-Sitzung in Bombay näher gerückt und wir mussten abreisen. Ich sagte Prafulla Baba, dass diese Dörfer durchaus nicht tot seien. Es brauchte nur jemanden, um den noch vorhandenen Lebensfunken anzufachen.

Wahrheit ist ein Verbrechen!

Während ich in Bombay war, wurde ich dazu eingeladen, in der *Indian Christian Association*[xxxii] eine Vorlesung zu halten. In der Versammlung wurde ich nach den Khudai Khidmatgars gefragt und ich erzählte den Zuhörern die Geschichte unserer Bewegung und alles, was mir geschehen war. Bis dahin war mir noch nicht bewusst, dass es nach dem britischen Gesetz ein Verbrechen war, die Wahrheit zu sagen. Das sollte ich bald erfahren.

Als der Kongress geendet hatte, kehrte ich nach Wardha zurück und machte einen neuen Plan für eine Reise nach Bengalen. Ich hatte beschlossen, in den Dörfern in Bengalen zu arbeiten, solange mir die Regierung nicht erlaubte, in die Grenzprovinz zurückzukehren.

Als die Regierung herausbekam, was ich plante, beschlossen die Regierungsbeamten, mich daran zu hindern, nach Bengalen zu gehen, denn sie wussten, dass die bengalischen Hindus politisch schon hellwach waren, und sie fürchteten, dass ich auch noch die Muslime aufwecken würde. Dann würde die Regierung ihren Zugriff auf Bengalen ganz und gar verlieren.

Also schickte sie die Polizei und ich wurde wieder verhaftet und zu zwei Jahren Gefängnis verurteilt. Dieses Urteil war die Rache der Regierung für die Vorlesung, die ich an der *Christian Association* in Bombay gehalten hatte.

Zuerst schickten sie mich in Bombay ins Gefängnis und später wurde ich ins Gefängnis in Sabarmati überstellt. Der britische Gefängnisdirektor dort war ein strenger Beamter. Ich wurde in eine Abteilung eingesperrt, in die nicht einmal der Wärter hineinkommen durfte. Die Tür war von außen verriegelt.

Ich bekam nicht das Essen, auf das ich Anspruch hatte. Ich sollte ein B-Klasse-Gefangener sein, aber das Essen, das man mir gab, war dem ähnlich, das die C-Klasse-Gefangenen in meiner Provinz bekamen. Es gab für die B-Klasse-Gefangenen keine *Charpoys*[xxxiii], sodass ich auf dem Boden schlafen musste. Ich konnte mit niemandem sprechen, aber es gab viele Affen und ich spielte mit ihnen. Dann erkrankte ich schwer an Grippe. Niemand dachte daran, mich ins Krankenhaus zu bringen oder mir auch nur ein *Charpoy* zu geben. Ich musste weiterhin auf dem harten Zementfußboden liegen. Dank der Gnade Gottes wurde meine Gesundheit jedoch noch einmal wiederhergestellt.

Später kam Sofia[xxxiv] mich besuchen und dann kam auch Gandhi und aufgrund seiner Bemühungen wurde ich zu einem A-Klasse-Gefangenen befördert. Nun hatte ich zwar Anrecht auf besseres Essen, aber es gab niemanden, der für mich kochte. Dann kam der Generalinspekteur der Gefängnisse, der eine Rundreise durch die Gefängnisse machte, mich besuchen. Ich bat ihn zuerst, mir einen Koch zu schicken. Ich kannte einen verurteilten Koch in Bombay, der das sehr gut machen würde, sagte ich ihm. Ich sagte ihm auch, dass mir das Klima dort nicht bekomme und dass ich in ein anderes Gefängnis überstellt zu werden wünsche. Der Generalinspekteur war zufällig ein sehr freundlicher Mann. Auch er hatte in der Grenzprovinz gelebt. Er versprach mir, dass ich ins Punjab überstellt werden solle und dass er mir einen Paschtunen aus Peshawar als Koch beschaffen werde. Ich sagte ihm immer wieder, dass die Regierung im Punjab mich nicht dort haben wolle und dass ich lieber den Koch aus Bombay hätte. Aber der Inspekteur dachte immer noch, es sei für mich angenehmer, im Punjab zu sein, da es meiner Heimat näher war. Und er dachte, das ein Paschtune als Koch mitfühlender mit mir sein und mir besser dienen werde als jeder andere Koch.

Jedenfalls weigerte sich die Regierung des Punjab allen gut gemeinten Bemühungen zum Trotz, mich in einem ihrer Gefängnisse unterzubringen. Sie schickten mir einen Koch aus einem Gefängnis im Punjab, aber der verstand überhaupt nichts vom Kochen und litt außerdem an TBC. Die Absicht war offensichtlich, dass ich mich anstecken sollte.

Von Sabarmati wurde ich in ein Distrikt-Gefängnis in Bareilly überstellt. In Bareilly gab es auch ein Zentralgefängnis und wenn ich nur dorthin überstellt worden wäre, dann wäre ich in die Gesellschaft anderer politischer Gefangener gekommen. Aber die Behörden gönnten mir diesen kleinen Trost nicht, sondern sie hielten mich von anderen Gefangenen fern.

Der Tag kam, an dem Dr. Khan Sahib in die Zentralversammlung gewählt wurde, und er durfte wieder in die Grenzprovinz zurückgehen. Er und seine Frau besuchten mich in Bareilly.

Der Generalinspekteur für die Gefängnisse dieses Distrikts Colonel Salamatullah Khan war eine sympathische Person. Als er das Gefängnis visitierte, bat ich ihn, mir dabei behilflich zu sein, den Koch loszuwerden. „Er ist überhaupt kein Koch", sagte ich. „Außerdem hat er TBC und ich möchte mich nicht anstecken, obwohl das vielleicht der Zweck war, zu dem er mir geschickt wurde. Aber das ist für keinen von uns gut. Bitte tauschen Sie ihn aus!" Der Generalinspekteur war einverstanden und der Koch wurde weggeschickt.

Rafi Ahmed Kidwai kam mich besuchen und ebenfalls der Gefängnis-Minister. Als der Sommer anbrach und es warm wurde, schlug der Minister vor, dass ich an einen kühleren Ort gebracht werden sollte. Aber den ganzen langen Sommer hindurch unternahm die Regierung keine Schritte, um mich zu überstellen. Als dann der Monsun einsetzte und alle aus den Bergen zurückkamen, wurde ich nach Almora geschickt. Es regnete und regnete tagelang ohne aufzuhören und man konnte unmöglich ins Freie gehen.

Schließlich kam der Tag meiner Entlassung, aber auch diesmal wurde mir verboten, in die Grenzprovinz zu gehen. Deshalb ging ich nach Wardha zurück. Das war 1936. Erst im August 1937, als die Wahlen für die Provinzversammlung vorüber waren, konnte ich in meine Provinz zurückkehren.

1936 wurden die Wahlen für die Provinzversammlung der Grenzprovinz abgehalten und die Khudai-Khidmatgar-Partei hatte die meisten Sitze gewonnen. Trotzdem hatte der Gouverneur Sir Nawab Sahibzada Abdul Qayyum damit beauftragt, die Regierung zu bilden. Dieser Herr hätte die Wahlen sicherlich verloren, wenn er in seinem eigenen Distrikt kandidiert hätte. Aber er wurde vom Distrikt Hazara gewählt, wo es sehr wenige Khudai Khidmatgars gab. Mit Hilfe der Regierung bildete er eine Regierung aus Hindus, Sikhs und einigen unabhängigen Mitgliedern. Aber er blieb nicht lange. Fünf oder sechs Monate später wurde er besiegt.

Im September 1937 stellte die Opposition einen Misstrauensantrag und dann bildete Dr. Khan Sahib mit Hilfe der Khudai Khidmatgars eine Regierung. In dieser Regierung war Kazi Atatullah Sahib Bildungsminister. Die erste Amtshandlung Kazi Sahibs war, dass er Paschtu verbindlich zur Unterrichtssprache in den Schulen machte.

Dieses Ministerium und diese Regierung taten viel für das Wohlergehen der Menschen. Aber in *einer* Hinsicht taten sie unserer Bewegung mehr Schaden, als dass sie ihr nützten. Tatsächlich lag alle Macht der Regierung beim Gouverneur und die ihm unterstellten Beamten kümmerten sich nicht um das, was unser Minister sagte. Ihr Rat war ihm weder Hilfe noch Unterstützung, denn sie handelten auf Befehl des Gouverneurs und machten genau das, was er ihnen sagte. Wir hatten für fünfzig Paise Macht gewonnen, aber das Land brauchte Macht im Wert einer ganzen Rupie. Und woher sollte das Fehlende kommen?

Dann stellte sich das Syndikat[24] als neue Kalamität für die Bewegung heraus, da unsere Angestellten nicht in der Lage waren, die kontrollierten Waren ehrlich und gerecht zu verteilen.

1939 brach der Krieg aus und unser Ministerium trat ebenso wie die Kongress-Ministerien überall in Indien zurück.

---

[24] Monopole und Kontrollsystem

Mit Pandit Nehru

Mit der ersten Gewaltlosen Arme der Khudai Khidmatgar (Diener Gottes)

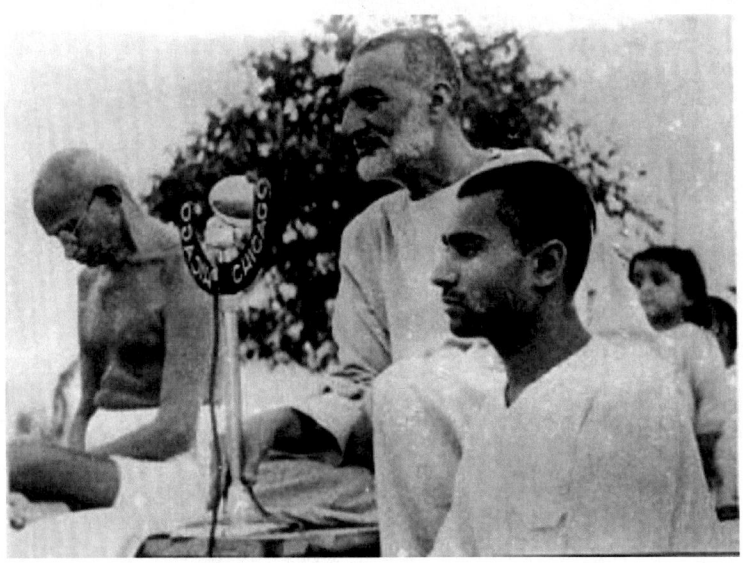

Bei einem Gebetstreffen in New Delhi 1947

Ziviler Ungehorsam

Als Japan in den Krieg eintrat, hielt der Arbeitsausschuss des Kongresses eine Versammlung ab. Bei dieser Versammlung wurde eine Resolution mit folgendem Inhalt verabschiedet: Wir unterstützen Britannien bei seinen Kriegsbemühungen unter der Bedingung, dass es uns nach dem Krieg die Freiheit gibt.

Anlässlich dieser Resolution verließen Mahatma Gandhi und ich den Arbeitsausschuss, weil wir nicht an Gewalt glaubten. Die Briten in ihren Kriegsbemühungen unterstützen würde bedeuten, Gewalt zu billigen und zu fördern.

Nach dieser Versammlung wurde im Land mit *Satyagraha* begonnen, aber niemand durfte ohne Gandhis persönliche Billigung diese Art von Handlungen unternehmen. Im Falle der Nordwestgrenzprovinz hatte Gandhi mir diese Befugnis übertragen.

Die Regierung verhaftete in der Grenzprovinz keinen Satyagrahi. Sie konnte das nicht tun, weil sie immer verkündete, dass sie diesen Krieg für „Freiheit und Demokratie" führe. Allerdings erwähnte sie Indiens Freiheit niemals.

Darum meinte der Kongress, dass eine Massenbewegung gegen die britische Herrschaft notwendig sei, und das veranlasste Gandhi dazu, im August 1942 die „*Quit India*"-Bewegung ins Leben zu rufen.

Die Losung fand in ganz Indien und der Grenzprovinz großen Widerhall. Diejenigen, die sich *Satyagraha* widmeten, sagten den Menschen: „Es ist eine Sünde, die britischen Kriegsbemühungen mit Männern oder Geld zu unterstützen. Zahlt also keine Beiträge und meldet euch nicht als Freiwillige!"

Durch diese Massenbewegung erreichte die Losung „*Quit India*" das Ohr jedes Briten. Gleichzeitig boten sich Tausende an, ins Gefängnis zu gehen, wenn sie Gesetze brachen, die die britisch-indische Regierung erlassen hatte, um Indien zu beherrschen.

Damals gründete ich ein Khudai-Khidmatgar-Zentrum am Ufer des Sardaryab. Wir nannten es Markaz-e-Ale-e-Khudai-Khidmatgar. In Indien hatte der zivile Ungehorsam bereits angefangen, aber wir in der Grenzprovinz hatten noch nicht damit begonnen.

Als ich beschloss, auch wir sollten die Bewegung des zivilen Ungehorsams ausrufen, gab mir unsere Provinz-Dschirga volle Befugnis, die Bewegung zu betreiben, und machte mich zu ihrem „Diktator".

Tatsächlich schrecke ich beim Wort „Diktator" zusammen, weil Autokratie und Diktatur nicht meinem Wesen entsprechen, sie gehen mir gegen den Strich. Deshalb beriet ich mich immer mit meinen Kollegen, bevor ich irgendeine Entscheidung fällte oder Instruktionen für die Bewegung des zivilen Ungehorsams aussandte. Ich sollte hier erwähnen, dass, als die Dschirga darüber sprach, ob der zivile Ungehorsam anfangen sollte oder nicht, Haji Faqir Khan von Hazara vorschlug, dass wir Telefonleitungen durchschneiden oder Eisenbahnschwellen entfernen sollten. Ich sagte der Dschirga, dass das nur unter der Bedingung gestattet sei, dass der Saboteur selbst zur Polizei ginge und dort sagte, was er getan habe. Das würde dazu führen, dass er moralischen Mut entwickelte, und es wäre eine Anregung für andere Arbeiter. Auch würden keine Unschuldigen in Verdacht geraten und die Polizei hätte keine Ausrede dafür, Menschen zu jagen und zu belästigen. Also fing diese Massenbewegung meinen Instruktionen entsprechend an und die Arbeiter führten sie mit großer Disziplin aus. Die Gerichte von Bannu, Kohat, Tank und Peshawar wurden dem Plan gemäß angegriffen. Die britische Reaktion auf unsere Bewegung war schon sehr heftig, aber in Peshawar gab es den muslimischen Deputy Commissioner Janab Iskander Mirza, der den Briten so treu ergeben und so ängstlich darauf bedacht war, in ihre Fußstapfen zu treten und bei ihnen gut angeschrieben zu sein, dass er hinsichtlich Grausamkeit „britischer als die Briten" vorging. Als die Briten eines Tages Befehl zu einem *Lathi*[xxv]-Angriff im Distrikt gaben, ergriff er selbst ein *Lathi* und schlug so lange unbarmherzig auf die Khudai Khidmatgars ein, bis sie halb tot waren. Der Khudai Khidmatgar Syes Akber wurde dabei getötet.

Eine weitere edle und mutige Tat dieses ehrenwerten Herrn war es, eines Tages in ein Khudai-Khidmatgar-Lager zu gehen und Gift in den Curry zu tun. Die Khudai Khidmatgars, die den Curry aßen, wurden alle schwer krank und entgingen dem Tod um Haares Breite. Er beging noch viele weitere derartige Barmherzigkeiten an den Paschtunen, aber ich möchte lieber einen Schleier darüber breiten und sie Gott empfehlen, vor dem er eines Tages wird erscheinen müssen. Ihm allein gebührt das Urteil!

Später wurde Mirza Sahib Präsident von Pakistan und er schlug nun eine andere Tonart an. „Islam!" und „Ich liebe dich, mein Land" sang er nun und er ließ mich ins Gefängnis werfen, weil er mich verdächtigte, ein Feind meines Landes und gegen den Islam zu sein!

Ich fuhr ständig durch die Provinz, um nach den Fortschritten und der Wirkung der Satyagraha-Bewegung zu sehen. Als ich eines Tages auf dem Weg nach Kohat war und bis zur Polizeistation in Sapina gekommen war, wurde ich verhaftet. Ich wurde im Auto nach Peshawar gebracht und dort freigelassen. Von da an wurde ich, immer wenn ich irgendwohin unterwegs war, verhaftet, nach Peshawar zurückgebracht und dort freigelassen. Ich machte mir nichts aus diesem Spiel, deshalb sammelte ich eine Gruppe von fünfzig Männern und wir gingen zu Fuß von Charsadda nach Mardan. Wir hielten Versammlungen in allen Dörfern ab, durch die wir kamen. Als wir in Mirves Dehri ankamen, wartete dort die Polizei auf uns. Wir fassten uns fest an den Händen, sodass es praktisch unmöglich war, uns voneinander zu trennen, und marschierten weiter. Als die Polizei bemerkte, dass sie die Menschenkette nicht zerreißen konnte, holten die Polizisten ihre *Lathis* und ließen Schläge auf uns niederhageln.

Abgesehen von dieser Gelegenheit behandelten mich die Briten immer mit Achtung. Zwar waren sie feindselig und barsch, aber sie taten mir niemals einen demütigenden körperlichen Schaden an. Als ich z. B. im Gefängnis in Abbotabad war, kam der Generalinspekteur Herr Smith umgehend, mich im Gefängnis besuchen. Ich war ganz allein in eine sehr kleine Zelle gesperrt worden. Als er mich begrüßt hatte, ging er sofort wieder hinaus, sah den Direktor streng an und sagte: „In was für ein Taubenloch haben sie Badshah Khan eingesperrt? Warum geben Sie ihm kein großes Krankenzimmer?" Der

Direktor sagte sehr respektvoll: „Was hätte ich tun sollen? Es war der Befehl der Regierung." Herr Smith rief auf der Stelle „Gouverneur George" der Grenzprovinz an und sagte: „George Cunningham! Ist das vielleicht eine Art, einen tapferen Gegner wie Bacha Khan zu behandeln?" Sir George Cunningham hatte die Gnade, sich zu entschuldigen und den Befehl zurückzuziehen. Aber bevor er das tat, hatte Herr Smith schon Befehl gegeben, dass ich an einen schöneren Ort gebracht werden und dass man mir passende Gesellschaft beigeben solle. Das Ergebnis war, dass mein Sohn Wali und drei weitere Kollegen ins selbe Gefängnis geschickt wurden.

Um all das hatte ich nicht gebeten. Zugegebenermaßen hatte Herr Smith versucht herauszufinden, wen ich gerne zur Gesellschaft gehabt hätte, aber ich hatte entgegnet, dass ich keine Präferenzen hätte und ihm die Auswahl überließe. Daraufhin schickte er mir die folgende Nachricht: „Ich suche keine Gesellschaft für mich, sondern für Sie, deshalb ist es nicht mehr als recht und billig, dass Sie mir sagen, wen Sie haben möchten. Ich will Ihnen nicht meine Entscheidung aufzwingen."

Wenn ich an die Freundlichkeit und die Aufgeschlossenheit Herrn Smith' denke, dann denke ich gleichzeitig traurig an die Behandlung, die die pakistanische Regierung mir zuteilwerden ließ. Unter ihrer Herrschaft wurde ich immer in Einzelhaft gehalten.

Und trotz all meinen Bitten und Forderungen nach etwas Gesellschaft hörte nie jemand auf mich oder machte auch nur einen Finger für mich krumm, um irgendetwas für mich zu tun. Und wenn sie mir durch einen seltenen Zufall einmal einen Gefährten gaben, dann war er entweder verrückt oder litt unter einer Krankheit, sodass er eher eine Qual als eine Gesellschaft war. Es gab während der britischen Zeit gewisse eingeborene Beamte, die unter der Fehleinschätzung litten, dass sie, wenn sie mir körperlichen Schaden zufügten und mich respektlos behandelten, die Briten für sich einnehmen würden und sich auf die eine oder andere Weise Belohnungen verdienen könnten. Während des Mirwas-Dehri-Zwischenfalls war es mein Unglück, einem solchen gemeinen Polizeibeamten in die Hände zu fallen. Er schlug mich so stark, dass mir zwei Rippen brachen. Er war ein Polizeiinspektor und hieß

Khushdil Khan. Er verdiente diesen Namen gewiss nicht, denn der bedeutet glückliches Herz. Dieser Khan des glücklichen Herzens hat sich vielleicht einen Ehrenplatz in der britischen Liste der Getreuen erworben, aber er war nicht gerade ein Beispiel an Edelmut! Meine Khudai Khidmatgars hätten ihm das eine oder andere über das Verhalten Gegnern gegenüber beibringen können!

Der Khan des glücklichen Herzens verhaftete uns alle und brachte uns ins Gefängnis von Mardan. Am Tag darauf wurden wir nach Risalpur und von dort ins Gefängnis in Haripur gebracht.

Delegation zu den Stämmen

Als die japanischen Armeen Burma erreichten, fingen wir an, uns Sorgen zu machen, weil sie schnell vorrückten. Wir dachten, sie könnten, wenn sie in dem Tempo weiter vorrückten, bald in Indien einmarschieren. Wir sorgten uns besonders um die Stammesangehörigen. Wir fürchteten, dass eine schwierige Zeit vor uns liege, und wollten der Aufgabe gemeinsam gegenübertreten und unser Land mit patriotischem Eifer retten. Darum war es sehr wichtig, über einen Plan gemeinsamer Aktionen zu entscheiden, und wir dachten daran, eine Delegation in die Stammesgebiete zu schicken, um mit den Stammesangehörigen über das alles zu reden. Ich schrieb Sir George Cunningham, der der Gouverneur unserer Provinz war, und bat ihn um Erlaubnis, eine derartige Delegation zu schicken. Sir George schrieb zurück, dass er uns nicht erlauben könne, eine Delegation zu schicken. Dann beriefen wir eine Dschirga-Versammlung ein und beschlossen, dass wir, da es für unser Land eine Frage von Leben oder Tod sei, eine Delegation in die Stammesgebiete schicken würden, ganz gleich, ob die Regierung uns die Erlaubnis dazu gab oder nicht. Der Gouverneur beriet sich mit seinem Political Agent und beschloss, weder etwas zu sagen noch etwas zu unternehmen, bis wir tatsächlich die Stammesgebiete betreten würden.

Wir schickten den Afridi, den Waziri, den Masood und den Bajaur Delegationen. Die Delegation, die wir zu den Afridi geschickt hatten, erreichte ihren Bestimmungsort ohne alle Schwierigkeiten. Aber die Khudai Khidmatgars, die die Delegation zu den Bajaur bildeten, hatten große Schwierigkeiten zu bestehen. Der Political Agent in Malakand hatte Khans vom Ranazai-Stamm am Weg postiert. Als unsere Männer in Sakhakot ankamen, wurden sie von den Khans aufgehalten. Diese rieten ihnen umzukehren, denn, so sagten sie, sie würden ihnen auf keinen Fall gestatten, den Distrikt zu betreten. Der Führer der Delegation Kamdar Khan sagte dem Khan: „Wir sind Khudai Khidmatgars und wir sind hergekommen, weil unser Land sehr bald ernsten Schwierigkeiten gegenüberstehen wird. Wir wollen uns mit euch zusammensetzen und darüber reden, was getan werden muss."

Aber die Khan Sahibs waren auf diesem Ohr taub und hörten nicht auf die Erklärungen und Bitten der Khudai Khidmatgars. Sie hatten nur eine Antwort und die war: „Nein!" Schließlich waren sie ja vom Political Agent geschickt worden und ihm allein schuldeten sie Ergebenheit. Dann erzählte Kamdar Khan ihnen, dass, wenn ein Khudai Khidmatgar einmal einen Schritt getan habe, er nicht zurück könne. Daraus entwickelte sich ein Streit und bald hatte sich eine Menge versammelt. Die Khan Sahibs hatten beabsichtigt, die Khudai Khidmatgars mit Gewalt aus ihrem Distrikt zu vertreiben, aber als sie sahen, dass die Menge mit den Khudai Khidmatgars sympathisierte und dass sie sicherlich kämpfen würde, wenn man den KKs ein Hindernis in den Weg legte, ließen sie sie gehen. Danach kamen die Khans zu mir ins Zentrum und wir führten ein langes ernsthaftes Gespräch über Liebe, Brüderlichkeit und Patriotismus. Die Khans baten mich, die Khudai Khidmatgars aufzufordern, die Straße von Malakand nach Bajaur zu meiden und einen anderen Weg zu wählen. Also schrieb ich an Kamdar Khan und bat ihn, nicht die Malakand-Straße zu benutzen, sondern den längeren Weg über Utman Khail zu nehmen. Das tat er und die Delegation ging über Agra in Richtung Utman Khail. Auf dem Weg wurden sie wieder von den Mias vom Kaka Khail-Stamm aufgehalten. Als die Khudai Khidmatgars durch ein myanisches Dorf gingen, kamen alle Menschen aus den Häusern und griffen sie aus keinem wahrnehmbaren Grund an.

Sie ergriffen die Khudai Khidmatgars, warfen sie auf der Straße zu Boden und schlugen sie gnadenlos. Sie hofften, der Political Agent würde erfahren, dass sie den Khudai Khidmatgars eine Lektion erteilt hatten. Die Bewohner von Kaka Khail waren der jeweiligen Regierung immer treu ergeben, und zwar so sehr, dass sie vor den britischen Armeen bis nach Chatral her marschiert waren und geplündert hatten, wo und wie sie konnten.

Als die Delegation endlich Bajaur erreichte, bereitete ihnen Badshah Gul dort eine Menge Schwierigkeiten. Er verbreitete das Gerücht, dass die Rothemden, die gerade in der Stadt ankamen, Hindus wären, und dass Gott jeden belohnen werde, der sie tötete. Badshah Gul tat das auf Anstiftung Hasham Khans, der damals Premierminister von Afghanistan war. Die Briten erwarteten von Hasham Khan, dass er dergleichen für sie tun werde, und Badsha Gul war Hasham Khans Mann.

Bei einer dieser Gelegenheiten hatte die Dorfjungen im Bajaur-Distrikt eine wunderbare Idee. Sie dachten, sie könnten die Khudai Khidmatgars als Übungsziele benutzen. Aber die Älteren verboten ihnen das. „Lasst nur", sagten sie, „diese Rothemden gehen nirgendwohin, oder? Wir wollen sie fragen." Sie gingen zu den Khudai Khidmatgars in Hujra und fragten sie, wer sie seien und wohin sie gehen wollten. Abdul Malik Ustad, der einer der größten Paschtunen-Dichter war, stand auf und erwiderte: „Wir sind eure Brüder. Wir sind Khudai Khidmatgars, Diener Gottes. Badshah Khan hat uns zu euch geschickt, um euch mitzuteilen, dass unser Land bald eine großen Gefahr zu bestehen haben wird. Es wird wie eine mächtige Flut sein. Er möchte allen Paschtunen mitteilen, dass sie sich darauf vorbereiten sollen, damit die Flut sie nicht wegschwemmt."

Die Worte Abdul Maliks machten tiefen Eindruck auf die Menschen und sie tadelten die jungen Männer streng. Obwohl sich Badsha Gul heftig widersetzte, hatten die Khudai Khidmatgars in Bajaur viel Erfolg und verrichteten dort einige wirklich gute Arbeiten. Das war jedoch nicht das Ende von Hasham Khans Feindseligkeit. Als wir die Angriffe auf die britischen Gerichtshöfe durchführten, schickte Hasham Khan denselben Badshah Gul und einen gewissen Haji Mohammed Amin nach Peshawar, damit sie gegen uns arbeiteten. Ich sollte noch erwähnen, dass Haji Mohammed Amin in dem kleinen Dorf Ada in der Nähe von Jalalabad in Afghanistan wohnte und dass er eine Zeit lang *Haji Sahib von Tarangzais Khalif*[xxxvi] war. Um den Briten einen Gefallen zu tun, hatte Hasham Khan ihn nach Peshawar geschickt, damit er die Aufmerksamkeit der Paschtunen von den Briten ablenke. Als Haji Mohammed Amin in Peshawar ankam und bemerkte, dass die Khudai Khidmatgars Angriffe auf die britischen Gerichtshöfe durchführten, schuf er neue Tatsachen, indem er die Brüder überfallen ließ. Sein einziger Zweck war, die Aufmerksamkeit der Menschen von den Briten und ihren Untaten abzulenken. Aber weder er noch sonst irgendjemand konnte die Aufmerksamkeit der

Menschen noch von ihrem Freiheitskampf ablenken, denn wir hatten überall bei den Paschtunen gearbeitet und sie hatten nun angefangen, selbst zu denken. Es war unmöglich geworden, die Menschen im Namen des Islam weiterhin in die Irre zu führen oder zu täuschen.

Badshah Guls Vater Haji Sahib von Tarangzai, war ein sehr freundlicher Mann und mir ein wahrer Freund und Kollege. Was Badshah Gul angeht, so waren es Machtstreben und Geldgier, die ihn dazu veranlassten, uns alle diese Schwierigkeiten zu bereiten.

Teilung der Paschtunen

Tausende meiner Kollegen wurden im Zentralgefängnis in Haripur Hazara festgehalten. Nachdem viele von ihnen freigelassen worden und nur wenige Gefangene übrig waren, wurde ich dorthin zurückgeschickt. Einige von uns standen unter strenger Aufsicht. Ich beschloss, dass ich, statt müßig dazusitzen, etwas arbeiten wollte, und deshalb bat ich die Regierung, mich in die Band-Weberei zu schicken. Damals wurden den Webern fünfzig Paise für fünfundzwanzig Fuß (7m50) Band bezahlt. Viele meiner Kollegen hatten auf diese Weise ein nettes kleines Einkommen, aber keiner verbrauchte seinen Verdienst für sich. Jede Paise wurde an unser Zentrum geschickt.

Weben war nicht das Einzige, was wir taten. Viele Khudai Khidmatgars, die hier im Gefängnis saßen, waren Analphabeten und ich traf Vorkehrungen, damit sie lesen und schreiben lernten. Nur einige von ihnen konnten schließlich lesen und schreiben, als sie entlassen wurden.

Mir fällt ein, dass ich etwas über die *Agencies* sagen sollte. Ich habe schon die Methode erwähnt, mit der das paschtunische Land – zuerst von den Briten und jetzt von Pakistan - geteilt wurde. Aber ich will mich jetzt nicht mit dieser widerwärtigen Teilung aufhalten, sondern nur über die *Agencies* sprechen. Diese Distrikte der Nordwest-Grenzprovinz, die dem Gesetz nach von einer Versammlung – tatsächlich aber vom Gouverneur - regiert werden, werden „*settled districts*xxxvii" genannt. Zwischen diesen und den unabhängigen Stammes-Distrikten gibt es eine Pufferzone, die *Agencies*. Sie unterstehen der direkten Herrschaft eines Political Agent. Sie haben weder Gesetze noch Gerichtshöfe noch gibt es eine Möglichkeit, gegen die Befehle des Political Agent zu appellieren. Die unglücklichen Bewohner der *Agencies* werden als Analphabeten und unwissend gehalten. Sie werden in einem solchen Ausmaß unterdrückt und tyrannisiert, dass ihr Leben und Tod in den Händen eines Einzelnen liegen. Andererseits dürfen sie Schusswaffen und

Gewehre besitzen. Sie haben auch die Freiheit, einander zu töten, zu bestehlen und lebenslang Feinde zu bleiben. Auf diese Weise werden sie dauerhaft unter der Fuchtel des Political Agents gehalten, sie sind beständig in Lebensgefahr und müssen Demütigungen auf sich nehmen, wenn sie ihr Leben retten wollen.

Der Zweck der Pufferzone ist, dass die Angreifer im Fall eines Angriffs aus dem Stammesgebiet auf die *„settled districts"* die *Agencies* passieren müssen und der erste Schlag dann die Menschen trifft, die dort leben. Diese Menschen sind nicht frei wie die unabhängigen Stämme, sie sind arm und unterdrückt und sie leben und sterben, wie es dem Political Agent gefällt. Sie haben keine geltenden Gesetze oder Gerichtshöfe wie andere unterworfene Gebiete.

Zuerst waren dort die britische Armee und die britische Grenzpolizei stationiert, jetzt ist es die pakistanische Armee. Während ich im Gefängnis war, hielt ich Hennen, verkaufte die Eier und schickte die Einnahme an unser Zentrum. Ich fütterte die Hühner selbst. Wenn ich sie zur Fütterungszeit rief, kamen sie herbeigerannt und bald waren sie überall auf mir, auf meinem Schoß, auf meinen Schultern, auf meinem Kopf und auf meinen Armen und pickten mir das Korn, das ich ihnen gebracht hatte, aus den Händen.

Eines Tages visitierte der Generalinspekteur Colonel Smith das Gefängnis in Haripur. Es war derselbe Colonel Smith, der, als er 1936 Gefängnisdirektor in Haripur gewesen war, die politischen Gefangenen mit äußerster Strenge und abweisend behandelt hatte. Aber er hatte einen Gesinnungswandel durchgemacht und war nun ein sehr netter Mann und sehr freundlich mit mir. In Wirklichkeit sind die Briten ja eine tapfere und patriotische Nation und deshalb schätzen sie auch Patriotismus und Mut bei anderen.

Als Colonel Smith sah, wie ich die Hühner fütterte, verabschiedete er sich von seinen Begleitern und stellte sich ruhig hinter mich, um der Vorführung zuzusehen. Nach einer Weile sagte er: „Guten Morgen!"

Als ich mich umsah, sagte er: „Was machen Sie denn da?" Ich sagte: „Hier kann die Menschheit viel lernen. Sehen Sie nur, diese Hühner wissen ganz genau, dass ich in Wahrheit ihr Feind bin und dass ich sie jetzt nur aufziehe, um sie später zu schlachten. Aber weil ich sie liebe und liebevoll behandele, haben sie keine Angst vor mir und setzen sich mir auf den Kopf und die Schultern. Ist das nicht eine großartige Lektion für die Menschheit? Wenn wir mit Liebe sogar Tiere zu unseren Freunden machen können, warum können wir nicht auch Menschen, die Krone der Schöpfung, zu unseren Freunden machen?"

Herr Smith war ein seltsamer Mensch. Er sagte immer, dass er, wenn Pakistan entstanden sei, keinen Tag länger im Land bleiben werde. Und tatsächlich, als Pakistan gegründet wurde, nahm er den ersten Zug und fuhr nach England zurück.

1945 fanden unsere Minister, dass unsere Provinz eine eigene Regierung bekommen sollte. Wenn wir eine Regierung bilden können, würde das neben anderen Vorteilen, die das hätte, unseren politischen Mitgefangenen dienen, die drei Jahre im Gefängnis verbracht hatten und entlassen werden könnten. Eine Delegation wurde an Gandhi geschickt, um ihm zu erklären, dass die Bedingungen in Indien andere seien als in der Grenzprovinz. Gandhi stimmte dem, was die Deleigierten über die Entlassung der politischen Gefangenen sagten, zu, und sagte ihnen außerdem, sie sollten mich um Rat fragen.

Deshalb wurde eine Ein-Mann-Delegation zu mir ins Gefängnis geschickt. Der Mann berichtete mir, was Gandhi gesagt hatte, und teilte mir mit, dass die Briten mich niemals entlassen würden. Wenn sie jedoch eine Regierung bilden könnten, dann würden sie alle Khudai Khidmatgars freilassen.

Aber er konnte mich nicht überzeugen. Ich sagte ihm, er solle sich um die politischen Gefangenen keine Sorgen machen. Ich sagte, dass meiner Meinung nach eine Regierung, die keine wirkliche Macht hätte, mehr schaden als nützen würde. Ich riet von der Bildung einer Regierung ab. Jedoch scheint ein anderer Rat sich durchgesetzt zu haben, denn im März 1945 wurde eine Regierung gebildet und alle politischen Gefangenen wurden freigelassen.

Sobald ich frei war, nahm ich meine Arbeit wieder auf. Allerdings setzte die Regierung bald wieder ihre Maschinerie in Gang und tat alles, was sie konnte, um meine Arbeit zu verhindern.

Tatsächlich war die Aurangzeb-Khan-Regierung ein Segen der Tarnung für uns, denn dadurch merkten die Menschen, wie wenig die Muslimliga-Regierung für sie tat und wie viel der Kongress oder die Khudai-Khidmatgar-Regierung für das einfache Volk tat. Aurangzeb war nicht in der Lage gewesen, irgendetwas für die Menschen zu tun. Er tat nur das, was die Briten ihm sagten und was in seinem eigenen Interesse war. Aber später tat die Regierung von Dr. Khan Sahib viel für das Wohlergehen der Menschen, obwohl es nicht die volle Befugnis hatte. Das Wichtigste war, dass die, die der Regierung angehörten, nicht die Marionetten der Briten waren. Ihre Liebe und ihr Mitgefühl galten ihrem eigenen Volk.

Wahlen und Referendum

Ich war nicht für die Wahlen der Jahre 1945 und 46. Wir dachten, selbst wenn wir die Wahlen gewönnen, was würde es nützen, wenn wir nicht für die Menschen würden arbeiten können? Schließlich wollten wir die Wahlen nicht gewinnen, um eine Regierung zur Herrschaft über das Volk zu bilden, sondern um ihm zu dienen.

Ich nahm an den Versammlungen des Arbeitsausschusses des Kongress und des *parliamentary board*[xxxviii] in Kalkutta teil. Nachdem ich Gandhi über die Ereignisse und Bedingungen in der Grenzprovinz berichtet hatte, sagte ich ihm, dass ich nicht an den Wahlen teilnehmen wolle. Gandhi stimmte mir zu. Der Parlamentsausschuss gab sich große Mühe, mich umzustimmen, aber es gelang ihm nicht.

Nachdem die Versammlung des Arbeitsausschusses geendet hatte, kehrte ich in mein Dorf zurück und setzte meine Arbeit fort. Denn, obwohl ich nicht an der Wahlkampagne teilnehmen wollte, wollte ich auch nicht müßig zu Hause sitzen. Unsere Bewegung beschäftigte mich wieder ganz und ich reiste durch die Provinz. Das ermöglichte es mir auch, die Regierungs-Maschinerie zu beobachten, die gegen mich in Gang gesetzt worden war. Ich fand heraus, dass die Regierung das Islamia College in Peshawar und andere Schulen und Colleges in der gesamten Provinz geschlossen und die Schüler und Studenten veranlasst hatte, für die Muslimliga auf Stimmenfang zu gehen.

Ich sah auch britische Damen auf Stimmenfang gehen. Sie gingen zu den Menschen in die Häuser und benutzen klug die Sitte, Schals auszutauschen, wenn ein Gast begrüßt wurde. Sie sagten: „Ich komme Sie besuchen, also müssen sie mir ein Dupatta (Schal) geben. Aber der Dupatta, den ich haben möchte, ist Ihre Stimme."

Auch die Tochter von Begum Shahabaz war mit einer Mädchengruppe aus dem Punjab gekommen, um bei der Wahlkampagne mitzuwirken.

Viele Studenten von der Aligarh Muslim Universität und vom Islamia College in Kalkutta und Arbeiter und Führer der Muslimliga aus vielen Teilen Indiens waren in die Grenzprovinz gebracht worden. Die Regierung und die Muslimliga hatten auch Religionsführer aus dem Punjab und der Grenzprovinz angeworben, bei dieser Wahlkampagne mitzuarbeiten.

Als ich sah, wie schwer und wie begeistert diese Briten und ihre Frauen für die Muslimliga arbeiteten, änderte ich meine Meinung und beschloss, doch an der Kampagne teilzunehmen. Bis zu den Wahlen war nur noch ein Monat Zeit.

Das Thema, um das es in der Wahl von 1946 – der letzten allgemeinen Wahl im Vereinten Indien – ging, war: Indien oder Pakistan, Hindu oder Moslem, Islam oder Kufr [Ungläubiger], Tempel oder Moschee.

Die Werber für die Muslimliga fragten die Leute: „Werdet ihr für die Moschee oder für den Tempel stimmen?"

Aber anders als die übrigen Muslime in Indien waren die Paschtunen politisch wach. Sie besaßen Wahrnehmungsvermögen und niemand konnte sie im Namen des Islam in die Irre führen. Sie kannten die wahre Bedeutung des Islam. Das hatten sie in ihrer nationalistischen Bewegung gelernt. Sie hatten gelernt, ihrem Land Opfer zu bringen und ihm zu dienen. Nirgendwo sonst in Indien hatten die Muslime an einer derartigen nationalistischen Bewegung teilgenommen.

Der Wahltag kam. Die Briten taten alles, um die Muslimliga zu unterstützen und die Khudai Khidmatgars zu behindern. Aber durch die Gnade Gottes wurde die Muslimliga besiegt und wir gewannen die Wahlen mit großer Mehrheit. Die Regierung [des Vizekönigs] mit ihrer Maschinerie hatte alles Mögliche versucht, um uns vom Gewinnen der Wahl abzuhalten. Wir sahen das als ein so unwürdiges Verhalten ihrerseits an, dass wir, nachdem wir uns miteinander besprochen hatten, entschieden, dass wir unter keinen Umständen, ohne Bedingungen zu stellen, eine Regierung bilden dürften. In unserer Weigerung, eine Regierung zu bilden, sagten wir, dass wir nur unter *der* Bedingung eine Regierung bilden würden, dass wir Maßnahmen ergreifen und die Beamten bestrafen dürften, die entgegen den Dienst-Regeln und –Vorschriften während der Wahlen gegen uns gearbeitet hatten. Als Dr. Khan Sahib erfuhr, was wir beschlossen hatten, benachrichtigte er Sardar Patel, denn er war der Meinung, wir sollten die Regierung bilden.

Sardar Patel schickte Maulana Abdul Kalam Azad in die Grenzprovinz, damit er uns bei der Lösung des Problems helfe. Wir hielten eine Versammlung in Peshawar ab und sagten Maulana Azad offen, dass wir erst dann bereit seien, eine Regierung zu bilden, wenn die Regierung [des Vizekönigs] unsere Bedingungen akzeptiert habe. Dann ging Maulana Sahib nach Delhi und kam mit einem Brief des Vizekönigs zurück, in dem es in recht vagen Ausdrücken hieß, dass seine Regierung unsere Bedingungen akzeptiere. Nach der nötigen Beratung mit unseren Kollegen beschlossen wir, eine Regierung zu bilden, aber wir vereinbarten, dass alle Befugnisse in den Händen eines Zentralkomitees liegen sollten.

Im Juli 1946 wurden Maulana Azad und ich von den Khudai Khidmatgars und der Grenz-Versammlung zu Mitgliedern der Zentralversammlung gewählt, deren Zweck es war, Indien eine Verfassung zu geben. Wir waren drei Mitglieder aus der Grenzprovinz: Maulana Azad, ich und der Dritte war ein Bewohner des Hazara-Distrikts, wo die Muslimliga aktiv gewesen war und ihr Kandidat die Wahl gewonnen hatte.

Die Tatsache, dass wir uns solche deutliche Mehrheit bei einer Wahl gesichert hatten, in der es um eindeutige Themen ging, und das unter Bedingungen, die darin bestanden, dass die mit der Muslimliga verbündete Regierung und alle Moslem-Führer in Indien all ihre Macht gegen uns eingesetzt hatten, konnte nur eines bedeuten: dass die Mehrheit der Menschen im Land hinter uns stand.

Als uns deshalb trotz alledem 1947 ein weiteres Referendum[25] aufgezwungen wurde, betrachteten wir das als grobe Ungerechtigkeit und weigerten uns, irgendetwas mit einem solchen Referendum zu tun zu haben.

---

[25] Vgl. die Teilung Indiens

Wir beschlossen, das Referendum zu boykottieren, damit die Welt von dem großen Unrecht erfahren sollte, das uns angetan werden sollte. Der Befehl des Vizekönigs, ein neues Referendum abzuhalten, war nicht nur unlogisch und unvernünftig, sondern er war auch diskriminierend und parteiisch. Die Briten wollten uns damit ein Abschiedsgeschenk machen, aber wir nahmen es nicht an.

Während überall in Indien die Repräsentanten-Versammlungen aufgefordert worden waren zu entscheiden, ob sie weiterhin zu Indien gehören oder zu Pakistan übergehen wollten, wurde der Nordwestgrenzprovinz-Versammlung das Recht zu wählen nicht zugestanden. Das war eine Beleidigung der gesamten Nation der Paschtunen, die wir unter keinen Umständen hinnehmen konnten.

Ich muss zugeben, dass es mich auch verletzte und sehr traurig machte, dass nicht einmal der Arbeitsausschuss des Kongresses auch nur einen Finger krumm machte, um uns zu unterstützen, wie wir es gehofft hatten. Sie lieferten uns mit gebundenen Händen und Füßen unseren Feinden aus. Der Arbeitsausschuss des Kongresses zeigte im Fall von Assam durchaus nicht dieselbe Gleichgültigkeit und Gefühllosigkeit, als der Ministerpräsident Gopinath Bardolai sich weigerte, die *Grouping Clause*[xxxix] (Cripps-Lawrence-Plan 1946) anzuerkennen. In *dem* Fall meldete sich der Arbeitsausschuss zu Wort und unterstützte dessen Standpunkt.

Ich persönlich war nicht gegen die Grouping Clause. Als Gandhi mich fragte, warum nicht, sagte ich, dass ich jeden Plan besser fände als die Teilung des Landes.

Unter diesen Umständen und nach einer derartigen Behandlung durch den Kongress ist die Frage, ob ich in Indien bleiben oder zu Pakistan übergehen wolle, nicht nur unnötig, sondern unangebracht, weil der Kongress, der die repräsentative Körperschaft in Indien war, uns nicht nur im Stich ließ, sondern uns dazu auch noch in die Hände unserer Feinde gab. Wenn ich ihnen nun entgegenkäme, hieße das, meine Selbstachtung als Paschtune, meine Ethik und meine Tradition zu töten.

Unsere Haltung gegenüber Pakistan ist nicht mehr fraglich. Das war das Thema, wegen dessen wir bei den Wahlen in unserer Provinz gegen die Muslimliga kämpften, darüber brauche ich mir jetzt nicht mehr den Kopf zu zerbrechen.

Ich forderte, dass, wenn nun schon einmal ein Referendum abgehalten werden sollte, die Frage lauten müsste: „Paschtunistan oder Pakistan?" Aber niemand hörte auf mich und das Referendum wurde uns aufgezwungen. Da wir uns weigerten, daran teilzunehmen, war der Weg für die Muslimliga frei und sie nutzten alle Durchtriebenheit, Täuschung und Gewalt, über die sie verfügten. Trotzdem bekamen sie nur 50% der Stimmen, was nirgendwo für eine Entscheidung über das Schicksal eines Landes oder einer Nation ausreicht.

Die Briten, die bei diesem Referendum hätten neutral bleiben müssen, wie es sich für eine gerechte und ehrliche Regierung gehört, ließen in aller Offenheit Polizei und Armee auf Stimmenfang gehen. Sie postierten auch Polizisten und Armeepersonal an den Wahlurnen und fälschten die Unterschriften der Menschen, die an dem Referendum nicht teilnehmen wollten.

1958, als ich Gefangener im Zentralgefängnis in Haripur Hazara war, erzählte mir mein Mitgefangener Colonel Bashir die folgende Geschichte im Zusammenhang mit dem Referendum: Er war in der Armee und er und seine Kompanie waren in Litamber nahe Bannu stationiert. Am Tag des Referendums, so erzählte er mir, hatte er seine Kompanie dreimal zu den Wahlurnen hinausgebracht, damit die Soldaten gefälschte Stimmen zugunsten Pakistans abgeben konnten. Danach hatte man ihm einen Führungsposten im Geheimdienst gegeben und ihn später pensioniert. Dann hatte er eine Straftat begangen und war zu zwei Jahren Gefängnis verurteilt worden. Auf diese Weise waren wir zufällig im selben Gefängnis.

Da die Rothemden, die Khudai Khidmatgars, sich weigerten, an diesem Referendum teilzunehmen, gaben die Diener der Regierung und ihre Handlanger, die Muslimliga, Tausende von gefälschten Stimmen in ihrem Namen ab. Sogar der Name Khan Amir Mohammed Khan wurde, wie ich schon geargwöhnt hatte, gefälscht.

Besuch des King Edward's College, Peshawar, 1938

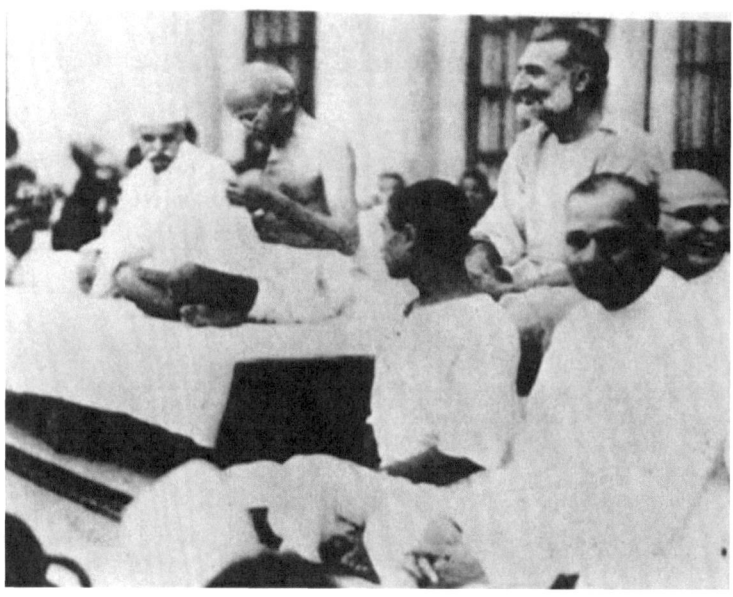

Bei einem gemeinsamen Aufenthalt in Wardha Ende 1934

Khan mit der indischen Premierministerin Indira Gandhi (ganz links) und
dem Dalai Lama (ganz rechts) bei der Gedenkfeier anlässlich
des 100. Geburtstages von Mahatma Gandhi 1969

Öffentliches Meeting in Peshawar, gemeinsam mit Gandhi

Die Regierungsmission

Die Muslimliga hatte die Gesetzgebende Versammlung Indiens boykottiert. Ich hatte diese Frage lang und breit mit den muslimischen Mitgliedern diskutiert und hatte ihnen gesagt, dass sie mit der Versammlung zusammenarbeiten und vorschlagen sollten, Indien zu einer demokratischen Republik zu machen.

„Wenn die Hindus damit einverstanden sind, werden wir an der Föderation teilhaben, und wenn nicht, wird unsere Provinz die Föderation verlassen. Ich wäre dann dafür, dass wir uns von der Föderation loslösen und unsere Provinz zu einem souveränen Staat machen."

Aber die Muslime waren dermaßen in die Irre geführt worden, dass sie auf nichts und niemanden hörten. Sie hatten nur eine Antwort: „Du bist ein Hindu geworden!"

Inzwischen war eine Regierungsmission unter der Leitung von Lord Pethick Lawrence aus London gekommen. Ich war Mitglied der indischen Delegation, die mit der Regierungsmission sprechen sollte. Wir waren vier, die Kongressmitglieder Maulana Abul Kalam Azad, Jawaharlal Nehru, Sardar Patel und ich. Auch die Mitglieder der Muslimliga waren zu viert: Jinnah, Liaquat Ali, Nawab Ismail und Abdulrab Nishtar.

Wir begannen unser Gespräch in Simla. Als wir über die Tagesordnung für den zweiten Konferenztag sprachen, sagten wir, dass wir zuallererst wissen wollten, ob die britische Regierung bereit sei, Indien die Freiheit zu geben und ihre Soldaten abzuziehen oder nicht. „Wir wollen uns nicht *so* in andere Themen vertiefen", sagten wir, „dass wir unser wahres Ziel aus den Augen verlieren!"

Deshalb stellte Jawaharlal Nehru am nächsten Tag bei der Konferenz diese Frage. Der Vizekönig Lord Wavell sagte zum Pandit: „Wir werden ganz bestimmt Indien verlassen. Aber in wessen Obhut sollen wir das Land geben? Haben Sie darüber entschieden?" Jawaharlal erwiderte: „Sie können das Land sogar der Muslimliga übergeben, wenn Sie nur abziehen!" Das machte auch auf Herrn Jinnah Eindruck und er sagte: „Sehr gut, wir werden miteinander darüber sprechen."

Dann wurde die Versammlung verschoben. Jinnah Sahib und Jawaharlal standen auf und gingen ins Nebenzimmer. Nach ein paar Stunden tauchten sie wieder auf. Sie hatten beschlossen, dass ein Komitee aus drei Männern bestimmt werden sollte, von denen einer der Kongressführer und einer der Führer der Muslimliga sein sollte. Der Dritte, der Vorsitzende des Komitees, sollte jemand sein, den beide akzeptierten. Jede Entscheidung, die wir einstimmig treffen würden, sollte Bestand haben. Im Fall einer Meinungsverschiedenheit würde dieses Dreier-Komitee den entscheidenden Ausschlag geben. Uns wurden zwei Tage zugestanden, ein derartiges Komitee auszuwählen. Am dritten Tag, als wir uns zu unserem Gespräch trafen, und Lord Pethick Lawrence, der ein äußerst freundlicher und liebenswürdiger Mann war, Jinnah fragte, was wir entschieden hätten, wies Jinnah das Ganze zurück. Ich winkte Nishtar Sahib zu mir und forderte ihn auf, Jinnah Sahib zu bitten, jetzt nicht noch alles zu verderben, denn Gandhi hatte meinen Kollegen vom Kongress in meiner Gegenwart gesagt, dass er den Muslimen alles, was sie forderten, gewähren würde, vorausgesetzt ihr Forderung sei einstimmig.

Nishtar Sahib stellte sich hinter Jinnahs Stuhl, aber Jinnah nahm keine Notiz von ihm. Nishtar Sahib blieb dort einige Minuten stehen und dann ging er wieder auf seinen Platz zurück. Auf diese Weise wurde das Ganze verdorben.

Eine Tatsache war jedoch, dass die Briten niemals Harmonie und Übereinstimmung zwischen Hindus und Muslimen gewünscht hatten und entschlossen waren, das Land zu teilen.

Als offensichtlich wurde, dass zwischen dem Kongress und der Muslimliga keine Einigung erreicht werden konnte, traf die Regierungsmission ihre eigene Entscheidung. Nachdem die Mission ihre Pläne verkündet hatte, kehrte sie nach London zurück. Der Vizekönig bildete eine Interimsregierung und das britische Parlament verkündete, dass die Briten innerhalb von sechs Monaten Indien verlassen würden.

Jawaharlals Besuch in der Grenzprovinz

Wegen einiger Meinungsverschiedenheiten weigerte sich der Kongress, irgendetwas mit der Bildung der Interimsregierung zu tun zu haben. Die Muslimliga beschloss, dass sie sich in diesem Fall beteiligen würde, aber der Vizekönig erlaubte es ihr nicht. Am Ende war der Kongress damit einverstanden, eine Interimsregierung zu bilden.

Als diese Regierung errichtet worden war, sagte ich Jawaharlal, dass Millionen Rupien für die Stammesgebiete der Nordwestgrenzprovinz ausgegeben worden seien, aber dass die Menschen selbst von allen diesen großen Ausgaben keinen Vorteil gehabt hätten. Alles Geld war von den Briten, den Stammesältesten und Maliks und ihren Dienern ausgegeben worden.

„Jetzt haben wir die Befugnisse", sagte ich zu Jawaharlal, „bitte kommen Sie doch und sehen Sie sich diese armen Stammesgebiete selbst an! Kommen Sie und lernen Sie die Menschen kennen! Sie sind sehr arm und sehr unterdrückt, aber Sie werden sie mögen! Sie leben in unfruchtbaren Bergen und haben keine irdischen Besitztümer. Wenn etwas, und sei es noch so wenig, für sie getan werden könnte, um ihnen einen Lebensunterhalt zu verschaffen, und wenn es Schulen für ihre Kinder gäbe, würde sie das mit neuer Hoffnung und neuem Mut erfüllen und alle Schwierigkeiten, die [gewöhnlich] von Zeit zu Zeit auftreten, würden nicht mehr auftreten."

Jawaharlal stimmte mir zu und versprach, dass er sobald wie möglich die Stammesgebiete besuchen und sehen würde, was für die Menschen getan werden könne. Aber als er gerade losfahren wollte, gab ihm der Vizekönig nicht die Erlaubnis dazu. „Aber ich habe es versprochen", sagte Jawaharlal zum Vizekönig, „und ich will fahren!" Dem Vizekönig war klar, dass Jawaharlal zu dieser Reise entschlossen war, ob er nun die Erlaubnis bekommen würde oder nicht. Darum sagte er nichts mehr darüber, aber er instruierte den Gouverneur der Grenzprovinz Sir Olaf Caroe, er solle sich um Jawaharlal kümmern. Der Gouverneur war ein geschworener Feind der

Khudai-Khidmatgar-Bewegung und ein großer Freund der Muslimliga. Er fuhr nach Delhi und verbrachte drei Tage mit Jawaharlal, in denen er versuchte, ihn von der Reise abzubringen. Aber Jawaharlal war entschlossen.

Als Sir Olaf aus Delhi zurückkam, instruierte er alle Political Agents Nehru so viele Hindernisse wie möglich in den Weg zu legen. Als Nehru ankam, machten wir uns auf den Weg in die Stammesgebiete. Auf diesem Weg begegneten uns unzählige Schwierigkeiten und wir wussten, dass sie alle das Werk des Gouverneurs waren. Zuerst gingen wir nach Waziristan. Dort waren alle Political Agents Briten. Sie waren sehr höflich und sie legten uns auf die höflichste Weise alle möglichen Hindernisse in den Weg. Sie setzten feindselige Demonstrationen in Bewegung. Als wir uns mit der Miranshah-Dschirga trafen und ich zu den Versammelten sprechen wollte, stand die gesamte Dschirga wie ein Mann auf und begann zu schreien, dass sie keine Hindu-Regierung wollten. Dann kamen wir nach Razmak und dort geschah dasselbe. Dann gingen wir nach Wana und die ganze Vorstellung wiederholte sich auch dort.

Als wir nach Mairanshah zurückfuhren und uns dort mit allen Political Agents und auch mit den Bewohnern trafen, fragte Nehru, welchen Nutzen das gemeine Volk aus all den Millionen Rupien gezogen hätten, die für die Stammesgebiete ausgegeben worden seien. Niemand antwortete ihm. Ich sagte: „Aber Sie haben so viel für die Paschtunen getan!" Der britischen Beamten schien erfreut zu sein. „Ja", fuhr ich fort, „es ist Ihnen gelungen, die Paschtunen zu demoralisieren, und Sie haben sie so geldgierig gemacht, dass sie, sobald man ihnen eine Handvoll Geld zeigt, ihr Land, ihre Religion und ihre Gemeinschaft wegwerfen. Dies alles bedeutet ihnen dann nichts mehr. ‚All das vergeht', sagen sie, ‚aber Geld bleibt für immer!'" Der britische Beamte schien nun nicht mehr erfreut zu sein.

Als wir uns zum Essen setzten, sagte der junge britische Beamte aus Wana zu mir: „Sie meinen offenbar, dass wir nichts für dieses Land getan hätten!" Ich erwiderte: „Aus eigenem Antrieb haben Sie nichts getan. Wenn Sie denken, Sie hätten irgendwo irgendetwas Gutes getan, dann seien Sie doch so freundlich und zeigen mir, was und wo!"

Blumen und Pflastersteine

Von Miranshah fuhren wir nach Tank und dann nach Jhandola. Hier war der Political Agent ein Hindu mit Namen Diwan Shivsranlal. Die Stammesangehörigen bereiteten uns einen herzlichen Empfang und sie brachten uns sogar Schafe. Wir sprachen lange mit ihnen und sie stimmten in allem, was wir sagten, mit uns überein. Überall entlang der Straße nach Jhandola wurden wir von Gruppen von Stammesangehörigen herzlich willkommen geheißen. Sie hatten drauf gewartet, dass wir dort vorbeikommen würden. Von Jhandola gingen wir nach Peshawar zurück.

Am nächsten Tag fuhren wir nach Khyber, wo der Political Agent ein Moslem mit Namen Sahibzada Khurshed war. Als unsere Karawane in Jamrud ankam, sahen wir einige Afridi in geringer Entfernung von der Straße sitzen und ihre Schuhe in unserer Richtung schwenken. Wir fuhren weiter bis Torkham (jetzt an der pakistanisch-afghanischen Grenze) und dann ging es weiter nach Landi Kotal, wo wir Menschengruppen an der Straße sitzen sahen. Sobald wir in Sichtweite kamen, warfen sie Steine nach uns. Das Auto des Political Agents fuhr vorne. Er hielt an und stieg aus. Die bewaffnete Eskorte schoss ein paarmal und die Menschen flohen. Einige Steine wurden gegen unser Auto geworfen. Zwar war das Fenster zerbrochen, aber niemand wurde verletzt. Der einzige Verwundete auf unserer Seite war ein Engländer, der aus dem Auto gestiegen war, um zu fotografieren. Einer der fliegenden Steine hatte ihn getroffen.

Unsere Fahrt brachte uns am nächsten Tag in die Malakand-*Agency*. Wir hatten erfahren, dass der Political Agent von Malakand in Peshawar gewesen war, um dort den Gouverneur zu besuchen. Dieser Agent Sheikh Mahboob Ali war ein äußerst gemeines und skrupelloses Individuum. Er war für großes Leiden und sogar unerträgliche geistige Leiden unseres Volkes verantwortlich. Er war derselbe Mahboob Ali, der, als er in Kabul im Dienste des britischen Gesandten David Humphrey gestanden hatte, sich einen Namen mit der Rolle gemacht hatte, die er bei der Absetzung Amanullah Khans und der Einsetzung Bacha Sakkas auf seinen Thron gespielt hatte.

Jetzt war er für die meisten unerfreulichen Zwischenfälle, die sich auf unserer Reise ereigneten, verantwortlich. Einer dieser Zwischenfälle ereignete sich in Malakand.

Der Mensch kann Gott vergessen und so stolz und arrogant werden, dass er denkt, Gott werde ihm alles durchgehen lassen. Aber er sollte daran denken, dass der Zorn Gottes ihn in jedem Augenblick ereilen kann! Jeder weiß, dass jetzt dort, wo einmal das Haus Mahboob Alis stand, die Esel grasen. Gegen Ende seines Lebens begegnete ihm so viel Missachtung und er musste so schrecklich leiden, dass selbst das härteste Herz Mitleid mit ihm gehabt hätte. Er hatte eine Frau und zwei Töchter. Eine seiner Töchter wurde in seinem eigenen Haus und vor seinen Augen von seinem Neffen erschossen. Auch die andere Tochter starb. Seine Frau ging mit all seinem Geld durch. Und heute erinnert sich niemand mehr auch nur seines Namens. Er hinterließ weder Kinder noch einen guten Ruf und er wurde auch schon vor Gott, dem alle Abrechnungen zukommen, berufen, um Rechenschaft über seine Taten abzulegen.

Dies war also Mahboob Ali, der Political Agent in Malakand. Ich fragte Jawaharlal, ob er immer noch nach Malakand fahren wolle. Er antwortete, wir sollten an unserem Reiseplan festhalten. In Waziristan hatten wir Soldaten zur Eskorte, aber in Khyber hatte uns die Polizei begleitet. Ich bat Dr. Khan Sahib, uns Soldaten zu schicken, die uns nach Malakand begleiten sollten, und ich fügte hinzu, dass, wenn er das nicht könne, ich Khudai Khidmatgars auffordern würde, uns zu begleiten. Ich bat ihn, eine bloße Polizei-Eskorte nicht zu akzeptieren. Er erwiderte, dass er uns gewiss Soldaten zur Begleitung schicken werde.

Aber als wir in Risalpur ankamen, fanden wir dort nur Polizisten vor, die uns begleiten sollten. Ich wurde darüber sehr ärgerlich und wollte auf der Stelle die Reisegesellschaft verlassen, tat es dann bei genauerem Nachdenken aber nicht. Schließlich war Jawaharlal meinetwegen gekommen und ich konnte ihn nun nicht im Stich lassen. Wir kamen etwas früher, als unser Zeitplan vorgesehen hatte, nach Malakand und es war niemand da, uns zu empfangen. Während wir im Fort Tee tranken, hörten wir draußen schreien und schlossen daraus, dass die Männer des Sheiks gekommen waren. Sie waren tatsächlich rechtzeitig, wir dagegen waren zu früh gekommen.

Auch in der Malakand-*Agency* gab es Khudai Khidmatgars. Rahat Khan, ein ausgezeichneter Khudai-Khidmatgar-Führer, kam noch spät am Abend zu mir und sagte mir, dass Sheikh Mahboob Ali eine Menge Leute habe holen lassen und dass wir auf unserer Hut sein sollten. Wir verbrachten die Nacht in Malakand.

Der Sheikh schmeichelte Dr. Khan Sahib immer und leider war es die einzige Schwäche des Doktors, dass er Schmeichelei nicht widerstehen konnte. Als der Morgen kam und es für uns Zeit zum Aufbruch war, kam ein Khudai Khidmatgar zu uns, um uns zu sagen, dass an der Straße eine Menschenmenge auf uns warte, offensichtlich nicht in guter Absicht, und dass wir Vorsichtsmaßnahmen ergreifen sollten. Ich nahm Doktor Sahib zur Seite und sagte ihm, was ich eben erfahren hatte. Der Sheikh sah uns aus einiger Entfernung zu. Dann kam er langsam näher und fragte Dr. Khan Sahib, was los sei. Der Doktor sagte es ihm, worauf der Sheikh sagte: „Sind Sie mir nicht wie ein Vater? Bin ich denn kein Paschtune? Glauben Sie wirklich, ich wäre ein solcher Schurke, dass ich Ihnen das antun könnte?"

Doktor Sahib traute dem Sheikh und sagte: „Kommt, wir gehen!" Er wartete nicht einmal auf die Polizei-Eskorte, sondern verließ den Raum und wir folgten Ihm. Der Sheikh ging vorneweg. Einige Engländer warteten am Tor auf Jawaharlal und wir hielten das Auto an, damit sie Nehru begrüßen könnten. Inzwischen war der Sheikh davongeschlüpft, und als wir an den Briten vorbeigefahren waren und durch das Tor fuhren, begannen die Menschen, die draußen auf uns gewartet hatten, Steine nach uns zu werfen. Sie hatten einen Lastwagen quer über die Straße gestellt, um uns den Weg zu versperren. Einer der Steine traf mich im Rücken und ich wurde fast ohnmächtig. Ein Jamadar, der mit uns reiste und vorne saß, duckte sich, um keinen Stein abzubekommen. Dr. Khans Blick fiel auf den Revolver des Mannes und er nahm ihn schnell auf, richtete ihn durch das offene Fenster auf die Menge und schrie: „Zurück, oder ich schieße!"

Als die Menschen den Revolver sahen, liefen sie weg. Dann sagte Dr. Khan dem Fahrer des Lastwagens, er solle den Wagen wegfahren. Der Fahrer bekam Angst und gehorchte. Wir atmeten auf.

Die Menschen hatten uns, sobald wir das Fort verließen, mit Steinen geworfen und die Engländer hatten gesehen, was geschehen war, aber sie hatten keinen Finger krumm gemacht, um uns beizustehen. Und das, obwohl Jawaharlal Nehru, der Außenminister der Zentralregierung, und der Premierminister der Nordwestgrenzprovinz Dr. Khan Sahib in unserer Begleitung waren! Als wir in Malakand den Berg herunterkamen, mussten wir das Auto anhalten, weil das Fenster zerbrochen und wir alle Verletzungen erlitten hatten. Als wir aus dem Auto stiegen, sahen wir unsere Eskorte auf uns zukommen, und wir sahen, dass der diensthabende Offizier der Deputy Commissioner von Mardan Herr Curtis war. Er war von der Regierung beauftragt worden, uns zu eskortieren und zu schützen. Er entschuldigte sich dafür, dass er nicht rechtzeitig gekommen sei. Aber wir wussten die ganze Zeit über, dass das eine Verschwörung zwischen ihm und Sheikh Mahboob Ali war.

Bevor wir unsere Reise fortsetzten, sagte ich Dr. Khan Sahib, dass ein Lastwagen vor uns und ein anderer unmittelbar hinter uns fahren sollten. Sobald sich Menschen an der Straße gesammelt hätten, sollte der Lastwagen vorn anhalten und die Soldaten sollten aussteigen und den Menschen befehlen wegzugehen. Wenn sie sich weigerten, könnten die Soldaten ihre *Lathis* einsetzen. Wenn auch das die Menschen nicht vertreiben würde, sollten die Soldaten auf dem Lastwagen hinter uns einige Schüsse in die Luft abgeben.

Wir kamen von Malakand und erreichten Dargai. Dort fanden wir wieder eine Menschenmenge, die nur darauf wartete, uns mit Steinen zu bewerfen. Ein Stein wurde auf Jawaharlal geworfen, aber ich streckte meine Hand aus und veränderte damit die Flugbahn. Dabei wurde jedoch meine Hand verletzt. Ein Mann warf einen Topf mit Unrat in das Auto. Jawaharlal und ich konnten ihm ausweichen, aber Dr. Khan Sahib wurde vollständig durchnässt. Mit großen Schwierigkeiten erreichten wir endlich Peshawar.

Tatsächlich verdankten wir alle Schwierigkeiten Dr. Khan Sahib. Wenn er uns gestattet hätte, unsere eigenen Vorkehrungen zu treffen, dann hätten wir dafür gesorgt, dass wir wirksam beschützt worden wären.

Am Tag darauf hielten wir in unserem Zentrum eine Versammlung ab. Aber dieses Mal hatten wir Vorsichtsmaßnahmen ergriffen und trotz Plan und Verschwörung der Regierung hatte niemand den Mut, uns oder unserer Versammlung in die Nähe zu kommen und Schwierigkeiten zu bereiten. Am nächsten Tag schickten wir Dr. Khan Sahib die Nachricht, dass wir unsere eigenen Vorkehrungen getroffen hätten und dass wir weder seinen noch der Regierung Schutz brauchten. Als wir alles geordnet hatten und ich mit Jawaharlal zusammensaß, bekam ich die Mitteilung, dass einige Briten zu Dr. Khan Sahibs Bungalow gegangen seien und dass sie Vorkehrungen träfen, damit uns Soldaten begleiteten. Gerade in diesem Augenblick kam Dr. Khan Sahib persönlich und ich bat ihn, die Briten und ihre Soldaten wegzuschicken, da wir auch sie nicht brauchten.

Dr. Sahib sagte: „Warum wollt ihr nicht, dass sie mitkommen?" Aber ich lehnte ab und sagte, wir wollten sie nicht. Dann ging ich selbst hinaus zu den Briten und sagte: „Als wir Ihren Schutz brauchten, haben Sie ihn uns nicht gewährt, sondern nichts getan. Heute brauchen wir weder Sie noch Ihren Schutz. Wir haben unsere eigenen Vorkehrungen getroffen. Lassen Sie uns also freundlicherweise in Ruhe und folgen Sie uns nicht weiter!"

Dann gingen die Briten zu Mullah Gori und verschworen sich mit ihm. Mullah Gori war ein *murid* [Schüler] des Pir Sahib Manki Sharif.

Die Verschwörung bestand darin, dass wir an einem vierzehn Meilen von Peshawar entfernten Ort angegriffen werden sollten, wo die Straße in die Schotterstraße nach Charsadda abging. Aber wir waren auf die Möglichkeit solcher Zwischenfälle vorbereitet. Die Muslimliga hätte gerne Unheil angerichtet, aber sie hatte nicht den Mut dazu.

Die Straße von Peshawar bis zu unserem Zentrum in Sardaryab war auf beiden Seiten von Khudai Khidmatgars in ihren roten Uniformen besetzt. Die Dorfbewohner hatten von den Zwischenfällen in Malakand gehört und waren auch gekommen. Sie hatten Waffen mitgebracht. Sie standen hinter den Rothemden, die natürlich unbewaffnet waren, da sie den Schwur der Gewaltfreiheit abgelegt hatten. Aber diese gewöhnlichen Paschtunen unterlagen solchen Beschränkungen nicht. Sie hatten große Sympathie für uns. Sie waren jedoch keine Rothemden und sagten, dass sie, wenn es irgendwelche Gewalt gäbe, ihr mit Gewalt entgegentreten würden.

Einige Männer der Muslimliga kamen mit der Absicht zum Zentrum, dort Unruhe zu stiften, aber als sie die bewaffneten Dorfbewohner sahen, liefen sie davon.

Tausende kamen zu der Versammlung im Zentrum. Die Khudai Khidmatgars hatten ausgezeichnete Vorkehrungen getroffen, um eine so große Anzahl Menschen unterzubringen, und die Versammlung wurde ein großer Erfolg.

Die Khudai Khidmatgars hielten Jawaharlal eine Willkommensrede und er erwiderte diese mit einer eigenen Ansprache. Dann sprach auch ich. Nach der Beendigung der Versammlung fuhren wir wieder nach Peshawar und am nächsten Tag kehrte Jawaharlal nach Delhi zurück.

Über Gewaltfreiheit

Als ich 1945 aus dem Gefängnis entlassen wurde, war ich schwer krank. Im Gefängnis werde ich immer krank. Gandhi war damals gerade in Bombay und er schrieb mir und bat mich, auch nach Bombay zu kommen. Jedes Mal, wenn ich nach Bombay oder Sevagram fuhr, verbrachte ich wenigstens eine Nacht in Delhi bei Devadas Gandhi. Devadas Frau war immer sehr gastfrei und freundlich und ich fühlte mich bei ihnen vollkommen zu Hause. Ich hatte nie das Gefühl, ein Besucher oder ein Gast zu sein. Ich fuhr also nach Bombay. Gandhi wohnte bei den Birlas und sie luden auch mich ein. Als wir eines Tages miteinander sprachen, kamen wir auf das Thema Gewaltfreiheit und ich sagte zu Gandhi:

„Gandhiji, du predigst in Indien schon lange Gewaltfreiheit, ich dagegen habe erst vor Kurzem angefangen, die Paschtunen Gewaltfreiheit zu lehren. Und doch: Im Vergleich mit den Indern haben die Paschtunen diese Lektion und den Gedanken der Gewaltfreiheit anscheinend viel schneller und viel besser aufgefasst. Denk nur daran, wie viel Gewalt es während des Krieges, im Jahr 1942, in Indien gab. In der Nordwestgrenzprovinz dagegen hat trotz aller Grausamkeit und Unterdrückung, die die Briten den Paschtunen angetan haben, kein einziger von ihnen auf Gewalt zurückgegriffen, obwohl auch ihnen die Werkzeuge für Gewalt zur Verfügung stehen. Welche Erklärung hast du dafür?"

Gandhi erwiderte: „Gewaltfreiheit ist nichts für Feiglinge. Sie ist für die Tapferen und Mutigen. Und die Paschtunen sind tapferer und mutiger als die Hindus. Das ist der Grund dafür, dass die Paschtunen gewaltfrei bleiben konnten."

Immer wenn ich bei einer Gebetsversammlung in einer Harijan-Kolonie oder in Sevagram oder an einem anderen Ort bin, lese ich zuerst aus dem Heiligen Koran vor. In Sevagram chantete ein japanischer Buddhist aus seinen heiligen Schriften. Dann begannen die Hindu-Gebete. Gandhi hatte eben solche Achtung vor allen Religionen wie ich und er glaubte, dass sie sich alle auf dieselbe Wahrheit gründeten. Und das ist auch mein fester Glaube. Ich habe sowohl den Heiligen Koran als auch die Bhagavad Gita genau und voller Ehrfurcht gelesen.

Als ich im Dera-Ghazi-Khan-Gefängnis war, lasen mir meine Sikh-Mitgefangenen oft aus dem Guru Granth Sahib vor. Ich war auch sehr daran interessiert, etwas über den Buddhismus zu erfahren, weil unser Volk buddhistisch war, bevor es den Islam annahm. Aber leider bekam ich nie ein Buch über Buddhismus in die Hand, das ich hätte lesen können. Ich machte Bekanntschaft mit dem Neuen Testament, als ich in der Mission High School war, und im Gefängnis las ich oft im Alten Testament. Ich war auch an der Religion der Parsen sehr interessiert, den Lehren Zoroasters, denn er war unser Bote, er wurde in Balkh in Afghanistan geboren. Aber wieder: Leider! Bisher konnte ich noch keine Literatur über ihn finden. Ich fragte Khursheedbehn und einige parsische Freunde, aber keiner von ihnen hat mir je ein Buch über Zoroaster und seine Lehre geschickt.

Meine Religion ist Wahrheit, Liebe und Dienst für Gott und die Menschheit.

Jede Religion, die in die Welt gekommen ist, hat die Botschaft von Liebe und Brüderlichkeit gebracht. Alle, die dem Wohlergehen ihrer Mitmenschen gegenüber gleichgültig sind, alle, deren Herz ohne Liebe ist, alle, die die Bedeutung der Brüderlichkeit nicht kennen, die Hass und Feindseligkeit in ihrem Herzen beherbergen, sie alle kennen die Bedeutung von Religion überhaupt nicht.

Rache für Rache

Die Krawalle und Unruhen, die 1946 überall in Indien ausbrachen, waren das Ergebnis der *Direct Action*^{xl} der Muslimliga in Kalkutta.

Zugegebenermaßen wurden während der ersten Unruhen in Kalkutta einige Hindus getötet, aber als die Hindus und die Sikhs dem Vorbild der Muslimliga folgten und zur Gewalt griffen, wurde dort an Leben und Besitz von Muslimen unaussprechlicher und irreparabler Schaden angerichtet.

Die Muslimliga hatte die Absicht, die Unruhen weitergehen zu lassen, und schlug unter dem Vorwand, wegen der Ereignisse in Kalkutta Rache zu nehmen, in Noakhali zu. Sie bereiteten den Hindus in Noakhali die Hölle und begingen solche Grausamkeiten, dass jeder, der menschliche Gefühle hat, vor Scham in die Erde hätte versinken müssen.

Auch die Briten fingen, ihrem Grundsatz: „Teile und herrsche" gemäß, die Hindus in ihrem Netz. Und die Hindus hielten unter dem Vorwand der Rache in Bihar die Erinnerung an Tschingis Khan wach.

Der Traum der Muslimliga hatte sich erfüllt. Der Tag, nach dem sie sich gesehnt und um dessen Kommen sie zu Gott gebetet hatten, war endlich angebrochen.

Was steckte hinter den ekelhaften und unheiligen Plänen, die die Muslimliga ausbrütete? Was war der Zweck der Feuer von Hass und Rache, die sie im ganzen Land entzündeten? Warum waren ihre Hände rot vom Blut ihrer Landsleute? Alles das konnte nur bedeuten, dass die Muslimliga entweder die absolute Macht ergreifen oder dass sie das Land in Stücke brechen wollte. Den Briten gefiel es, dass die Muslimliga ihnen in die Hände spielte, denn sie konnten nun die Labour-Regierung in London davon überzeugen, dass die Inder eine Bande von Krawallmachern seien, die einander nach dem Leben trachteten, und dass sie vollkommen unfähig seien, die Verantwortungen für ihre Freiheit zu übernehmen. Die Regierung in London sollte sich klar machen – das dachten die Amtsträger in

Indien –, dass die britische Herrschaft in Indien unbedingt notwendig sei, denn sobald die Briten Indien verlassen würden, würden die Inder einander auf der Stelle abschlachten.

Ich fuhr selbst nach Bihar. Im Patna-Distrikt hatten die Muslime furchtbare Verluste erlitten. Überall in Bihar waren die Häuser geplündert, zerstört und in Brand gesetzt und viele Menschen waren getötet worden. Ich fuhr durch die Dörfer und überall fand ich Zerstörung und Verwüstung. Die meisten Menschen hatten den Ort verlassen und die wenigen, die geblieben waren, waren in Lagern untergebracht worden. Aber trotz allen diesen Zerstörungen hatte sich die Wut der Muslimliga noch immer nicht vermindert. Sie wollten politisch von all diesem Elend profitieren und versuchten die armen Opfer zu überreden, nach Bengalen auszuwandern, während ich mich darum kümmerte, sie in ihren eigenen Dörfern und ihren eigenen Häusern wieder heimisch zu machen.

Aber die Muslimliga übte so starken Druck auf die Menschen aus, dass sie nicht auf mich hörten. Ich ging zu den Führern der Muslimliga. Sie versteckten sich in Rechtsanwalt Yunus' großartigem Haus, und immer, wenn ich dorthin ging, sah ich sie essen und trinken. Ich sagte zu ihnen: „Ich bin gekommen, um eine Bitte zu äußern: Setzt allem diesem Elend jetzt ein Ende! Ist nicht schon genug zerstört worden? Wenn ihr wirklich wollt, dass diese armen Menschen nach Bengalen auswandern und wenn ihr sie dort wirklich ansiedeln wollt, dann habe ich keine Einwände dagegen. Aber es wäre äußerst unfair von euch, sie für eure Zwecke zu benutzen! Diese Menschen haben schon sehr viel erlitten. Bitte lasst sie nicht noch mehr leiden!"

Aber die Muslimliga-Führer waren skrupellos und schickten die Flüchtlinge aus Bihar nach Bengalen. Der Monsun näherte sich und ich hatte gehofft, dass die Häuser der Dorfbewohner wieder aufgebaut und eingerichtet wären, bevor der Regen einsetzte. Aber die Muslimliga-Führer wollten nicht mit mir zusammenarbeiten. Offensichtlich hatten sie kein Interesse am Wiederaufbau, sondern nur an der Zerstörung.

Den Muslimen, die nach Bengalen auswanderten, erging es schlechter als denen, die zu Hause geblieben waren. Einige starben, als sie Bengalen erreicht hatten. Die Überlebenden kehrten nach Patna zurück. Sie waren wieder zur Besinnung gekommen und ihnen war nun klar, dass die Muslimliga weder in der Lage noch willens war, irgendetwas für sie zu tun. Sie hatten auch erkannt, dass die Muslimliga sie in ihrem politischen Schachspiel als Bauern benutzt hatten.

Viele der muslimischen Dorfbewohner hatten ihre Wertsachen vergraben, bevor sie ihre Häuser verlassen hatten, und nun suchten sie jemanden, der sie in ihre Dörfer zurückführen, der sie begleiten und ihnen dabei helfen würde, ihre Besitztümer wieder auszugraben. Aber die Mitglieder der Muslimliga fürchteten sich zu sehr, Patna zu verlassen. Ich war der Einzige, der die Dorfbewohner zu ihren früheren Häusern zurückbegleitete und ihnen dabei half, ihre Besitztümer wiederzubekommen.

Nachdem die Dorfbewohner so viel Elend und Not erlitten hatten, kamen sie zu mir und sagten, sie machten sich große Sorgen, denn der Monsun näherte sich und sie hatten kein Dach über dem Kopf. Sie baten mich, meinen Einfluss bei der Regierung von Bihar zu gebrauchen, diese möge dafür sorgen, dass die Dorfbewohner vor der Regenzeit wieder angesiedelt würden. Auf meine Bitte unternahm die Regierung von Bihar Vorkehrungen, sie wieder unterzubringen, und fing sofort mit dem Hausbau an. Der Monsun war im Anmarsch, das Fortschreiten der Wiederaufbauarbeit war nicht unbefriedigend. Aber ich dachte, dass, wenn Mahatma Gandhi Bihar besuchen könnte, die Arbeiten schneller laufen würden und beendet sein könnten, bevor der Regen einsetzte.

Deshalb schrieb ich an Gandhi, der in Noakhali war, weil auch dort sehr viel Schaden angerichtet worden war. Sobald er meinen Brief bekommen hatte, kam er und fuhr durch die Dörfer. Wohin er auch kam, tröstete er die Menschen in ihrer Trübsal und flößte ihnen neue Hoffnung ein. Die Wiederaufbauarbeit machte schnelle Fortschritte.

Auch Mridulabehn war mit Gandhi gekommen. Sie war damals seine Sekretärin. Sie hatte viel Mitgefühl mit den armen, zu Opfern gemachten Muslimen und tat sehr viel für sie. Ich werde niemals ihre menschenfreundlichen Bemühungen vergessen und ihr immer dafür dankbar sein! Damals in Bihar wurde unsere Beziehung wie die zwischen Vater und Tochter und das ist sie noch heute.

Teilung Indiens

Nach Bihar waren es der Punjab und die Nordwestgrenzprovinz, die die volle Wucht der Rache der Muslimliga ertragen mussten. Die Muslimliga nahm sich nicht nur Land und Besitz von Hindus und Sikhs, sondern in ihrer Bemühung, die verfassungsgemäße Regierung zu stürzen, setzten Angehörige der Muslimliga höchst unverfassungsgemäße und unislamische Ausschreitungen und Unruhen in Gang und verhielten sich wir Randalierer.

Ich war noch in Bihar und arbeitete dort mit den Muslimen. Die Grenz-Versammlung tagte. Im Punjab fingen die Ausschreitungen in Multan, Amirtsar, Ambals, Rawalpindi und Gujarat an. Von dort breiteten sie sich nach Peshawar aus. Die Muslimliga hatte die Absicht, Dr. Khan Sahib zum Rücktritt zu zwingen, und unternahmen dazu eine Verleumdungs- und Beleidigungs-Kampagne gegen ihn. Sie mordeten Unschuldige auf den Straßen und Marktplätzen von Peshawar. Um eine Hindufrau aus dem Hazara-Distrikt in die Hände zu bekommen, unternahmen Angehörige der Muslimliga eine Kampagne des „zivilen Ungehorsams". Sie besaßen aber nicht die moralische Kraft, die Solidarität von Dr. Khan Sahibs fest etablierter Regierung zu zerbrechen. Darum nahmen sie Schädigungen und Krawalle wieder auf.

Jawaharlal und andere Minister des Kongresses der Interimsregierung waren durch diese Gewaltausbrüche höchst beunruhigt. Schließlich stimmte auch der Kongress entgegen unserer aller Hoffnung der Teilung des Landes zu.

Am 3. Juni 1947 verkündete Lord Mountbatten die Teilung und der Kongress und die Muslimliga stimmten der Schaffung von Pakistan formell zu. Dr. Khan Sahib ließ alle Muslimliga-Gefangenen frei. Die Briten hatten die Gefängnisse für die Gefangenen der Muslimliga wie Klubs hergerichtet. In der Grenzprovinz gingen die Gefangenen in der Stadt spazieren und sie gingen sogar nach Hause und blieben dort über Nacht.

Die Kongress-Regierung war nur dem Namen nach eine Regierung. Die britischen Regierungsbeamten unterstützten Dr. Khan Sahib nicht im Mindesten und arbeiteten nicht mit ihm zusammen.

Aber für die Hindus war diese Regierung ein wahrer Segen: Der Gouverneur konnte sie nicht alle zugrunde richten, denn dem stellte sich Dr. Khan Sahib in den Weg. Der Gouverneur war jedoch ein Stolperstein auf Dr. Khan Sahibs Weg, denn er ließ nicht zu, dass der Doktor den Hindus vollkommenen Schutz gewährte, wie er es gerne getan hätte. Der Hauptpunkt der Differenzen zwischen dem Gouverneur und Doktor Sahib war jedoch der Schutz der paschtunischen Minderheit.

Einige Anglophile und Anglo-Inder und einige, die nach der Pfeife der Muslimliga tanzten, forderten, dass die Khudai-Khidmatgar-Regierung aufgelöst und die Herrschaft des Gouverneurs in der Grenzprovinz ausgerufen werde. (Es war eben der Gouverneur Caroe, der der Feind der Hindus und der Freund der Muslimliga war.) Um ihre Forderungen zu unterstützen, sagten sie heuchlerisch, dass die Khudai-Khidmatgar-Regierung nicht in der Lage sei, sie zu schützen. Ihnen war nicht klar, dass sie damit ihre eigene Totenglocke läuteten.

In der Stadt Peshawar wurden die Läden geschlossen. Die Hindus und Sikhs hatten sich eingeschlossen und selbst in ihren Häusern und hinter verschlossenen Türen waren ihr Eigentum und Wohlstand und ihre Ehre nicht sicher. Zentausend Khudai Khidmatgars waren in ihren roten Uniformen nach Peshawar gekommen, um die Hindus zu schützen. Sobald sich die Nachricht ihrer Ankunft verbreitete, kamen die Hindus wieder hervor, die Läden öffneten und die Geschäfte wurden wieder aufgenommen. Sie wussten, dass ihr Leben und Besitz nun sicher waren. Die Khudai Khidmatgars waren Tag und Nacht im Dienst und die Menschen brauchten nur flüchtig eine rote Uniform zu sehen, um sich bestärkt und sicher zu fühlen.

Zur Zeit der Wahl hatte die Muslimliga den Punjaber Major Khurshed geschickt, damit er für sie um Stimmen werbe. Dieser Major war wegen Fehlverhaltens aus der Armee entlassen worden. Die Muslimliga hatte ihn mit der Absicht geschickt, einen Bürgerkrieg zwischen den Paschtunen anzuzetteln. Die Vorträge, die er in Peshawar für die Muslimliga hielt, waren voller Hass. Er sagte, dass die Handvoll Kongressführer, die die ganze Nation unterdrücke, ermordet werden solle.

„Warum mietet ihr nicht ein paar Männer, um diese Führer loszuwerden?" fragte er. „Das würde euch nicht mehr als zehn- oder zwanzigtausend Rupien kosten. Wenn ihr sie nicht aus dem Weg räumt, merkt euch gut, was ich sage! wird niemals der Weg für uns frei sein."

Mit diesen Vorträgen hoffte er, die Leute so sehr zu verwirren, dass sie anfangen würden, miteinander zu streiten und zu kämpfen. Er dachte, dass, wenn auch nur ein Khudai-Khidmatgar-Führer getötet würde, die Paschtunen in ihre alte Gewohnheit des Rachenehmens zurückfallen und die Moslemführer töten würden.

Von da an, dachte Major Khurshed, wären sie alle so mit den Fehden untereinander beschäftigt, dass sie alles andere vergessen und sich schließlich selbst zerstören würden.

Er wollte nicht nur die Khudai Khidmatgars, sondern die gesamte paschtunische Gemeinschaft zerstören. Aber als unsere Leute die wahren Absichten Major Khursheds herausbekamen, bildeten sie eine neue Organisation zum Schutz der Khudai Khidmatgars. Diese Organisation wurde Zalmai Pashtun genannt und bestand aus jungen Männern, die nicht an Gewaltfreiheit glaubten. Denn, so sagten sie, da die Khudai Khidmatgars niemals Gewalt gebrauchten, obwohl gegen sie oft Gewalt verübt werde, brauchten diese den Schutz junger Männer, die sich mit Gewalt gegen die Gewalt wenden würden. Sie erließen eine öffentliche Ankündigung, dass von nun an Zalmai Pashtun die Khudai Khidmatgars schützen würde.

Die Muslimliga reagierte damit, dass sie eine rivalisierende Organisation gründete. Sie bekam den Namen Ghazi Pashtun. Aber die gesamte Nation stand hinter den Zalmai Pashtun.

Einige Khans und Maliks, die sich immer noch bei den Briten beliebt machen wollten, sympathisierten mit der Muslimliga, aber sie hatten nicht den Mut, Major Khursheds Programme durchzuführen, denn ihnen war klar, dass, wenn sie das täten, keiner von ihnen mit dem

Leben davonkäme. Das war also das Ende für Major Khurshed und die Pläne der Punjaber, die Paschtunen zu vernichten.

Ich war nach Delhi gefahren, um an der Sitzung des Arbeitsausschusses des Kongresses teilzunehmen. Es war die Sitzung, in der die Teilung des Landes diskutiert wurde. Gandhi und ich waren gegen die Teilung. Ich weiß nicht, welcher Meinung die anderen Mitglieder waren, denn ich hatte nicht mit ihnen darüber gesprochen. Aber Sardar Patel und Rajagoplachri waren für die Teilung und sie übten Druck auf die anderen aus.[26]

Auch über die Frage eines Referendums in der Nordwestgrenzprovinz wurde gesprochen. Gandhi und ich waren auch gegen das Referendum. Ich sagte, es liege überhaupt keine Notwendigkeit für ein Referendum vor. Weniger als ein Jahr zuvor war in den Wahlen der Nordwestgrenzprovinz über das Thema Indien oder Pakistan gestritten worden. Wir hatten die Wahlen mit großer Mehrheit gewonnen und die Muslimliga hatte sie verloren. So einfach war das.

Sardar Patel und Rajagoplachri stimmten in dieser Frage nicht mit uns überein und sie übten viel Druck auf den Arbeitsausschuss aus und behaupteten lang und breit, dass ein Referendum wünschenswert sei. Schließlich war der Arbeitsausschuss einverstanden und stimmte sowohl für die Teilung des Landes als auch für das Referendum.

Bei dieser Gelegenheit sagte ich dem Arbeitsausschuss und Gandhi, dass wir Paschtunen im Kampf für die Freiheit Indien zur Seite gestanden und dafür große Opfer gebracht hätten. „Aber ihr lasst uns jetzt im Stich", sagte ich zu ihnen, „und werft uns den Wölfen zum Fraß vor!" Wir hatten eine Wahl über die Frage Indien oder Pakistan abgehalten und wir hatten diese Wahl mit großer Mehrheit gewonnen. Gibt es also irgendeinen Zweifel daran, was die Paschtunen wollten? Es lag ja offen zutage! Das war der eine Grund, warum wir kein Referendum wollten. Ein anderer Grund war, dass Indien uns in der Patsche sitzen ließ. Warum sollten wir also ein Referendum über das Thema „Indien oder Pakistan" abhalten wollen?

---

[26] Vgl. das Kapitel *Wahlen und Referendum*

Unsere Leute waren von der Schwäche des Kongresses sehr enttäuscht und auch etwas ärgerlich, fürchte ich. Darum sagten wir, wenn es schon ein Referendum geben müsse, solle es über die Frage Paschtunistan oder Pakistan sein.

Schließlich waren es nicht *wir*, die den Kongress verließen, sondern der Kongress hatte *uns* im Stich gelassen. Wenn wir den Kongress aus eigenem Antrieb verlassen hätten, dann hätten uns die Briten gegeben, was wir gewollt hätten, aber wir wollten den Kongress nicht verlassen. Ich bin überzeugt, dass die Briten auf den Kongress hätten hören müssen, wenn der Kongress in diesem Punkt Druck ausgeübt hätte, wenn er darin ebenso unerschütterlich wie er es in der Frage Gurdaspur war, oder so unerschütterlich gewesen wäre, wie Jinnah in dieser Frage gewesen war.

Es ist unser großes Unglück, dass Gandhi nicht mehr unter uns weilt. Wenn er noch lebte, würde er uns unterstützen, da bin ich mir sicher. Wir hatten große Hoffnungen in Jawaharlal gesetzt und zweifellos hat er Großes geleistet, aber ich kann nicht verstehen, warum er nichts für uns Paschtunen getan hat!

Als der Arbeitsausschuss des Kongresses der Teilung des Landes und dem Referendum zustimmte, war mir, als hätten sie das Todesurteil über alle Paschtunen gesprochen. Ich saß dort und war bestürzt und tief traurig. Maulana Azad saß neben mir. Er riet mir: „Jetzt solltest du der Muslimliga beitreten." Es macht mich noch immer traurig und ich frage mich, was um alles in der Welt ihn dazu veranlasste, so etwas zu sagen. Maulana war immer ebenso gegen die Prinzipien und Methoden der Muslimliga gewesen wie ich. Seitdem hatte es keinen Beweis für irgendeine Veränderung ihrer Politik gegeben, die es uns möglich gemacht hätte, ihr beizutreten. Die Muslimliga arbeitete nur an Zerstörung (destruction) und ich hatte mein gesamtes Leben dem Aufbau (construction) gewidmet. Wenn der Maulana dachte, es sei für mich richtig, der Muslimliga beizutreten, warum hatte er mir das nicht früher gesagt? Warum hatte er diese Meinung all die Zeit über für sich behalten? Da sein Rat so plötzlich und zu einem solchen Zeitpunkt gekommen war, beeinflusste er mich weder noch beeindruckte er mich. Ich kann meinen Glauben und meine Prinzipien nicht von einem Augenblick auf den anderen ändern und ich wollte auch nicht, dass mein Land und mein Volk wie ein Chamäleon die Farbe wechselte.

Als die Ahrar-Bewegung (Majlis-e-Ahrar-Islam) nach der Teilung der Muslimliga beitrat, stieß Liaquat Ali sie vor den Kopf und warf sie aus der Liga hinaus.

Ist das Freiheit?

Im Laufe der ersten achtzehn Jahre der Existenz Pakistans verbrachte ich fünfzehn Jahre im Gefängnis. Und während dieser Einkerkerung – möge Gott euch alle vor einer solchen Erfahrung bewahren, Amen! – verloren Tausende von Khudai Khidmatgars das Leben. Sie wurden nicht nur eingesperrt, sondern sehr schlecht behandelt und Grausamkeiten, die kein Mensch aushalten kann, wurden an ihnen verübt. Nach der Teilung sagte ich:

„Jetzt, da die Existenz Pakistans eine Tatsache ist und der Kongress und die Muslimliga beide diese Tatsache akzeptiert haben, wünsche ich nur, meinem Land und meinem Volk zu dienen, ohne dass ich einen Anteil an irgendetwas verlange. Mein Volk sind nun die treuen Bürger Pakistans und wir wollen unser Bestes für den Wiederaufbau und den Fortschritt des Landes tun."

Aber die pakistanische Regierung ließ sich davon nicht beeindrucken, sondern sie klagten mich im Gegenteil zu Unrecht an, dass ich die Pläne des Wiederaufbaus behindern wollte. Deshalb verhafteten sie mich. Sie klagten mich an, weil ich die Stammesgebiete besucht hatte. Mein Sohn Wali wurde unter derselben Anklage verhaftet und einige Zeit später erlitten Dr. Khan Sahib und mein Sohn Ghani dasselbe Schicksal.

Ich wurde dem Deputy Commissioner von Kohat vorgeführt. Er wollte, dass ich Kaution für gutes Verhalten hinterlegen sollte. Ich fragte ihn, warum. Er antwortete, dass ich gegen Pakistan sei. Als ich fragte, ob er irgendeinen Beweis dafür habe, sagte er mir, ich solle nicht mit ihm streiten. Ich weigerte mich also, Kaution zu hinterlegen. Daraufhin verurteilte er mich auf der Stelle zu drei Jahren schwerer Arbeit und ich wurde ins Montgomery-Gefängnis geschickt. Ich bekam keinen Nachlass auf meine Verurteilung. Selbst nachdem ich die vollständige Zeit abgesessen hatte, wurde ich gemäß einer Vorschrift von 1918 unter Überwachung gestellt. Erst im Januar 1954 wurde ich entlassen, und auch als ich entlassen worden war, geschah das nur dem Wortlaut nach. Ich wurde immer wieder verhaftet. Auf diese Weise hielt mich Pakistan fünfzehn Jahr lang gefangen.

Obwohl wir keine Verbrechen begangen hatten, war die Behandlung, die die pakistanische Regierung uns zuteilwerden ließ, von Anfang an grausamer und ungerechter als irgendetwas, das wir jemals unter der Herrschaft der ausländischen Ungläubigen gelitten hatten. Die Briten hatten niemals unsere Häuser geplündert, wohl aber tat das die Islamische Regierung Pakistans! Die Briten hatten uns niemals davon abgehalten, öffentliche Versammlungen abzuhalten oder Zeitungen zu veröffentlichen, aber die Islamische Regierung von Pakistan tat beides. Die Briten hatten die paschtunischen Frauen nie ohne Respekt behandelt, aber die Islamische Regierung von Pakistan tat das. Ich könnte noch viel mehr aufzählen, aber wozu sollte das nützen?

Eines Freitags waren in Charsadda Paschtunen und ihre Frauen auf dem Weg in die Moschee, um die Freitagsgebete abzuhalten und um Gottes Segen für ihre Brüder im Gefängnis zu erflehen. Sie trugen Ausgaben des Heiligen Koran auf dem Kopf. Als sie im Begriff waren, die Moschee zu betreten, übten Soldaten der islamischen Regierung von Pakistan den Gebrauch ihrer Maschinengewehre an ihnen und eröffneten das Feuer auf die Prozession. Dabei wurden nicht nur viele gläubige Paschtunen und ihre Frauen von Kugeln durchsiebt, sondern auch der Heilige Koran!

Im Gefängnis behandelte uns die Islamische Regierung von Pakistan zehnmal so grausam und unfair wie die Briten es je getan hatten. Im pakistanischen Gefängnis wurde das Licht in meiner Zelle oder Baracke die Nacht über immer angeschaltet gelassen. In Hyderabad (Sindh) wurde ich in Einzelhaft gehalten und niemand durfte mich besuchen. Das Klima dort bekam mir nicht, es schädigte meine Gesundheit und infolgedessen wurde ich krank. Ich bekam Nierenprobleme und die schädigten meine Füße. Der Wärter, ein punjabischer Moslem, kümmerte sich nicht darum. Er gab mir irgendeine Medizin, die mir aber durchaus nicht guttat.

Schließlich wurde ich ins Gefängnis in Lahore verlegt. Ich war noch krank. Von dort wurde ich ins Montgomery-Gefängnis geschickt und in eine Zelle gesperrt. Mein Gesundheitszustand wurde nicht besser, sondern er verschlechterte sich von Tag zu Tag.

Ich verbrachte fünfzehn Jahre in britischen Gefängnissen und die Islamische Regierung von Pakistan hielt mich alles in allem weitere fünfzehn Jahre in Haft. Außerdem musste ich Geldstrafen zahlen. Einmal beschlagnahmten sie einen Teil meines Landbesitzes anstelle einer Geldstrafe von 15 000 Rupien, obwohl der Wert des Landes mehr als 50 000 Rupien betrug.

Wenn die Briten grausam zu uns waren, dann aus dem Grund, dass sie unsere Feinde waren. Aber ich verstehe nicht, warum und für welches Verbrechen die Islamische Regierung von Pakistan mich und Tausende von Khudai Khidmatgars so viele Jahre lang im Gefängnis festhielt.

Ich fürchte, ich empfinde durchaus keine freundlichen Gefühle für Pakistan! Pakistans Fundament war Hass. Es wurde nicht aus der Liebe, sondern aus dem Hass geboren und es wuchs in Hass, Niedertracht, Bosheit und Feindseligkeit auf.

Pakistan wurde durch die Gnade der Briten geschaffen. Sie wollten damit bewirken, dass Hindus und Muslime für alle Zeit im Krieg miteinander wären und vergäßen, dass sie Brüder sind.

Pakistan ist unfähig, im Sinne von Frieden und Freundschaft zu denken. Es will das pakistanische Volk beherrschen, indem es ihm das Leben zu einem Albtraum von Ausschreitungen, Anschlägen und „heiligem" Krieg macht.

Haben wir den Einfluss verloren?

Maulana Azad schreibt in seinem Buch: „In Kalkutta kamen mich einige Paschtunen besuchen. Als ich ihnen Kekse und Tee anbot, sagten sie, sie hätten noch nie Kekse gegessen. ‚Dr. Khan Sahib und Badshah Khan aßen Kekse, aber sie boten uns nie welche an‘, sagten sie."

Der Maulana Sahib war mehrere Male in der Grenzprovinz und hatte die Gastfreundschaft der Paschtunen genossen. Er musste die Gleichheit gesehen haben, in der wir miteinander lebten. Die Paschtunen sind nicht so arm, dass sie niemals einen Keks gesehen oder gegessen hätten. Ganz abgesehen von den Gästen, ich aß und trank ja sogar mit meinen Dienern, und was ich auch hatte, das teilte ich mit ihnen. In unserem Land gilt es als sehr schlechtes Benehmen, Tee und Kekse zu sich zu nehmen, und den Besuchern, die da sein mochten, nichts anzubieten. Ich kann mir nicht vorstellen, was für Paschtunen damals Maulana Azad in Kalkutta besuchten!

Der Maulana Sahib schreibt in seinem Buch auch das Folgende: „Statt die Gelder des Kongresses für ihre Provinz auszugeben, schickten Dr. Khan Sahib und Badshah Khan das Geld zum Zentrum zurück."

Maulana Sahib schrieb, unsere Wirtschaftsführung und Sparsamkeit hätten unseren Einfluss und die Wirkung unserer Bewegung vermindert.

Die Khudai-Khidmatgar-Bewegung war nicht wie andere Bewegungen ausschließlich politisch. Sie war politisch, sozial, reformerisch, moralisch und spirituell. Die Khudai Khidmatgars dienten ihrem Land und ihrem Volk um Gottes willen. Sie kauften sich sogar ihre Uniformen selbst. Wir haben niemals Geld vom Kongress genommen. Wenn der Kongress uns jemals Geld gegeben hatte, dann musste er es dem Parlamentsausschuss gegeben haben. Wir betrachten den regelwidrigen Gebrauch nationaler Gelder als Verbrechen vor Gott.

Es stimmt, dass unsere Bewegung an Einfluss und Wirkung verlor. Warum sollten auch Tausende noch daran festhalten, da Tausende für die Sache im Gefängnis litten? Natürlich wussten wir, dass alle Verachtung, Grausamkeiten und Ungerechtigkeit die die pakistanische Regierung über die Khudai Khidmatgars ausschüttete, bewirken sollten, dass unsere Bewegung an Einfluss verliere. Aber ich habe nicht den Eindruck, dass sie bisher damit Erfolg hatten. Oh, Maulana, zeige mir nur eine einzige Organisation wie die unsere, irgendwo auf der Welt! Kannst du das etwa?

Ich bin jedenfalls froh, dass der Maulana Sahib wenigstens eine Tatsache zugegeben hat: Wir nahmen niemals Geld vom Kongress und wir gehörten einzig und allein aus dem Grund zum Kongress, weil wir auf ein gemeinsames Ziel hinarbeiteten, das war alles.

Die vom Maulana Sahib aufgestellte Behauptung, wir hätten dem Kongress Geld zurückgegeben, muss näher beleuchtet werden. Die Khudai-Khidmatgar-Bewegung bekam niemals Geld. Ich wiederhole: Wenn jemals Geld gegeben wurde, muss es dem Parlamentsausschuss übergeben worden sein.

Was die Behauptung angeht, dass wir das Geld nicht für die Provinz ausgegeben hätten, was – Maulana Sahib zufolge - der Grund dafür gewesen sein soll, dass wir den Einfluss verloren, so schlage ich dem Maulana Sahib vor, einmal sein Gedächtnis zu durchsuchen. Ob er sich wohl daran erinnert, wie stark wir vor der Teilung waren, als die Khudai-Khidmatgar-Bewegung noch nicht für illegal erklärt worden war? Sicherlich wird er sich daran erinnern, dass wir immer die Wahlen gewannen und dass die Regierung in unseren Händen war. Nach der Teilung des Landes und der Schaffung Pakistans hatte es keine Wahlen gegeben, wonach könnte der Maulana Sahib also unsere Stärke, Beliebtheit und unseren Einfluss beurteilen?

Ich freue mich auf die Zeit, wenn wieder freie, allgemeine Wahlen in Pakistan möglich sein werden, denn erst dann wird die Welt erfahren, welchen Weg mein Volk geht und wem es folgt. Das ist der Hauptkonflikt zwischen mir und den Herrschern in Pakistan.

Wenn irgendjemand Beweise – außer denen von Wahlergebnissen – unseres Einflusses haben möchte, dann bitte ich ihn, Folgendes zu bedenken:

Verderben nicht Tausende von Menschen in Gefängnissen? Opfern nicht Hunderte von Menschen ihr Leben? Gehen nicht sehr viele Menschen ins Exil, obwohl sie wissen, dass dann ihr gesamter Besitz konfisziert wird? Sind sie nicht von ihrer Hingabe an die Sache inspiriert und werden sie nicht davon aufrechterhalten? Braucht irgendjemand noch einen weiteren Beweis?

Warum wurde ich ins Gefängnis geworfen? Wenn ich oder meine politische Partei im Land keinen Einfluss gehabt hätte, warum hätte dann die pakistanische Regierung solche Angst vor mir gehabt, dass sie mich hinter Gittern hielt?

Reden Badshah Khans in Kabul

Am 30. Januar 1964 wurde Badshah Khan aus dem Gefängnis entlassen. Er brauchte dringend medizinische Behandlung. Im September 1964 fuhr er nach London. Im Dezember desselben Jahres – er war noch in Behandlung – ging er nach Kabul, der Hauptstadt Afghanistans. Die langen Jahre, die er im Gefängnis verbracht hatte, hatten ihre Spuren bei seinem Gesundheitszustand hinterlassen. Obwohl er also endlich frei war, litt er noch.

Als er in Kabul ankam, bereitete man ihm einen großartigen Empfang. Sofort wurden Anstalten für eine medizinische Behandlung und Fürsorge getroffen.

Nachdem Badshah Khan seine Gesundheit wiedererlangt hatte, gründete er eine Organisation, eine Art Kreuzzugs-Bewegung für die Freiheit der Paschtunen. Etwas später reiste er durch Afghanistan und die Stammesgebiete und heute kämpfen die Menschen in Afghanistan und die Paschtunen friedlich um die Verwirklichung von Paschtunistan.

Badshah Khan ließ sich nun in Afghanistan nieder, er lebt sehr ruhig und ist in seine Arbeit vertieft.

Als ich nach Kabul fuhr, um mich mit ihm zu treffen, war ich äußerst glücklich festzustellen, dass Badshah Khan selbst heute noch mit derselben Konzentration und ruhigen Ergebenheit, mit der er die britische Regierung bekämpft hat, daran arbeiten kann, seine Ziele zu verwirklichen. Er war in der Vergangenheit ein großer Führer und ist es auch heute noch. Er glaubte in der Vergangenheit fest an Gewaltfreiheit und das ist auch heute noch sein grundlegender Glaube.

Seit Badshah Khan nach Kabul kam, hielt er drei politische Reden, in denen er die Frage beantwortet: „Wozu Paschtunistan?" Er hebt den Schleier von allen Enttäuschungen durch die Islamische Regierung von Pakistan. Diese Reden hielt er 1965, 1966 und 1967 jeweils am Paschtunistan-Tag.

ERSTE REDE
Paschtunistan-Tag, am 31. August 1965

Schwestern und Brüder,

heute möchte ich als Erstes Gott für Seine große Gnade für das paschtunische Land und Volk danken. Viele haben versucht, unserem Land und unserer Nation ein Ende zu machen. Aber heute hat der Allmächtige die Herzen der Paschtunen mit Liebe und Zuneigung und mit der Verwirklichung der Brüderlichkeit erfüllt.

Ich möchte auch Ihrer Majestät dem König von Afghanistan, dem Premierminister und seiner Regierung dafür danken, dass sie die Paschtunen aus den Bergen und Tälern zusammengebracht haben.

Ahmed Shah Abdali hat die Grenzen unseres Heimatlandes bis zum Fluss Jehelum ausgedehnt. Der Engländer Herr Olaf Caroe kam auf Einladung Pakistans her und er schrieb das Buch *Pathan. Er* setzt die Grenze unseres Landes bei Margali fest. Wenn die Margali-Grenze anerkannt wird, dann erstreckt sich das Land der Paschtunen bis zum Fluss Amu und die Menschen, die in diesem Gebiet leben, sind alle Paschtunen.

Seht euch die Welt und die Nationen der Welt an! Zum Beispiel Amerika. Die Menschen, die in Amerika leben, gehören nicht alle derselben Rasse an, ursprünglich gehörten sie auch nicht derselben Nation an. Einige kamen aus Deutschland, einige wurden in Frankreich geboren, einige kommen aus Spanien. Einige sind Neger und einige sind Engländer. Aber jetzt ist ihr Land Amerika und sie alle nennen sich Amerikaner. Ich will euch sagen, Paschtunen, dass das gesamte Territorium von Margoli bis zum Fluss Amu das Land der Paschtunen ist und dass alle, die in diesem Land leben, Paschtunen sind. Ich will euch noch etwas sagen und ich möchte, dass ihr mir aufmerksam zuhört. Die unter euch, die euch zu sagen versuchen, dass Hazari, Paschtunen und Tadschiken verschiedenartige

Menschen wären, sind nicht eure Freunde, sondern eure Feinde. Sie sind selbstsüchtig, sie kümmern sich nicht um eure Interessen, sondern nur um ihre eigenen.

Es ist lange her, dass ich zuletzt in eurem Land war, und ihr könntet denken – oder sogar sagen -, dass ich euch vergessen hätte. Aber nichts wäre weiter von der Wahrheit entfernt! Ihr erinnert euch stets an mich und ich werde euch nie vergessen, weil ihr mein Volk, meine Brüder, mit mir verwandt seid. Aber es war so: Zuerst herrschten die Briten über unser Land und sie haben es in Stücke geschnitten. Sie haben nicht nur das Land in kleine Teile geteilt, sondern sie haben Wände und Barrieren zwischen uns errichtet und sie wollten mir nicht gestatten, euch nahezukommen.

Dann entstand Pakistan und es hat eine muslimische Regierung, eine islamische Regierung. Diese trat in die Fußstapfen der Briten. Bitte denkt einen Augenblick genau nach und seht euch die pakistanische Regierung an. Wer sind diese Leute, wer ist heute in Pakistan an der Macht und wer entscheidet, was schwarz und was weiß ist? Sie stehen alle im Dienst der Briten, die vor ihnen waren. Beobachtet sie genau und ihr werdet selbst sehen, dass unter ihnen niemand ist, der jemals seinem Land und seinem Volk gedient hat. Sie sind das genaue Abbild der Briten. Als die Briten abzogen, gab es hundert Millionen Muslime in Indien, aber unter ihnen allen waren es einzig und allein die Paschtunen, die gegen die Briten gekämpft und ihr Leben damit verbracht haben, sie aus dem Land zu bekommen. Die Briten waren gegen uns und ihre Herzen waren voller Zorn. Als sie abzogen, wollten sie Ärger im Land aufrühren und deshalb stifteten sie Verwirrung. Dazu benutzen sie dieselben Leute, die wir aus ihrer Sklaverei befreit hatten.

Ich sage euch immer wieder, Paschtunen, dass ihr euch nur durch schwere Arbeit und Mühe etwas verdienen könnt. Aber selbst dann, wenn ihr irgendwie irgendwo Gewinn macht, wisst ihr nicht, wie ihr ihn behalten oder wie ihr ihn gebrauchen könnt. Und genau das war das Problem, als die Briten abzogen. Wir hatten großen Gewinn gemacht, wir waren die Fremdherrschaft losgeworden, wir hatten das Land befreit. Aber niemand wusste, was er mit seiner Freiheit anfangen sollte, wie er sie nutzen oder wie er sie schützen könnte.

Bevor die Briten abzogen, schufen sie eine Menge Zwietracht unter den Paschtunen. Und als sie schließlich abzogen, setzten sie ihre Freunde an ihre Stelle.

Vor neun Monaten kam ich in euer Land. Während dieser Zeit habe ich alles versucht, um die *Paschtunistan-Bewegung*[xli] zu verstehen, die in eurem Land gegründet worden war, aber ich schäme mich zu sagen, dass es mir nicht gelungen ist, zu einem Schluss zu kommen.

Lange nachdem wir gegen Unterdrückung rebellierten, haben andere Völker und Nationen dasselbe getan. Die afrikanischen Neger haben sich in Rebellion erhoben und die Algerier rebellierten gegen die Franzosen. Sie alle begannen ihre Rebellion und ihren Widerstand lange nach uns, aber sie erreichten ihre Ziele lange vor uns. Wir haben achtzehn Jahre lang gekämpft und bis heute haben wir nicht gewonnen. Warum nicht? Es ist wichtig, dass alle Paschtunen, ob sie in diesem oder in einem anderen Land leben, ernsthaft über diese Frage nachdenken, denn wir sind alle Brüder. Wie hat es ein kleines Land wie Algerien, das sich lange nach uns in Rebellion erhob, geschafft, in so kurzer Zeit Erfolg zu haben? Denkt nur einmal an das Land, gegen das sie kämpften: Frankreich! Frankreich ist kein gewöhnliches Land. Tausende von Franzosen lebten in Algerien. Die gesamte landwirtschaftliche Produktion des Landes, alle Waren befanden sich in den Händen der Franzosen. Aber die Algerier rebellierten und die Franzosen mussten abziehen.

Wir kämpfen gegen Pakistan. Warum haben wir unser Ziel noch nicht erreicht? Das ist eine ernste Frage, die ernsthaftes Nachdenken verdient! Meine Brüder! Seht euch andere Länder und andere Nationen in der Welt an, andere Rassen und andere Gemeinschaften! Ihr werdet finden, dass sie, wenn sie rebellieren, ein gemeinsames Ziel, ein gemeinsames Ideal haben. Sie glauben an dieses Ideal und sie behalten dieses Ideal immer im Blick. Und noch etwas: Sie sind bereit, für ihr Ideal Opfer zu bringen. Sie sind bereit zu leiden und alle möglichen Nöte auf sich zu nehmen. Ich habe andere Nationen beobachtet und studiert und ich weiß, dass das auf das algerische Volk zutrifft. Aus diesem Grund hatten sie Erfolg. Und ich sage euch das Folgende - es ist ja durchaus nicht nötig, dass ich das lang und breit erkläre -: Wenn ihr diese Eigenschaften, [gemeinsames Ideal und Opferbereitschaft,] in euch entwickeln könnt, dann werdet ihr euer Ziel erreichen.

Brüder! Bitte macht die Augen auf und seht in die Welt, die euch umgibt, und seht die Nationen der Welt! Sie steigen zum Himmel auf, während wir nicht einmal auf der Erde gehen können. Warum nicht?

Sind die Paschtunen denn keine Nation? Haben sie denn nicht ihr eigenes Land? Ihr seid eine gut erzogene kultivierte Rasse, ein freundliches und höfliches Volk. Gott hat euch ein schöneres und gesegneteres Land gegeben als jeder anderen Nation. Wie kommt es denn aber, dass wir, mit anderen Nationen verglichen, so rückständig sind? Wir sind eine gute und edle Rasse und wir haben ein Land, das uns gehört.

Warum haben uns die anderen hinter sich gelassen? Ist es möglich, dass andere Nationen sich ihrer Nationalität bewusst sind und einen Sinn für Patriotismus haben und wir nicht? Denkt bitte darüber nach! Menschen in fortschrittlicheren Ländern, Menschen, die jetzt nach dem Himmel greifen, sind nicht anders als wir. Sie sind Männer und Frauen wie ihr und ich. Sie sind Nationen wie wir. Wie kommt es, dass sie dieses National- und Vaterlandsgefühl haben und wir nicht? Das kommt daher, dass es in diesen Ländern und Nationen Männer und Frauen gibt, die bereit sind, alles zu opfern. Sie sind bereit, ihren Wohlstand, ihr Leben und ihre Annehmlichkeiten, ihre Autos und ihre schönen Häuser um ihres Volkes wegen aufzugeben. Ist uns eigentlich klar, was eine Nation ist? Kennen wir die Bedeutung der Wörter: meine Rasse, mein Volk? Wir sagen: „Wo es mir gut geht, da ist mein Vaterland." Meine Nation ist diejenige, die mir nützlich ist. Aus diesem Grund finden wir unter uns nicht die strahlende Flamme von Liebe und Opfer[bereitschaft], die wir in anderen, weiter fortgeschrittenen Ländern finden.

Denkt nur an die Bauern. Wir Paschtunen sind alle Bauern und Landwirte. Gleich hier vor uns steht ein großes College, an dem täglich unterrichtet wird. Wir sind Bauern. Wir pflügen das Land, wir graben Furchen und wir bereiten den Boden vor. Wozu? Damit die Saat ausgesät werden kann. Wenn der Boden nicht vorbereitet ist, wenn das Land nicht gepflügt ist, dann könnt ihr zwar säen, aber die Saat wird keine Frucht tragen.

Wenn ihr Früchte ernten wollt, wenn ihr eine reiche Ernte einfahren wollt, dann müsst ihr die Saat in gut vorbereiteten Boden säen. Außerdem müsst ihr darauf achten, dass die Saat, die ihr säen wollt, eine gute Saat ist. Jedes Korn muss lebendig und ganz sein. Aber nur, wenn die Saat in den Boden gelegt wurde und stirbt, kann sie sprießen, sonst wird sie niemals Früchte tragen.

Das trifft auch für Nationen zu. Nur wenn es Menschen gibt, die bereit sind, sich für ihr Land und ihr Volk zu opfern, wird dieses Land grün und lebendig und es wird blühen. Nur weil wir keine derartigen Menschen hervorbringen, bleibt unsere Nation rückständig.

Auch Menschen, die nicht unserer Rasse angehören, leben in diesem Land. Oh Paschtunen, habt ihr euch jemals mit den Russen vermischt?

Habt ihr euch jemals mit Engländern angefreundet? Habt ihr jemals mit einem Amerikaner gesprochen oder einen Deutschen in euer Haus eingeladen? Das Schlimme an euch ist, dass ihr euch so leicht beeinflussen lasst und auf die Falschen hört!

Vor etwa 1400 Jahren sprach der Heilige Prophet die Worte: „Oh Muslime! Oh all ihr Gläubigen! Wenn ihr Geld mehr als euer Land, euer Volk, eure Brüder oder Kinder liebt, dann beschämt ihr euch in dieser Welt und kommt in der nächsten in Schande." Diese Worte stehen im Heiligen Koran, es sind nicht meine Worte! Ich verstehe euch nicht, Paschtunen! Merkt ihr denn nicht, dass das Geld, das diese Leute euch geben, das Geld ist, das sie euren Vätern gestohlen haben? Es ist euer eigenes Geld!

Und denkt daran: Sie haben alles Fleisch alleine gegessen und jetzt werfen sie euch die Knochen vor. Und ihr streitet euch um diese elenden Knochen! Das will ich immer wieder sagen. Oh Paschtunen! Ihr habt beweisen, dass ihr in jeder Gefahr mit erhobenem Haupt dastehen könnt. Ihr könnt eure Brust entblößen und im Kugelhagel stehen. Ihr fürchtet Einkerkerung nicht, ihr habe keine Angst vor Bomben, ihr könnt es mit jedem aufnehmen, aber ihr könnt dem Geld nicht widerstehen!

Menschen und Nationen, die dem Geld nicht widerstehen konnten und gierig nach Gold wurden, sind immer dahingesiecht und weder die Menschen als Einzelne noch das Land als Ganzes konnten jemals Fortschritte machen. Aus diesem Grund sage ich euch – und bitte, merkt es euch gut! -, meine lieben Brüder, dass, wenn jemand euch Geld anbietet, er euch nichts anderes als euer eigenes Geld anbietet. Und wenn ihr dieses Land zu dem euren macht und nur zu dem euren, dann wird das Geld wieder euch gehören und eure Kinder und Enkel werden keinen Mangel leiden. Ich will, dass alle Paschtunen überall dieser Frage ihre volle Aufmerksamkeit zuwenden!

Schließlich will ich euch noch dieses sagen: Es gibt Menschen in unserem Land, die besonders hervorheben und allen sagen, dass Pakistan ein muslimisches Land und dass Ayub Khan ein Paschtune sei. Und sie sagen auch, dass die Paschtunen jetzt ihr eigenes Königreich hätten. Außerdem sagen sie, dass die pakistanische Regierung islamisch und dass sie neu errichtet worden sei. Warum laufen wir diesen Leuten hinterher? Warum belästigen wir sie?

Aber ich will keine Zeit damit verschwenden, über sie zu reden, denn ich weiß sehr wohl, was das für Leute sind. Die Leute, die all das sagen, sind Leute, denen man entweder Konzessionen oder Geld gegeben hat. Aber, mein liebes Volk! Ich sage auch, dass Pakistan ein muslimisches Land ist, und ich habe das nie geleugnet. Die Pakistaner sind Muslime und sie sind unsere Brüder. Aber die Frage ist: Wer hat unserem Land seine Freiheit gegeben? Wir haben die Briten vertrieben und wer hat Pakistan geschaffen? Gelegentlich sagt die Muslimliga, dass sie Pakistan geschaffen habe. Ich frage sie: Habt ihr jemals gegen die Briten gekämpft?   Erinnert ihr euch, dass sie die Freunde der Briten waren?

Wir haben die Briten vertrieben. Wäre Pakistan jemals entstanden, wenn die Briten nicht gegangen wären? Pakistan wurde mit unserem Blut geschaffen, wir haben Pakistan gemacht. Aber das Komische ist, dass sie zum Tee kamen und zum Abendessen blieben, oder besser: Sie übernahmen gleich das ganze Haus, wie es war. Wir wollen von unseren pakistanischen moslemischen Brüdern nichts anderes als unsere Rechte. Und Pakistan räumt uns unsere Rechte nicht ein. Ich frage euch: Ist das islamische Tradition? Wenn euer Bruder sagt:

„Gib mir meine Rechte!", sagt dann der Islam, ihr sollt sie ihm verweigern? Ich gebe zu, dass Ayub Khan Paschtune ist. Ich kann euch außerdem sagen, dass er freundlich und respektvoll mit mir umgeht und mich sogar Onkel nennt. Aber es ist sehr schade, dass er Menschen in die Hände gefallen ist, die die Rechte der Paschtunen unterdrücken und die die Paschtunen zerschlagen und zerstören wollen. Ich sage den Menschen immer: „Bitte geht zu Ayub Khan und sagt ihm, dass er die Fremden nicht zu seinem eigenen Volk machen kann, dass er aber sehr wohl sein eigenes Volk zu Fremden machen kann und dass er das tatsächlich schon getan hat."

Die Paschtunen hätten jetzt ihr eigenes Königreich, sagt man. Habt ihr bemerkt, wer sein Leben zurzeit im Rann of Kutch[xlii] einsetzt? Es sind Paschtunen! Habt ihr bemerkt, wer in Kashmar gestorben ist? Es waren Paschtunen! Und noch etwas: Sie haben Paschtunen nach Bajaur gebracht, damit sie dort gegen andere Paschtunen kämpfen.

In Wasiristan[xliii], in Belutschistan, überall dort an der indo-pakistanischen Grenze, wo es sogenannte Unruheherde gibt, sind Paschtunen aufgestellt. Aber wenn die Rede davon ist, den Paschtunen ihre Rechte einzuräumen, dann tut niemand etwas dafür. Geht und seht selbst, geht und seht euch unsere Armeen an! Alle unsere großen und loyalen Generäle wurden entlassen. Seht euch den öffentlichen Dienst an. Im öffentlichen Dienst unserer Provinz waren die Commissioners alle Paschtunen. Warum wurden sie von Anfang an aus der Provinz weggeschickt? Heute sind alle Political Agents, die Commissioners und Deputy Commissioners Punjaber. Es gibt in einem paschtunischen Land keine Paschtunen im öffentlichen Dienst! Die pakistanische Regierung hat heute kein Vertrauen zu den Paschtunen. Ist es nicht eine Beleidigung der Paschtunen, dass sie für eine Regierung arbeiten, die ihnen nicht traut? Ihr solltet einmal unsere Schulen, unsere Oberschulen und unsere Universitäten besichtigen und sehen, was dort geschieht, was mit den Kindern geschieht, wie die finanzielle Lage ist!

Wenn ich mir das alles ansehe, bin ich erstaunt und verstehe nicht, wie die Leute sagen können, dass die Paschtunen jetzt ihr eigenes Königreich hätten. Was ist das für ein paschtunisches Königreich, in dem die Regierung den Paschtunen nicht traut und in dem ihnen ihre Rechte nicht eingeräumt werden?

Ayub Khan ist Paschtune, sagt man, und Pakistan ist ein muslimisches Land. Oh Paschtunen, wann wacht ihr endlich auf? Wenn ihr nicht selbst all das ändert, wenn ihr nicht selbst alle diese Missstände beseitigt, seid ihr verloren! Es liegt an euch, ob ihr auf mich hört oder nicht. Ich bin nur euer Diener. Ich fordere weder Geschenke noch Opfergaben. Ihr seid mein Volk, wir gehören zur selben Familie! Wenn ich euch diene, tue ich das im Namen Gottes. Es ist euer Vorteil, wenn ihr auf mich hört und meinem Rat folgt, nicht der meine. Wenn ihr meinem Rat nicht folgen wollt, dann werdet ihr Verlust erleiden.

Ich habe euch schon früher gesagt und ich sage es euch noch einmal: Ich möchte nicht euer Führer sein, weder jetzt noch überhaupt jemals. Ich möchte weder euer Meister noch der sein, der euch Richtlinien vorgibt! Ich möchte nur euer Diener sein und euch zu etwas nützen! Und ich bin nicht nur euer Diener, sondern der Diener der gesamten Menschheit, aller Geschöpfe Gottes.

Ich möchte, dass ihr euch über alles das, was ich euch heute gesagt habe, ernsthaft Gedanken macht und Betrachtungen anstellt. Versucht zu verstehen, was für eine Art Islam dies ist und versucht Ayub Khan als das zu sehen, was er ist. Denkt über dieses sogenannte paschtunische Königreich nach. Ich habe schon gesagt, dass Pakistan mit unserem Blut geschaffen wurde. Wir haben die Briten vertrieben. Denkt ihr, wir wollen Pakistan enttäuschen? Was meint ihr, wozu wir alle diese Schwierigkeiten und Not erduldet haben? Es war nur um der Paschtunen und des paschtunischen Landes willen! Nicht wir, sondern andere wollen Pakistan zerstören. Schließlich seid ihr intelligent genug, um zu verstehen, dass, wenn es ein schwarzes Schaf in der Familie gibt, das seinen Brüdern ihre Rechte nicht einräumen will, die gesamte Familienbeziehung verdorben ist. Die Wahrheit ist, dass diejenigen, die Pakistan zerstören wollen, Mitglieder seiner eigenen Familie sind. Aber sie schieben uns die Schuld zu.

Es gibt da noch eines, das ich euch sagen möchte. Die Bewohner von Paktia (in Afghanistan) sind richtige Paschtunen und sehr freundliche Menschen. Als ich ihren Distrikt besuchte, sagte man mir in allen Versammlungen dasselbe, nämlich: „Wir sind bereit!" Ich sagte ihnen und ich wiederhole es nun zu eurem Vorteil: Ich werde euch niemals in einen Krieg stürzen und ich will euch Folgendes sagen: „Oh Paschtunen! Euer Haus liegt in Trümmern. Erhebt euch und baut es wieder auf! Und denkt daran, zu welcher Rasse ihr gehört. Lest die Geschichte eurer Väter und Großväter und denkt über ihre Taten nach. Sie haben immer ihre Fahne wehen lassen, zu Hause und im Ausland. Wer war Sher Shah? Er war Paschtune. Er wurde in diesem Land geboren. Er trug die paschtunische Fahne nach Bengalen. Wer war Mirwais Khan? Er war euer Bruder und Freund, ein Paschtune. Er pflanzte seine Fahne in Isfahan [einstige Hauptstadt Persiens] auf. Wer war Ahmed Shah? Auch er war Paschtune."

Was bedeutet es für euch, dass eure Väter und Großväter so viele Siege errangen? Habt *ihr* etwas davon? Das ist alles längst vergangene Geschichte, Brüder! Eure Aufgabe ist jetzt, euer Haus in Ordnung zu bringen, euer Land wieder aufzubauen!

Werdet ihr den Punjabern gestatten, euer Land zu schlucken? Aber da zwischen euch Paschtunen Uneinigkeit und Heuchelei herrschen, weil es Feindschaften und Rivalitäten gibt, weil ihr schlechten Gewohnheiten und überholten Traditionen anhängt, achtet ihr nicht auf euer Land. Ihr seid viel zu sehr damit beschäftigt, miteinander zu kämpfen. Wenn ihr euer Land baut und wieder aufbaut, dann wird es euch, das versichere ich euch, niemand wegnehmen können.

Ich will diese Rede jetzt beschließen und ich bitte einen meiner Paktia-Freunde, der heute bei uns ist, ein paar Worte zu sagen.

(Der Paktia-Paschtune stand auf und sagte:) „Oh Paschtunen! Dieses Land ist die Mutter eurer Nation. Euer Land ist eure Mutter. Ein Fremder (Pakistan) kam und trat auf den Saum des Gewandes eurer Mutter. Werdet ihr ihm sagen, er soll seinen Fuß dort wegnehmen? Oder wollt ihr ihm eure Mutter überlassen?"

ZWEITE REDE
Paschtunistan-Tag, am 31. August 1966

Schwestern und Brüder!

Bevor ich meine Rede beginne, möchte ich Ihrer Majestät, dem König von Afghanistan, dem Premierminister und der Regierung von Afghanistan danken, dass sie uns, die unglücklichen Paschtunen, heute so freundlich zusammengebracht und mir die Gelegenheit gegeben haben, einige Worte an meine Schwestern und Brüder zu richten.

Schwestern und Brüder! Diese Welt kann man mit einem Rad über einem Brunnen vergleichen und mit zwei Eimern, die an einem Seil hängen, das über das Rad geht. Wenn das Rad gedreht wird, fährt einer der Eimer in den Brunnen hinunter und füllt sich mit Wasser, während der andere, der in die Höhe steigt, leer bleibt. Wenn ihr euch die Nationen der Welt anseht, könnt ihr dasselbe beobachten. Wenn wir die Geschichte eurer Väter und Großväter betrachten, dann sehen wir, dass eure Vorfahren größere Fortschritte machten und blühender waren als andere Nationen. Als wir das leuchtende Licht der Zivilisation und Kultur waren, waren die Länder Europas noch so rückständig, wie wir es heute sind. Sie waren in Armut versunken und in Kriege und Fehden verstrickt.

Wenn ihr euch das Zeitalter vorstellen könnt, in dem eure Vorfahren lebten, als andere Nationen noch im Dunkeln umherirrten, während wir ein aufgeklärtes Volk waren, dann bekommt ihr eine Idee von den Bedingungen, unter denen wir heute leben. Wenn es heute in der Welt eine rückständige, ungebildete Nation gibt, dann ist es die unsere. Wenn ihr darüber nachdenkt, werdet ihr verstehen, wie und warum wir so geworden sind. Erst kam Alexander und richtete verheerenden Schaden in unserem Land an. Damals hatten wir Schulen und Universitäten. Alexander zerstörte die meisten. Dann kam Dschingis Khan und er zerstörte all das, was Alexander übersehen hatte. Dann kamen die Araber, nach den Arabern kamen die Moghulen und schließlich die Briten.

Die Briten sind sehr klug und gerissen, intelligent und durchtrieben. Alle Verwüstung, alle Zerstörung, die ihr heute im paschtunischen Land und in den paschtunischen Häusern seht, haben die Briten verursacht. Sobald sie ihren Fuß in unser Land gesetzt hatten, zerschnitten sie es in kleine Stücke, wodurch sie die Nation zerschnitten. Aber schließlich rollten die Briten ihre Matten auf und gingen nach Hause und jetzt steht uns der Weg zu Wohlstand, Fortschritt und Glück wieder offen. Darum sage ich, dass unser Eimer wieder in den Brunnen taucht, um sich zu füllen.

Die heutige Welt ist voller Patriotismus. Die Eimer der Nationen füllen sich mit Brüderlichkeit und Liebe. Ich kann das Erwachen des Patriotismus, den Geist des Nationalismus, in dieser armen, unterdrückten und irregeführten paschtunischen Nation sehen und deshalb vertraue ich darauf, dass, wenn nicht heute, dann morgen, unser Eimer wieder von Wohlstand und Glück überfließen wird. Wenn ihr die Nationen der Welt gegeneinander abwägt, werdet ihr feststellen, dass es uns nicht an Stärke fehlt.

Als ich in Jalalabad war, kam ein Student der Universität zu mir und sagte: „Ein Besucher aus Deutschland sagte mir, dass er junge Leute in Europa, in Amerika und in Afghanistan getroffen habe und dass er festgestellt habe, dass Gott uns mehr Intelligenz und Klugheit geschenkt habe als jeder anderen Nation in der Welt. Er wundere sich, wie es möglich sei, dass wir noch hinterherhinkten." Der Student sagte, dass er dem deutschen Besucher keine befriedigende Antwort habe geben können und er sei in der Hoffnung zu mir gekommen, ich könnte die Frage beantworten. Ich sagte dem jungen Mann, dass jetzt das Zeitalter des Nationalismus sei. Eine Nation, die Patriotismus, Liebe für ihr Land, Brüderlichkeit und Kameradschaftlichkeit praktiziere, werde gedeihen und Fortschritte machen und eine glückliche Nation sein. Bei uns fehlen diese Eigenschaften noch und aus diesem Grund sind wir rückständig. Der Student sagte: „Angenommen, der Deutsche fragt mich, warum wir diese Gefühle der Kameradschaftlichkeit und Brüderlichkeit nicht hätten, was soll ich dann sagen?" Ich antwortete ihm: „Die Antwort ist, dass es in anderen Ländern Menschen gibt, die ihre Annehmlichkeiten und ihr Glück, ihr Leben und Eigentum für ihr Volk opfern. In unserem Land gibt es solche Menschen nicht und wenn es zufällig doch irgendwo einige solcher Menschen gibt, nennen wir sie Ungläubige und Wahabiten (Anhänger von Sheikh Wahab, einem modernen Reformer im Islam)." Oder wir nennen sie Hindus. Gut, seht mich an und urteilt, ob ich ein Hindu geworden bin! Wer hat das Recht zu Gericht zu sitzen und mich einen Hindu zu nennen? Die Briten waren es, die mich einen Hindu nannten, und seitdem ist es niemandem gelungen, mich wieder zum Moslem zu machen.

Hunger und Armut haben unserem Volk, Jung und Alt, Männern und Frauen, einen Minderwertigkeitskomplex eingeimpft. Aber jetzt gibt es neue Hoffnung und neues Vertrauen, dass wir unsere Bestimmung erfüllen können. Aber wir müssen uns auf den Weg machen und ihn schnell gehen. Wenn wir das tun, werden wir und unsere Kinder vorankommen.

Wir wurden durch Religion beleidigt und in Schande gebracht, aber ich will euch etwas sagen und möchte, dass ihr mir genau zuhört. Erstens, wozu kommen Religionen in die Welt? Um die Menschen zu lehren, menschlich zu sein! Immer wenn die Menschen vergessen hatten, menschlich zu sein, kam ein Bote und brachte wieder Religion in die Welt. Die Boten kamen immer, um die Menschheit an eine Lektion zu erinnern, die sie vergessen hatte, die Lektion über Vaterlandsliebe und Liebe zu ihren Nächsten, die Lektion über den Dienst an der Menschheit. Die Nation, die Liebe und Brüderlichkeit und Aufopferung übt, wird sich bis zum Himmel erheben. Eine Nation, die diese Gefühle nicht kennt, ist verloren. Religion lehrt die Menschen Wahrheit, Gerechtigkeit und Tugend und sie erweckt in den Menschen den Wunsch zu dienen. Was die Menschen in der Welt heute Religion nennen, ist nicht die Religion Gottes und seiner Boten. Der Heilige Prophet Mohammed kam in die Welt, um uns eine ausgezeichnete Lebensweise zu lehren.

Er sagte: „Ein Mensch ist dann ein Moslem, wenn er niemals irgendjemanden durch Wort oder Tat verletzt, sondern sich für das Wohlergehen und das Glück von Gottes Geschöpfen abmüht." Er sagte auch: „Gott lieben heißt seinen Nächsten lieben."

Ich will euch etwas sagen, meine Brüder, und ihr werdet es vielleicht seltsam finden. Wenn ich, wie sie sagen, ein Hindu geworden bin, dann geschah es aus dieser Liebe, und weil mein Herz mit Liebe zu meinem Land und meinem Volk und Gott und der Menschheit erfüllt ist. Ich will euch etwas erzählen: Eines Tages traf ich in Jalalabad eine Dame, die mit mir über unser Land und unsere Nation sprach. Sie sagte zu mir: „Ich bin bereit, mich um Gottes und meines Volkes willen zu opfern. Wenn ich mein Leben geben müsste, wäre ich stolz, als Märtyrerin für mein Land zu sterben." Als sie gegangen war, sagten mir einige „besonders Heilige", einige Besserwisser, dass sie eine „Kafir" [Ungläubige] sei. Aber der Heilige Prophet sagt uns deutlich, dass Glaube die Liebe eines Menschen zu seinem Land und seinem Volk ist. Ich frage euch nun: In wessen Herzen war mehr Liebe zu finden, in dem Herzen der Frau oder in den Herzen dieser Besserwisser?

Ich erzähle euch dieses alles, weil es selbst heute noch solche Menschen unter uns gibt, Feinde unseres Landes und unseres Volkes, die die Paschtunen nicht in Ruhe lassen und die uns im Namen der Religion täuschen wollen. Der Herr Jesus sagte zu seinen Jüngern: „Wer dich auf den rechten Backen schlägt, dem biete auch den andern dar". Und seht nur, was seine Anhänger tun! In Indien haben sie Tausende von Menschen zugrunde gerichtet. Wer hat mit all diesem zerstörerischen Hass und allem Streit und Kampf angefangen? Seht Palästina! Was tun die Christen dort? Und seht Vietnam! Was wollen die Amerikaner dort? Die Amerikaner sind Christen, aber handeln sie wie Christen? Aus diesem Grund sage ich, dass das, was Menschen heute in der Welt Religion nennen, nicht die Religion Gottes und seiner Boten ist. Das ist nicht die Religion der Liebe, der Wahrheit und des Dienstes an der Menschheit, die Gottes Boten in die Welt brachten! In Pakistan schreien sie heute: „Islam, Islam! Frieden! Frieden!" Aber seht, was sie tun! Kann ich an die pakistanische Öffentlichkeit gehen und sagen: „Sagt mir, meine pakistanischen Brüder, für welches furchtbare Verbrechen wurden die Paschtunen in Bajaur bombardiert? Sagt mir, warum Frauen und Kinder und alte Leute sterben mussten! Ist das Islam? Sagt mir, warum unsere Brüder in Belutschistan bombardiert wurden! Was war ihr Vergehen? Sind wir nicht Muslime? Sagt der Islam euch nicht, ihr sollt den Menschen ihre Rechte einräumen?"

Wenn ein Vater fünf Söhne hat und vier erheben sich gegen den ältesten und fordern sein rechtmäßiges Erbe von ihm, würdet ihr das Islam nennen? Es gibt hier einen pakistanischen Repräsentanten. Er spricht sehr schmeichlerisch und sagt: „Aber sicher, Bacha Khan, Pakistan ist doch auch ein muslimisches Land, nicht wahr?"

Ich sagte zu ihm: „Wer sagt denn, dass Pakistan nicht muslimisch sei? Ayoub Khan ist unser Bruder, nicht wahr? Er ist Paschtune. Aber lehrt uns der Islam nicht, unsere Rechte zu fordern? Nichts anderes tun wir! Der Islam lehrt Brüderlichkeit. Ihr müsst uns nur als Brüder zu akzeptieren lernen. Macht uns nicht zu euren Sklaven, denn das können wir nicht ertragen!"

Zum Abschluss möchte ich noch ein paar Worte über Paschtunistan sagen. Nach achtzehn Jahren haben wir unser Ziel noch immer nicht erreicht. Warum nicht? Weil wir Paschtunistan nicht als unser Land ansehen. Durch die Gnade Gottes füllt sich der Eimer der Paschtunen. Die Paschtunen sind sich ihrer selbst bewusst geworden, sie sind patriotisch geworden. Endlich sind wir uns bewusst, dass dies unser Land ist, und wir sind entschlossen, es wiederaufzubauen.

In unserem Pakistan haben wir einen westpakistanischen Gouverneur mit Namen Amir Mohammed Khan. Jemand sagte ihm, er solle den Paschtunen ihre Rechte einräumen. Der Gouverneur lachte und sagte: „Gibt es irgendeinen Paschtunen, den man nicht bestechen kann? Welche Rechte hat ein Land, dessen Führer für Geld zu kaufen sind?" Ich möchte dem Gouverneur Sahib raten, auf das zu hören, was die Welt sagt. Was der Gouverneur über unsere Stammesbrüder sagt, dass sie allein auf Geld vertrauten, war vielleicht in der Vergangenheit wahr, aber jetzt ist es nicht mehr wahr. Ich möchte dem Gouverneur raten, die armen, hilflosen, ausgebombten Menschen in Bajaur zu besuchen. Sie haben kein Geld dafür genommen, dass sie für ihr Land gekämpft haben. Ich hoffe, dass, ebenso wie die sprichwörtliche Melone, die ihre Farbe dadurch bekommt, dass sie eine reife Melone ansieht, unsere Brüder in Bajaur andere Paschtunen beeinflussen werden.

Ihr alle wisst, dass ich an die Prinzipien der Gewaltfreiheit glaube. Ich bin überzeugt, dass es in der Welt keinen Frieden geben wird, bis das Problem der Paschtunen gelöst ist. Was wollen wir? Wir sagen den Pakistanern immer wieder, sie sollen uns als ihre Brüder betrachten und uns nicht zu ihren Sklaven machen. Wir waren niemals die Sklaven der Briten und ihr [Pakistaner] solltet nicht erwarten, dass wir eure Sklaven sein werden!

Während des Krieges zwischen Indien und Pakistan schrieben die Zeitungen über mich. Ein Mann von der pakistanischen Regierung kam mich besuchen und sagte: „Wir hören, Sie gehen nach Indien." Ich antwortete: „Sehen Sie nicht, dass ich noch hier bin? Ihr seid meine Brüder und ich werfe hoffnungsvolle Blicke auf euch. Aber wenn ihr uns nicht wie eure Brüder behandeln wollt, dann könnt ihr nicht erwarten, dass wir euch viel Freude machen - oder meint ihr doch? Ich will nicht nach Indien gehen", sagte ich, „ihr zwingt mich ja geradezu, nach Indien zu gehen. Wenn ihr uns unsere Rechte einräumen würdet, brauchte ich nicht nach Indien zu gehen."

Ich wollte euch das sagen, weil heutzutage der Islam dazu missbraucht wird, die Menschen zu täuschen. Darum bitte ich euch, meine paschtunischen Brüder, dafür zu sorgen, dass Gerechtigkeit geschehe. Wir ertrinken und ich bitte meine muslimischen Brüder: Streckt um Gottes Willen eure Hand aus und rettet uns! Aber sie tun es nicht. Dann sehe ich einen Hindu am Flussufer stehen und er sagt: „Hier, ich strecke meine Hand aus, halte sie fest! Ich will dich vor dem Ertrinken retten." Würdet ihr sagen: „Ich nehme deine Hand" oder würdet ihr sagen: „Nein, lieber ertrinke ich"?

(Die Menschen im Saal riefen: „Wir würden seine Hand nehmen!")

Mein Volk ertrinkt vor meinen Augen und, um es zu retten, werde ich jede hilfreich ausgestreckte Hand ergreifen, sei es nun die Hand eines Hindu oder eines Ungläubigen.

Ich möchte den Muslimen in Pakistan sagen, dass mein einziger Wunsch ist, diese Frage im Geist der Brüderlichkeit zu lösen. Wir wollen uns zusammensetzen und die Angelegenheit regeln!

Ich möchte den Paschtunen das Folgende sagen: Wenn ihr euer Haus in Ordnung bringt und wenn ihr in euch die Eigenschaften

Liebe, Brüderlichkeit, Freundschaft und Patriotismus entwickelt, werden wir unseren heiligen Zweck erfüllen können, ohne dass wir einen Krieg führen müssen.

In unserer Dschirga stand ein Mann auf und sagte mit lauter Stimme: „Gut, Bacha Khan. Und wenn Pakistan uns trotz allem unsere Rechte nicht einräumt?"

Da sagte ich: „Dann müsst ihr tun, was ihr für richtig haltet."

DRITTE REDE
Paschtunistan-Tag, am 31. August 1967

Brüder und liebe Freunde,

bitte besinnt euch auf die Geschichte der Paschtunen! Immer, wenn Unglück über uns kam, wurde in Afghanistan ein großer Mann geboren, ein Mann, der die zersplitterten Stämme der Paschtunen wieder zusammenbrachte, ein Mann, der ihnen Ratschläge und Empfehlungen gab und sie organisierte, ein Mann, der überall, wohin er kam, Segen und Wohlwollen ausströmte, ein Mann, den nichts auf der Welt aufhalten konnte.

Ihr wisst, dass wir zuerst die Sklaven des Iran waren. Damals wurde Mirwais Khan geboren. Er brachte die Stämme wieder zusammen und befreite sie von allem Kummer.

Auch Ahmed Shah Baba wurde in Afghanistan geboren. Auch er organisierte die Paschtunen und dann verließ er Afghanistan und ging nach Delhi und ließ dort weiterhin seine Fahne wehen. Auf seinem Rückweg von Delhi machte er in Jehelum Halt und sagte seinen paschtunischen Gefährten: „Seht nur, von hier bis zum Amu und bis nach Harat ist euer Land!"

Hört genau zu, meine Brüder, und denkt darüber nach! Als die Briten herkamen, zogen sie Demarkationslinien, und als sie weggingen, hinterließen sie dieses Land ihren Erben. Ihr könnt das Land eurer Väter und Großväter nicht in Besitz nehmen. Der Jehelum gehört euch nicht mehr. Thorkham ist euch abhanden gekommen. Warum ist das geschehen? Ich bin heute hier, um es euch zu erklären. Sind wir nicht Kinder von Mirwais und Ahmed Shah? Wie kam es, dass sie, wohin sie auch kamen, ihre Fahne aufpflanzen konnten? Und nun sind Fremde in unser Land gekommen und haben hier ihre Fahnen gehisst. Wie konnte das geschehen? Ich bin heute hier, um euch zu veranlassen, über alles das nachzudenken.

Brüder, der Grund ist sehr einfach. Der Grund ist, dass wir Paschtunen Liebe und Brüderlichkeit nicht mehr kennen, dass wir Ratschläge und Empfehlungen nicht mehr wertschätzen. Wir sind selbstsüchtig geworden. Aus diesem Grund können Fremde in unserem Land ihre Fahne hissen.

Ich kam vor drei Jahren in dieses Land. Ich war in jedem Winkel Afghanistans und ich habe alle Stämme besucht. Es hat mich sehr glücklich gemacht zu sehen, dass diese Menschen sich ihrer selbst als Nation bewusst geworden und dass die Gefühle von Brüderlichkeit und Kameradschaft in ihren Herzen erwacht sind. Und ich hoffe, dass diese Gefühle und dieses Bewusstsein eines Tages in ihrem Leben eine Veränderung bewirken werden.

Brüder, ich habe euch die ganze Zeit über als Paschtunen angesprochen, aber niemand soll denken, dass ich nur Paschtunen als Paschtunen betrachte. Ich glaube und bin überzeugt, dass alle Menschen, die in dem Land leben, das sich vom Fluss Jehelum bis zum Fluss Amu und bis Herat erstreckt, Afghanen sind. Sie sind alle Paschtunen und dieses Land gehört ihnen allen.

Bitte seht einmal die Welt um euch her an! Als ich in Europa war, antwortete jeder Engländer, den ich fragte: „Wer sind Sie?" „Ich bin Engländer." Ein Deutscher sagte: „Ich bin Deutscher." Und ich bekam dieselbe Antwort von Russen und Amerikanern. „Ich bin Russe.", „Ich bin Amerikaner." Wir konnten bisher noch nicht denselben Stand an Wohlergehen erreichen, den andere Länder in der Welt heute genießen. Warum nicht? Als ich nach Afghanistan kam und einen Mann fragte: „Wer sind Sie?" antwortete er: „Ich bin Hazari." Ein anderer Mann, dem ich dieselbe Frage stellte, sagte: „Ich bin Turkmene." Wieder ein anderer sagte: „Ich bin Paschtune." Und das hat uns zugrunde gerichtet. Diese Redeweise verursacht Uneinigkeit und Schwäche der Nation. Und diejenigen, die dieser Redeweise anhängen, sind nicht eure Freunde, glaubt mir! Nehmt z. B. Amerika. Amerika hat etwa hundertachtzig Millionen Einwohner und darunter finden sich Engländer, Franzosen, Spanier, afrikanische Neger und Menschen vieler weiterer Nationen. Aber jeder wird sagen, wenn man ihn fragt, , er sei Amerikaner. Niemand wird sagen, er sei Engländer oder Deutscher oder Franzose. Sie alle nennen sich Amerikaner. Denkt deshalb daran: Ganz gleich, in welchem Land ihr geboren seid, jetzt seid ihr Afghanen und ihr solltet euch immer Afghanen nennen!

Ich will euch noch etwas sagen. Alle Nationen der Welt machen riesige Schritte vorwärts, aber wir hinken hinterher. Alle Nationen der Welt haben jetzt den Himmel erobert, aber wir haben noch nicht einmal unseren eigenen Boden erobert. Warum denn aber wohl nicht? Schließlich sind wir eine Nation! Wir sind eine starke und wunderbare Nation. Gott hat uns ein äußerst schönes Land geschenkt und er hat uns mit Segen überhäuft. Warum also hinken wir hinterher?

Ich will euch sagen, warum.

Unser Heiliger Prophet sagt: „Oh Muslime! Wenn ihr diese Welt zu sehr liebt, dann werdet ihr diese Welt nicht nur verlieren, sondern ihr werdet in der nächsten Welt beschämt und in Schande geraten." Dieses sind seine Worte. Der Heilige Prophet lehrte euch das vor 1400 Jahren. Aber wir haben seine Worte nicht beherzigt und jetzt, wenn ihr um euch blickt, werdet ihr kaum eine elendere und erbärmlichere Nation als unsere finden. Dieses schöne Land bringt nicht einmal genug Mais hervor, um unsere Mägen zu füllen.

Erinnert ihr euch an eure islamische Geschichte? Erinnert ihr euch daran, was in den Tagen, gleich nachdem Hazrat Omar [Begleiter Mohammeds] Abschied genommen hatte, geschah? Und ist euch klar, dass die Muslime alle Lehren des Heiligen Propheten vergessen haben? Was ist denn im Leben der Menschen so wichtig, dass sie darüber die Lehren des Heiligen Propheten vergessen? Ich werde euch sagen, was es ist. Es ist die Gier nach Geld, Wollust und Macht. Keine Nation, die geldgierig und machthungrig ist, wird in dieser Welt je gedeihen. Und wenn wir heute arm und elend sind, dann sind Geldgier und Machthunger daran schuld.

Seht euch die Geschichte der Muslime an! Was ist das Ergebnis ihrer Gier nach Reichtum? Die Muslime wurden klassen- und parteibewusst und das Ergebnis davon war, dass Fehden ihr hässliches Haupt unter ihnen erhoben. Die Muslime, die der Heilige Prophet gelehrt hatte, einander zu lieben und wertzuschätzen, taten nun das Gegenteil und kämpften und stritten miteinander. Tausende von Muslimen verloren ihr Leben in Familienfehden und –Kämpfen. Sie entfremdeten sich der Lehre von Liebe und Brüderlichkeit des Heiligen Propheten. Und ich sehe heute, dass die Muslime nicht versuchen, den wahren Geist ihrer Religion wiederzufinden.

Es gab eine Zeit, in der die Welt in Dunkelheit gehüllt war. Dann war in Medina der erste Schimmer des Lichts der Demokratie zu sehen. Ich weiß, dass diese Demokratie damals auf die Stadt Medina begrenzt war. Überall in der Welt war es dunkel, aber in Medina gab es dieses Licht. Wenn die Muslime nur dieses Licht wertgeschätzt und beschützt hätten! Aber die Muslime beschützten das Licht nicht, sie vernachlässigten die erleuchtenden Lehren des Propheten. Und also erlosch das Licht. Und bis heute haben die Muslime es nicht wieder angezündet. Sie haben nicht versucht, den Stand des demokratischen Lebens, das Gottes Prophet sie gelehrt hatte, wieder zu erreichen. Seht euch Pakistan an. Wo ist die Demokratie, die uns die Briten gaben? Ayub Khan hat uns ihrer beraubt. Und was hat er uns stattdessen gegeben? Er gab uns seine eigene Version von Demokratie, die den Namen Demokratie nicht verdient. Könnt ihr euch vorstellen, dass diese Menschen das noch nicht begriffen haben? Dass sie nicht erkennen, was Islam ist und was nicht? Dass sie nicht einmal die Bedeutung des Wortes Demokratie kennen? Ich sage euch, alles das ist das Ergebnis unserer Dummheit und Machtgier. Bitte denkt darüber nach! Ich könnte euch viele Beispiele aus der ganzen Welt anführen, aber ich will euch nur eines nennen:

Ein General wurde in Burma geboren. Er heißt General Ne Win. Er ist ein „Ungläubiger". Ein weiterer General tauchte in Pakistan auf. Er heißt Ayub Khan. Er sagt: „Auch ich habe eine Revolution in Gang gesetzt!" Versucht einmal diese beiden Generäle und die Revolutionen, die sie herbeigeführt haben, miteinander zu vergleichen. Revolution bedeutet vollkommene Veränderung, meint ihr nicht? Das Wort sollte Verbesserung, Vorwärtsschreiten bedeuten. Rückwärts gehen ist keine Revolution. Vergleicht nun einmal die Revolution von Ayub Khan mit der Revolution, die der „Ungläubige" bewirkt hat! Er gab seinem Volk wahre Demokratie. Und unsere Revolution? Ayub Khans muslimische Revolution? Was hat sie uns eingebracht? Ich habe euch zu wiederholten Malen gesagt, dass er unser Bruder sei. Aber er hat uns sogar der sogenannten Demokratie beraubt, die die Briten uns gaben. Und er hat uns nicht nur unsere Demokratie genommen. Seht nur, wie wir finanziell dastehen, seht euch unsere Sprache an, seht euch unsere Kultur und Gesellschaft an! Er hat alles genommen. Es gibt noch viel mehr, das er uns genommen hat. Seht euch unsere Schulen, unsere Colleges, die Erziehung und Unterrichtung unserer Kinder an! Und seht euch an, wie er sich beträgt! Ich bin immer wieder über die Menschen überrascht, die uns unentwegt sagen: „Wir machen solche Fortschritte! Pakistan hat ein Ziel und wir kommen ihm schnell näher!"

Darüber sind ein paar Witze in Umlauf. Ich erzähle euch einen. Er geht so: Eine Frau sagte zu ihrem Ehemann und umarmte ihn dabei liebevoll: „Liebling, ich möchte einen Nasenschmuck mit einem Diamanten!" Der Mann antwortete: „Weißt du, ich überlege gerade, wie ich dir die Nase ganz und gar abschneiden könnte."

Alles, worum wir bitten, ist ein Nasenschmuck. Er muss nicht einmal einen Diamanten haben. Aber Pakistan denkt darüber nach, wie es uns die Nase ganz und gar abschneiden kann. Ich möchte mit euch auch über Ayub Khans Buch sprechen. In dem Buch, das er geschrieben hat, ist auch viel von Afghanistan die Rede und der Premierminister von Afghanistan hat darauf auch schon eine Erwiderung verfasst. Er sagt, dass in Paschtunistan ein Referendum abgehalten worden sei und dass die Paschtunen zugunsten Pakistans gestimmt hätten. Das stimmt ganz und gar nicht. Ich sollte sagen: Das ist eine offenkundige Lüge! Die ganze Welt weiß, dass wir Paschtunen an diesem Referendum nicht teilgenommen haben. Ich kann um alles in der Welt nicht verstehen, wozu es gut sein soll, die alte Geschichte jetzt aufzuwärmen und ein Buch darüber zu schreiben. Ich sage immer: „Lasst Vergangenes vergangen sein!" Aber wenn du nun einmal darauf bestehst, mein lieber Bruder, gut, dann wollen wir ein weiteres Referendum veranstalten und sehen, wie die Paschtunen entscheiden.

Mein lieber, ein wenig selbstsüchtiger und gieriger Bruder behauptet auch: Pakistan ist auch ein muslimisches Land, nicht wahr? Was wollt ihr denn? Mein Antwort ist: Wer sagt denn, Pakistan sei kein muslimisches Land? Ich habe weder *das* jemals geleugnet noch, dass die Pakistaner unsere Brüder sind. Bitte versucht zu verstehen, dass wir nur sagen: Ja, Pakistan ist ein muslimisches Land. Ja, Pakistan ist islamisch. Aber der Islam predigt nicht Sklaverei, sondern er predigt Brüderlichkeit und Liebe. Seit Jahren trommele ich euch das in die Ohren! Wir sind paschtunische Muslime und auch ihr [Pakistaner] seid Muslime. Islam bedeutet Brüderlichkeit, warum behandelt ihr uns dann nicht wie Brüder? Aber sie wollen, dass wir ihr Eigentum bleiben.

Als in Pakistan das Kriegsrecht erklärt wurde, kam Herr Chruschtschow, der damalige Ministerpräsident von Russland, zu Besuch. In einer seiner Reden sprach er über die Paschtunen. Das erregte in Pakistan viel Widerspruch. Präsident Ayub Khan schickte nach mir. Als ich ihn sah, sagte ich: „Ich hoffe, es geht Ihnen gut! Warum wollten Sie mich denn sprechen?" Ayub Khan erwiderte: „Wissen Sie das denn nicht?" Ich sagte: „Nein, ich weiß es nicht. Worum geht es denn?" Er sagte: „Sie müssen die Rede widerlegen!" „Geben Sie den Paschtunen ihre Rechte! Wenn Sie dazu nicht bereit sind, warum sollte ich dann etwas gegen die Rede einwenden?"

Auch der pakistanische Außenminister Manzur Qadir kam zu mir. Er blieb und redete vier Stunden lang. Zuerst sprach er über Demokratie. Er sagte: „Weil hier in Pakistan die Demokratie nicht funktioniert hat, geben wir dem Volk keine Demokratie mehr." Ich fragte ihn: „Wo war denn eigentlich diese Demokratie? Sie hatten niemals Demokratie, woher wissen Sie also, ob sie funktioniert oder nicht? In Indien gab es bereits drei oder vier Wahlen. Wann haben Sie das letzte Mal in Pakistan Wahlen abgehalten? Überhaupt irgendwann einmal? Haben Sie jemals das Volk gefragt, was für eine Regierung es will?"

Auch Ayub Khan sagte ich: „Hier in Pakistan sind wir fünf Brüder: die Bewohner des Punjab, die Bewohner von Sindh, die Bengalen, die Belutschen und die Paschtunen. Einige von uns haben ihre eigenen Häuser und das ist richtig und angemessen. Im Punjab sind die Leute aus dem Punjab in den Behörden, im Sindh die Leute aus Sindh, die Belutschen sind Herr im eigenen Haus und ebenso die Bengalen. Also sollten auch die Paschtunen die Befugnis im eigenen Haus haben!" Er erwiderte: „Wieso nennen sie das voneinander getrennte Häuser?" Ich sagte: „Wie soll ich sonst sagen?" Er sagte: „Sie können sagen, dass wir alle im selben Haus wohnen." Ich sagte: „Gut. Wir wohnen also alle im selben Haus. Alles, was ich wissen möchte, ist: Geben Sie mir nun ein eigenes Zimmer oder nicht?" Er sagte: „Aber gewiss doch, ich gebe Ihnen ein eigenes Zimmer." Ich sagte: „Gut! Ich nehme an. Aber werde ich Herr in meinem eigenen Zimmer sein, oder werden Sie das sein? Mir ist klar, dass wir Partner sind. Ich weiß auch, dass wir Brüder sind und dass wir alle im selben Haus wohnen. Aber ich will wissen, wer ist Herr in *meinem* Teil des Hauses, Sie oder ich?"

Brüder, ich will euch offen und ehrlich sagen, was wir von Pakistan wollen. Hört zu! Wenn die Paschtunen nicht für dieses Land und seine Freiheit gekämpft hätten, was wäre dann aus Pakistan geworden? Pakistan wurde mit dem Blut der Paschtunen geschaffen. Es war wirklich schade, dass die Briten sehr böse auf uns waren, als sie schließlich abzogen. Sie sagten: „Es gab hundert Millionen Muslime und keiner von ihnen rebellierte gegen uns außer den Paschtunen!"

Unser Land stand in Flammen, als die Briten abzogen. Aber wer hatte es zu seinem Nutzen angezündet? Das waren unsere eigenen Brüder, für die wir Pakistan gewonnen und die wir aus der britischen Sklaverei befreit hatten. Ist es nicht von einer traurigen Ironie, dass diejenigen, die das Land befreiten, die die großen Opfer brachten, die in den Gefängnissen zu Hause waren und die ihr Blut für ihre Brüder vergossen, jetzt voller Verachtung von denen, die die Krumen von den britischen Tischen auflasen und die ihr Land und ihr Volk zu Sklaven der fremden Herrscher machten, „Hindus" genannt werden? Ich wiederhole: Was wir alle wollen, ist Brüderlichkeit. Wir sind fünf Brüder. Vier haben ihren eigenen Namen, aber wir haben nicht einmal einen eigenen Namen. Wir wollen unseren eigenen Namen!

Ich sagte Liaquat Ali [von der Muslimliga] dasselbe, als er mich im Parlament nach Paschtunistan fragte. Ich sagte: „Vier unserer fünf Brüder haben ihren eigenen Namen, nur wir nicht. Wir können uns nicht Punjaber nennen, denn wir sind keine, nein, wir können uns weder Belutschen noch Leute aus Sindh noch Bengalen nennen. Gebt uns unseren eigenen Namen!"

Aber sie können den Gedanken nicht ertragen, dass wir einen Namen haben. Und sie nennen sich Muslime! Wir haben auch niemals gegen Pakistan Krieg geführt. Wir sind gegen den Krieg, wir mögen ihn nicht. Brüder, ich möchte euch einprägen, dass es einen Mann gibt, der euch nicht zu seinen Brüdern machen will. Er möchte euch nicht einmal bei eurem wahren Namen nennen und ihr macht auch noch Propaganda für ihn!

Ich möchte, dass ihr und die pakistanischen Führer einen Blick auf das Elend werfen, in dem unsere Belutschen-Brüder leben. In den letzten zwanzig Jahren haben sie ihre Rechte gefordert, um sie geweint und nach ihnen geschrien. Als niemand auf sie hörte, blieb ihnen nichts anderes übrig, als zu den Waffen zu greifen. Ihr alle wisst, was ihnen geschehen ist, ihr kennt die Tyrannei, die sie zu erleiden hatten, und die Grausamkeiten, die an ihnen begangen wurden. Jetzt hat Pakistan herausgefunden, dass die Frage nicht mit Grausamkeit und Unterdrückung gelöst werden kann und sie sagen diesen armen Leuten: Kommt, wir wollen uns zusammensetzen und unseren Streit beilegen. Ich habe nicht lange dafür gebraucht herauszufinden, dass im Herzen Pakistans kein Platz für Belutschen oder Leute aus Sindh oder Bengalen oder Paschtunen ist. Darum möchte ich, dass meine Belutschen-Brüder erfahren, dass die Leute aus Sindh und die Paschtunen ebenso unterdrückt werden wie sie und dass unsere Ziele und Zwecke dieselben sind. Wir wollen sie warnen, nicht zu gutgläubig zu sein. Pakistan bemüht sich jetzt, uns in eigenen Häusern anzusiedeln, aber das geschieht auf eine Weise, die uns nur schwächt. Jetzt versucht Pakistan es mit den Belutschen. Sein wahrer Plan wird deutlich, wenn ihr euch den Punjab anseht. Die Punjab-Führer trafen sich und hielten Gespräche und Beratungen mit ihren Dschirgas ab. Sie sagten: „Seht euch diese Paschtunen an, sie sind alle sehr reich. Sie haben Elektrizität, wisst ihr." Dann sagten sie: „Seht auch die Leute aus Sindh an, sie haben so viel Land!" Über die Belutschen sagten sie: „Sie haben in ihrem Land reiche Mineralquellen und Erdgas."

Brüder, alles das sind Tricks und sie sagen das nur, weil sie alles für sich haben wollen: Die Elektrizität der Paschtunen, das Land der Bewohner von Sindh und die Mineralien der Belutschen. Dann haben sie die Idee von "*One Unit*". Überlegt es euch selbst: Stimmt das mit dem islamischen Glauben überein? Sagt der Islam, man solle den einen Bruder seiner Elektrizität und den anderen seines fruchtbaren Landes berauben und Besitz von Bergwerken und Mineralien eines Dritten ergreifen?

Und ihr, unwissende und in die Irre geführte Paschtunen, ihr macht euch nicht einmal die Mühe, darüber nachzudenken, ob das Islam ist oder nicht, ihr schluckt einfach alles, was man euch erzählt! Ich habe Pakistan immer wieder gebeten, unseren Streit im Sinne der Brüderlichkeit, in einer Atmosphäre von Harmonie beizulegen und zu einer friedlichen Entscheidung zu kommen. Und wenn die Angelegenheit nicht friedlich geregelt werden kann? Nun, ihr wisst alle, dass ich an Gewaltfreiheit glaube, dass ich Gewalt hasse und dass ich immer versuchen werde, jede Frage friedlich zu lösen und jeden Streit friedlich beizulegen. Ich dränge Pakistan, die Frage im Geist von Brüderlichkeit und Frieden zu regeln. Ich will nur eine friedliche Entscheidung, aber ich habe den Eindruck, dass die Paschtunen ihre Ansichten von einem Tag auf den anderen ändern und ich hoffe und bete, dass sie nicht eines Tages zu den Waffen greifen werden. Pakistan sollte sich auch klar darüber sein, dass, während es anfangs nur eine Sache der Männer war, heute unsere Frauen Schulter an Schulter mit uns stehen und ebenso vollkommen bereit sind wie die Männer. Ein Mädchen sagte mir: „Wenn eure Männer keinen Erfolg haben, Fakhr-e-Afghan, werden wir Mädchen eurem Land den Sieg bringen."

Wir brauchen kein Blatt vor den Mund zu nehmen: Ihr, junge Männer, konntet euer Ziel nicht erreichen. Deshalb wollen jetzt die Mädchen zusehen, ob sie mehr zustande bringen. Aus diesem Grund sage ich Pakistan, sie sollen die Paschtunen nicht zum Handeln zwingen, denn sie könnten, ebenso wie die Belutschen, zu den Gewehren greifen. Und das würde das Wesen des Problems vollständig ändern. Und die Verantwortung dafür läge ganz und gar bei Pakistan.

Pakistan hat auch hier und in Paschtunistan das Gerücht ausgestreut, ich ginge nach Indien. Ich kann euch jetzt sagen, dass, als der Krieg zwischen Indien und Pakistan anfing, dieses Gerücht die Schlagzeilen sowohl der indischen als auch der pakistanischen Zeitungen füllte. Ich will euch sagen, dass an diesem Gerücht kein Wort wahr ist. Ein Beamter der pakistanischen Botschaft kam zu mir und sagte: „Badshah Khan, wir hören, Sie gehen nach Indien." Ich sagte: „Aber ich bin hier. Ich war bisher wegen dieser Angelegenheit weder in Indien noch sonst irgendwo. Nicht, dass mich irgendjemand aufgehalten hätte. Ich bin einfach nicht gefahren. Und ich habe auch nicht den Wunsch, dorthin zu fahren. Ich bleibe hier und warte darauf, dass ihr mir endlich meine Rechte einräumt. Wenn ihr wollt, dass ich nach Indien gehe, dann ist es euer Wunsch und nicht meiner. Wenn ich überhaupt nach Indien gehe, dann wäre das nur aus dem Grund, dass ihr mir meine Rechte nicht einräumt. Um Paschtunistans willen gehe ich auch mit einer Bettelschale herum und ich gehe in jedes Land der Welt um Almosen bitten. Ihr sagt mir, ich solle nicht nach Indien gehen. Na gut, gebt mir meine Rechte! Schließlich fordere ich das nicht von einem Fremden! Wie lange muss ich noch zu euren Füßen knien und meine Augen flehentlich zu euch erheben?"

Ihr müsst versuchen die, die Gerüchte wie dieses ausstreuen, als das zu erkennen, was sie sind. Ich versichere euch, sie sind nicht eure Freunde! Sie wollen nicht euer Bestes!

Ihr erinnert euch, dass ich auch im letzten Jahr bei dieser Gelegenheit eine Rede gehalten und dabei erfahren habe, was ihr denkt. Ihr seid meine Nation, meine Brüder, meine eigene Familie, meine Lieben. Ich sagte euch, dass ihr nicht sehen konntet, was ich voraussah: Eine Flut würde kommen und sie könnte die Paschtunen wegschwemmen.

Ein Moslem steht am Rande des Wassers und ich sage: „Bitte reiche mir deine Hand, mein Moslembruder!" Er sagt: „Nein, das tue ich nicht!" Etwas weiter entfernt steht ein Hindu am Rande des Wassers. Ich sage: „Bitte reiche mir die Hand, mein Hindu-Bruder!" Er sagt: „Hier hast du meine Hand, nimm sie!"

Nun frage ich euch: Soll ich die Hand des Hindu nehmen oder nicht? Brüder, ich stelle euch diese Frage noch einmal, weil ihr sagt, dass schließlich die Muslime eure Brüder seien und dass Ayub Khan auch euer Bruder, ja sogar Paschtune, sei. Reicht er mir seine Hand? Und wenn er mir nicht einmal die Hand bietet, gut, ich sage euch, dann stehe ich auf und gehe durch die Welt und lege meine Hand in jede Hand, die bereit ist, mir zu helfen, selbst wenn es die Hand eines scharlachroten Ungläubigen ist.

Wir werden von der Flut fortgeschwemmt, und wenn kein Moslem seine Hand ausstreckt, um uns zu retten, sollte ich dann nicht die Hand eines Hindu ergreifen? Ich will euch auch das Folgende sagen: Wenn ich arm, hilflos und verzweifelt umherwandern muss, dann nur um euretwillen. Ich will, dass ihr mir versprecht, dass ihr euch von niemandem im Namen des Islam täuschen lassen werdet. Ich wiederhole: Ich werde immer zuerst die Muslime bitten, ihre Hand auszustrecken und uns zu retten, aber wenn sie sich weigern, dann kann ich nicht einfach dasitzen und sagen: Na gut. Dann muss ich weitermachen, ich muss einen Schritt vorwärts tun. Ich sage euch, ich werde die Hand eines jeden ergreifen, um euch vor der Flut zu retten. Ich sage euch das, damit ihr euch niemals mehr im Namen des Islam betrügen lasst, wie ihr euer Leben lang betrogen worden seid. Ich sage den Russen und den Amerikanern: Wenn ihr wirklich wollt, dass in diesem Lande Frieden herrscht, dann müsst ihr, um die Frage zu lösen, denen Bescheid sagen, die bereit sind, das Land in Brand zu setzen, sonst wird es eine Explosion geben. Und ich sage China: Ihr habt großen Einfluss auf Pakistan, ihr könntet es überzeugen, dass es unseren Streit beilegt, bevor das Feuer euren Nachbarn verschlingt.

Endnoten: Erläuterungen von Sayed Wiqar Ali Shah und der Übersetzerin

[i] *Frontier Crimes Regulation* (FCR) umfasst eine Reihe von Gesetzen, die das *British Raj* den von Paschtunen bewohnten Stammesgebieten aufgezwungen hat. Sie wurden dazu geschaffen, der starken Opposition der Paschtunen gegen die Briten zu begegnen. Sie existieren seit 1848 und wurden 1901 verschärft. Sie sehen kollektive Strafen und Verhaftungen ohne richterliches Urteil vor und setzen die Einflussnahme der gewählten Stammesvertreter des Parlaments außer Kraft.
British Raj wurde die britische Regierung Indiens zwischen 1858 und 1947 genannt. Der Ausdruck kann sich auf die Zeit der Herrschaft, auf die Region unter dieser Herrschaft und auf die Herrschaft der Briten allgemein beziehen.

[ii] *Assistant Commissioner:* Hochrangiger, für ein *Tehsil* (Verwaltungseinheit unterhalb der Ebene der Distrikte in Pakistan und Indien) verantwortlicher Beamter in Britisch-Indien.

[iii] *Crusader:* Gesellschaftsreformer

[iv] Niedrig gelegenes, flaches Land, gewöhnlich werden damit der Punjab und die angrenzenden Gebiete bezeichnet.

[v] *Tonga:* leichter zweirädriger Karren

[vi] *Political Agent:* Der höchste, von der britisch-indischen Regierung ernannte Beamte. Er hatte die Aufgabe, die *Political Agencies* zu überwachen, die dazu gebildet worden waren, die paschtunischen Stämme in der Nordwestgrenz-Region, die an Afghanistan grenzte, zu kontrollieren.

[vii] *Der Rowlatt Act* wurde 1919 verabschiedet, in der Absicht, „Sicherheitsmaßnahmen" der Kriegszeit auf unbestimmte Zeit zu verlängern, um öffentliche Unruhen zu kontrollieren und Verschwörung aufzudecken. Es war nach dem Richter Sir Sidney Rowlatt benannt, der einer Kommission vorsaß, die den Gesetzesvorschlag erarbeitet hatte. Dieses Gesetz erlaubte der Regierung, jede des Terrorismus verdächtige Person innerhalb des kolonialen Indischen Kaiserreichs ohne Gerichtsverfahren einzusperren. http://de.wikipedia.org/wiki/Rowlatt_Act 19.04.2011.

[viii] *Die Khilafat-Bewegung* (1919–1924) war eine panislamische, politische Kampagne, die von Muslimen in Britisch Indien gegründet wurde, um die britische Regierung zu beeinflussen und das Osmanische Reich während der

Nachwirkungen des Ersten Weltkrieges zu schützen. Obwohl die Bewegung in Indien hauptsächlich eine religiöse muslimische Bewegung war, wurde sie zu einem Teil der weiter gefassten indischen Unabhängigkeitsbewegung.

[ix] *C.I.D.-Offizier:* CID steht für Central Intelligence Department. Also ein Offizier des Geheimdienstes, vgl. auch Anm. XX

[x] *Hidschra-Komitee:* Ein Komitee, das zur Regelung der Angelegenheiten der Muhajirin (muslimischer Auswanderer) im Jahre 1920 auf ihrem Weg nach Afghanistan gebildet worden war, als die *Ulama* (Religionsgelehrten des Islam) *fatwas* ausstellten und Afghanistan als Ziel festlegten.

[xi] *Fatwah:* (auch *Fatwa*): islamisches Rechtsgutachten, religiöser Erlass, der von einem kompetenten muslimischen Gelehrten ausgestellt wurde.

[xii] *Political Agent:* vgl. Anm. VI.

[xiii] *Nawab:* muslimischer Provinzfürst

[xiv] *Abdul-ul-Qayyum:* (eigentlich Abdul Qayyum). Es gab in der Zeit, von der Abdul Ghaffar Khan spricht, zwei Personen mit demselben Namen. Es wird nicht deutlich, wer von beiden gemeint ist. Einer war Sir Sahibzada Abdul Qaiyum, ein Verwaltungsbeamter und Pädagoge. Er war Paschtune und wohnte im Topi-, heute Swabi-, Distrikt von Pashtunkhwa. Er stand Sir George Roos-Keppel, dem *Chief-Commissioner* der Nordwestlichen Grenzprovinz, nahe. Aufgrund der gemeinsamen Bemühungen der beiden entstand 1913 das Islamia College in Peshawar. Er war der erste Ministerpräsident der Nordwestgrenzprovinz nach dem neuen Reformplan und war in diesem Amt von April 1937 bis September 1937 tätig. Er starb am 4. Dezember 1937. Der andere Abdul Qaiyum stammte aus Kaschmir und wurde 1901 in Chitral geboren. Seine Familie ließ sich in Peshawar nieder. Er begann seine politische Karriere damit, dass er dem Kongress beitrat. Dort blieb er bis 1945. Er verließ den Kongress, wies den Kongress-Ausweis zurück und trat im Oktober 1945 der All-India Muslim League bei. Er stand Quaid-i-Azam Jinnah nahe und nach der Absetzung Dr. Khan Sahibs als Ministerpräsident der Nordwestlichen Grenzprovinz am 21. August 1947 übernahm er dessen Amt. Wegen seiner Grausamkeiten gegen die Khudai Khidmatgars und seiner harten Behandlung politischer Gegner war er unbeliebt. Er verschonte auch die aufrichtigen Mitarbeiter der Moslemliga nicht, die mit seiner Art, die Provinz zu regieren, nicht einverstanden waren. Er starb im Oktober 1981.

[xv] *Chapattis:* auf besondere indische Weise zubereitetes Fladenbrot.

[xvi] *Chan fid Sir Javes ta Jovve, mera Sigh dharain na Jave:* Es sollte heißen: *Sir Jave ta Jave, mera Sikh dharma na Jave.*

[xvii] *Commissioner:* der höchste, für einen Distrikt verantwortliche britische Beamte.

[xviii] *Assistant Commissioner:* vgl. Anm. ii.

[xix] *Subject Committee:* Körperschaft einer politischen Organisation, die sich mit verschiedenen Angelegenheiten einer politischen Partei beschäftigt.

[xx] Das Criminal Investigation Department (CID) ist der Zweig der territorialen Polizei innerhalb der britischen und vieler anderer Commonwealth-Polizei, zu denen Detektive in Zivil gehören.

[xxi] *Chief Commissioner:* Der höchste britische Beamte einer Provinz. Von ihrer Errichtung 1901 bis ins Jahr 1932 stand die Nordwestgrenzprovinz unter einem *Chief Commissioner.* Im April 1932 wurde ihr der Status einer Governor Province gegeben. Von da an war der höchste Beamte in der Provinz der Gouverneur. Er war der direkte Vertreter des Zentrums in der Provinz.

[xxii] *Seth Sahib:* sehr reicher Mensch. Gewöhnlich wurden die reichen Hindus in der Nordwestgrenzprovinz so genannt.

[xxiii] *Pakora:* würzige indische Delikatesse, Gemüse im Teigmantel, wird mit Tee serviert.

[xxiv] *Deputy Commissioner:* zweithöchster Beamter in einem Distrikt.

[xxv] *Agencies:* Gebiete unter indirekter britischer Verwaltung, fest im Griff eines Political Agent.

[xxvi] *Moguln:* Das Mogulreich war ein von 1526 bis 1858 auf dem indischen Subkontinent bestehender Staat. Die Herrscher werden als Mogul, Großmogul oder Mogulkaiser tituliert.

[xxvii] *All India Congress Committee:* eine der höchsten Körperschaften des Kongresses. Das Komitee kontrollierte die Angelegenheiten der Partei.

[xxviii] *Intelligence Department:* eine Abteilung der Regierung, die Informationen über Einzelne und Gruppen sammelte, die gegen das Establishment waren, Geheimdienst.

[xxix] *Superintendent:* ein für Gefängnisse verantwortlicher Beamter.

[xxx] *Collector:* Staatsbeamter mit der Aufgabe, Steuern einzutreiben.

[xxxi] *Corporation:* hier: Gruppe, die zur Regierung einer Stadt gewählt worden ist.

[xxxii] *Indian Christian Association:* eine Vereinigung (Körperschaft) der indischen Christen.

[xxxiii] *Charpoy:* Leichte indische Bettstatt: mit Schnüren oder breiten Bändern bespanntes Holzgestell in Sitzhöhe.

[xxxiv] *Sofia:* Ehefrau von Saadullah Khan, einem der Söhne von Dr. Khan Sahib.

[xxxv] *Lathi:* hölzerner Schlagstock der indischen Polizei, vergleichbar dem Gummiknüppel in D.

xxxvi *Haji Sahib Tarangzai Khalif:* Der führende Islamgelehrte Haji Fazal Wahid von Turangzai (1850-1937, im Distrikt Charssadda) führte vom Stammesgebiet Mohmand aus einen Dschihad gegen das Britische Reich. Er schuf ein Netzwerk pädagogischer Institutionen im Peshawar-Tal. Wie viele andere Jugendliche auch schloss sich Abdul Ghaffar Khan den Unternehmungen Haji Sahibs an. Später jedoch verließ er ihn, weil in den von Haji Sahib errichteten Schulen der bewaffnete Kampf gegen die Fremdherrschaft betont wurde, während Abdul Ghaffar Khan mehr dazu neigte, die Befreiung durch gewaltfreie Mittel anzustreben. Vgl. Fußnote 6 (zu Tarangzai).

xxxvii *Settled districts:* Bei der Bildung der Nordwestgrenzprovinz als einer neuen Provinz 1901 teilten die Briten das Gebiet in „settled areas" und den Stammes-Gürtel. Die „settled areas" wurden im regulären Verwaltungssystem von britischen Beamten verwaltet, während die Briten für die Stammesgebiete besondere Anordnungen trafen.

xxxviii *Parliamentary board:* Der Parlamentsvorstand diente dazu, die Parteiangelegenheiten zu regulieren und die Partei-Ausweise an die Kandidaten, die sich zur Wahl stellten, auszuteilen.

xxxix *Grouping Clause:* Im März 1946 kamen drei Mitglieder der Regierungsdelegation nach Indien und stellten einen Plan für die künftige Lösung des Indien-Problems vor. Danach sollte Indien in drei Hauptgruppen geteilt werden: Gruppe A: Gebiete mit Hindu-Mehrheit, darunter Madras, Bombay, Uttar Pradesh, CP, Bihar und Orissa, Gruppe B: Punjab, Sindh und die Nordwestgrenzprovinz und Gruppe C: Bengalen und Assam.

xl *Direct Action:* Die britischen Behörden beteiligten die All-India Muslim League nicht an der im August 1946 gebildeten Interimsregierung. Um gegen diese Entscheidung zu protestieren, beschloss die Liga, den 16. August als „Direct Action Day" zu begehen, um die Gründung von Pakistan zu erreichen. Die Protestdemonstrationen schlugen in Gewalt um und das führte zu den schlimmsten kommunalen Aufständen. Dabei wurden schließlich mehr als zehntausend Menschen getötet.

xli *Paschtunistan-Bewegung:* Am Vorabend der Teilung Indiens forderten die Paschtunen vollständige Autonomie, aber die britische Regierung beachtete diese Forderung nicht. Nach 1947 benutzen die verschiedenen Regierungen Afghanistans das als politischen Trick, um Druck auf die pakistanische Regierung auszuüben. Um ihre Solidarität mit den Paschtunen in Pakistan auszudrücken, wurde in Afghanistan der 31. August eines jeden Jahres als „Paschtunistan-Tag" begangen. Gegenwärtig spielt das Thema Paschtunistan keine Rolle mehr.

[xlii] Der *Rann of Kutch* ist ein zeitweise überfluteter Salzsumpf am südlichen Abschnitt der Grenze zwischen Indien und Pakistan. Er umfasst rund 28.000 km², einschließlich des südwestlich gelegenen Kleinen Rann von Kutch, und liegt größtenteils auf dem Gebiet des Distriktes Kutch im westindischen Bundesstaat Gujarat, südlich der Wüste Thar. Nur ein kleiner Teil gehört zur pakistanischen Provinz Sindh. Das Wort „Rann" ist aus dem Hindi entlehnt und bedeutet Salzsumpf.

[xliii] *Wasiristan* ist eine Bergregion im nordwestlichen Pakistan an der Grenze zu Afghanistan in einer Größe von etwa 11.585 km². Wasiristan umfasst das Gebiet westlich und südwestlich von Peshawar zwischen den Flüssen Tochi im Norden und Gomal im Süden und ist Teil der pakistanischen Stammesgebiete unter Bundesverwaltung (FATA). Im Osten grenzt die pakistanische Provinz Kyber Pakhtunkhwa an Wasiristan. (http://www.spiegel.de/wikipedia/Waziristan.html, April 2011)